当代高等

Contemplation on Undergraduate
Education

Academic Discipline and Major, Curriculum and
Instruction

理解本科教育
学科与专业、课程与教学

阎光才　著

南京师范大学出版社

图书在版编目(CIP)数据

理解本科教育：学科与专业、课程与教学 / 阎光才
著. —南京：南京师范大学出版社，2023.7
（当代高等教育研究新视野丛书）
ISBN 978-7-5651-5748-6

Ⅰ.①理… Ⅱ.①阎… Ⅲ.①本科－教学研究－中国
Ⅳ.①G649.2

中国国家版本馆 CIP 数据核字（2023）第 073275 号

丛 书 名	当代高等教育研究新视野丛书	
书 名	理解本科教育:学科与专业、课程与教学	
作 者	阎光才	
丛书策划	王 涛	
责任编辑	庞 昊	
出版发行	南京师范大学出版社	
地 址	江苏省南京市玄武区后宰门西村 9 号(邮编:210016)	
电 话	(025)83598919(总编办) 83598412(营销部) 83373872(邮购部)	
网 址	http://press.njnu.edu.cn	
电子信箱	nspzbb@njnu.edu.cn	
照 排	南京开卷文化传媒有限公司	
印 刷	江苏扬中印刷有限公司	
开 本	710 毫米×1000 毫米 1/16	
印 张	19.75	
字 数	278 千	
版 次	2023 年 7 月第 1 版	
印 次	2023 年 7 月第 1 次印刷	
书 号	ISBN 978-7-5651-5748-6	
定 价	88.00 元	
出 版 人	张 鹏	

总　序

　　自潘懋元先生等老一辈学者创会以来,中国高等教育学会高等教育学专业委员会始终坚守学术立会传统,把深化与拓展高等教育理论研究作为办会的基本宗旨。中国高等教育学学科设置从无到有,高等教育研究队伍从零散到蔚为大观,一代又一代优秀学者的成长,都与高等教育学专业委员会在各培养单位与会员单位之间发挥的纽带作用不无关联。目前,对高等教育学的定位和属性无论存在多少争议,不容否认,它已经成为我国高等教育研究者心有所向、身有所归的学术共同体。

　　高等教育学专业委员会历来倡导立足国际视野与本土关怀,开展学理取向探究与问题取向的理论研究。对于中国高等教育理论研究之于国家政策、高校管理以及人才培养的贡献如何评价,人们的站位不同,自然会有不同理解。回顾改革开放四十多年以来中国高等教育改革与发展历程,我们不难发现:几乎中国高等教育领域每一次重大事件的发生,人们关注的重大议题、问题以及政策概念的提出,我国高等教育研究者在理论上大都有先行研究。譬如,关于高等学校职能与高等教育功能、高等教育现代化、高等教育质量评价与保障、高等教育大众化和普及化、世界一流大学建设、高等学校自主权、现代大学制度、大学治理结构、大学收费制度、学分制、招生制度改革、学科与专业建设、通识教育、高校人事制度改革与学术职业变迁、有效性教学与教学学术、高等教育国际化与信息化等等。这些既有国际视野又有本土关怀，既有历史考察又有现实观照，纵横交错，覆盖宏观、中观与微观各个层面的研究，无论其聚焦的是"冰点"还是"热点"问题，是否有显示度，它们都为现实中的高等教育体制性变革与日常实践，拓展了视野，提供了理论支撑。

理论研究的基本宗旨在于透过现象看本质，揭示高等教育活动的一般规律。无论其初始动机是源于个人好奇心、兴趣、经历和境遇，抑或是源于现实关怀或政策意图，它从来不存在有用与无用之说。自然科学如此，作为社会科学的高等教育学科也不例外。因为有用无用不过是一种价值判断，它与评价者的个人身份、地位、处境和特定需求存在或明或暗的勾连，是一种立场在先的自我主观判断和推断；或者说理论之有用和无用，更在于它的情境性。如果总是把特定情境需求作为理论研究的取向与偏好，那么，其悖论恰恰在于：这种情境性需求恐怕永远滞后于形势变化与环境变迁，局限于特定情境需求的理论或应用研究反而因为一般性与多样化研究积累不足而难以适用，更无法对现实的走向以及可能发生的问题进行预测，也难以对现实中存在的价值扭曲提出预警和防范。

其实，真正的高等教育理论研究从来不会绝缘于现实关怀，很多理论研究选题的生成乃至观点创新，恰恰源于人们对现实的感悟与启发。通常而言，任何理论成果都不可能直接成为政策工具，它充其量可以为现实问题的解决提供某些索引，或者为决策者提供相关参考依据，为行动者提供可选择的装备。理论研究与决策以及行动实践之间，天然地存在一种若即若离的关系，虽然也存在若隐若现的互动，但两者既无法相互取代，更难以完全融合。否则，理论不过就是如变色龙般的策略与技巧，缺乏理论所必备的去情境化超越品质，实践也不过是理论贫乏的个人经验直观甚至行动的妄为。不容否认，由于始终缺乏一种自然演化的稳定态，在被频繁的政策事件扰动的情境中，中国高等教育与经济领域情形相似，在宏观的体制运行与中观的组织治理层面都有其特殊性。但这并不意味着我们的高等教育可以超越于一般性的活动规律或者说本质特征,如知识创新以及人才成长规律等。因此,植根于中国特殊土壤的理论研究,在跨域性的理论丛林中,犹如一片被移植而来的红枫林,既有源自共同基因的相对稳定性状,又有其与环境相适应的某些特殊表现形态,如生长状态、凝红流金的景致可能存在差异。不过,这种表现形态更多反映为生态系统与群落层次上的差别,而非物种意义上的例外。也正因为理论研究所具有的这种品质,它才构成了我们与国际同行沟通与对话的基础,也是为国际高等教育贡献知识与智慧的凭依。

　　作为一个建制化的学科,高等教育学历史短暂。因此,长期以来,高等教育理论研究,无论在理论溯源、视角选择方面,还是知识框架上,受基础教育领域的理论思潮与研究取向影响至深。但回顾历史就会发现,体制化的基础教育晚于大学的兴起,如今基础教育领域众多教学形式与方法的探索和实践也往往始于大学,如论辩、讨论、实验和观摩等。即使是基础教育领域的各种理论思潮与技术潮流,也往往最先发端于大学。相对于基础教育,高等教育活动更具有个体探索、行动在先和自下而上的特征,虽然它也难免带有外控与人为设计的特征,但它更具组织与行动者自我设计取向,大学的历史基因更为久远也相对更为顽固,每一次突变都没有彻底颠覆它的基本性状。这些特征无疑为我们寻求其相对稳定的客观属性与变易的受动属性提供了先天的优势。譬如,如何理解不同学科与专业生成与演变的轨迹,以及教与学活动的规律,如何理解组织特有属性及其运行逻辑,如何解释它与外部环境与文化以及各种社会力量之间带有顺应而又抗拒的关系,如何理解学人成长与职业发展轨迹,等等。高等教育学有待确证的基础性问题实在太多,需要探索的不确定性问题更多,它给我们提供了无限的空间与可能。而所有这些问题的探究,不仅难以从基础教育理论中获得启发,而且也远超出了基础教育的学科逻辑体系与框架。因此,高等教育学无疑具有特殊性。如何跳出一般教育学科的既有樊篱,建构一个包容性更强的多学科高等教育学知识逻辑和体系,需要我们做更多基础性、专业性且具有开拓性的思考与探索。

总之，倡导基础理论研究与带有学理性探究的现实问题研究，是高等教育学专业委员会的使命所在，唯有通过理论取向的学术探究与人才培育，我们才能立足扎实的理论基础与学术素养去回应现实高等教育发展中应接不暇的问题。理论固然需要服务于实践，但更需要我们以独立的精神、专业的态度、严谨的学风、开放的视野和谦逊的风格去观察和参与实践，理性地面对实践中可能存在的躁动。既不做旁观清谈者，也不做随波逐流者，努力以有深度有价值、有科学精神有人文情怀、有现实关注有未来视域的研究，为中国高等教育改革与发展贡献智慧。

正是出自上述初衷，中国高等教育学会高等教育学专业委员会与南京师范大学出版社，联合推出了"当代高等教育研究新视野丛书"学术专著出版计划。该丛书面向国内高等教育专业研究者，不拘泥于特定选题，尊重每位学者的兴趣和专长，期待以众说荟萃、集体亮相的形式，呈现当下我国高等教育理论研究的整体状貌。该出版计划将始终保持开放性，不断吸纳国内资深和新锐学者的最新研究成果，希望它不仅能成为一览高等教育学理论景致的窗口，为该学科的持续探赜索隐、钩深致远提供些许幽微之光，而且也能够从中感受到中国高等教育研究始终与时代变革气息相通的脉动。其中有热切的呼应，也有冷静的慎思，有面向未来远景的思索探问，也有洞鉴古今史海的爬梳钩沉。不同主题纷呈，个性风格迥异，从而构成一个多姿多彩、供读者各取所需的学术专著系列。

最后，高等教育学专业委员会特别感谢南京师范大学出版社所给予的慷慨支持与悉心指导，出版社在丛书的策划、编辑、出版和发行等方面投入了巨大的精力，也为编委会的组建、著者的遴选、成员之间的沟通等各项工作的有序展开提供了便利条件。

"当代高等教育研究新视野丛书"编委会
中国高等教育学会高等教育学专业委员会
二〇二二年十二月

前　言

　　近些年，因为承担本科教学任务，与本科生有了些略为密切的交往。每次开课，我都要求他们以书面作业的方式，不拘形式地直陈与倾诉个人校园学习和生活中遇到的最大困惑。仔细阅读搜集上来的这些生动而又带着不同情感色彩的文字，我能够感受到他们内心的纠结乃至挣扎。成绩、绩点、竞赛、考证、保研、求职……无时与无处不在的竞争，或者在这一代人中极为流行的"内卷"，让他们不仅体会到了理想与现实之间的落差，而且还对眼前的忙碌与未来的预期有些彷徨和迷茫。其实，面对同学们的这些疑惑、情绪和困境，作为一位过来人，同时又是以高等教育研究为业的师者，我竟然也多少有点无措感甚至挫败感。抑或说，如今我们大多以大学为安身立命之所的教师，又何曾不是为学子们的困惑而困扰？

　　不容否认，每一代人都有一代人成长的环境。因为物质与技术条件殊异、生活与求职压力以及处境不同，特定时代赋予了同代人以多少带有共性而与他者有别的生活态度、价值观念和精神气质。这种代际差异即所谓"代沟"的客观存在，不分中外，它都已然成为当代高等学府中老一代与新生代沟通和理解的障碍。但是，无论是学生之困，还是教师之惑，它们产生的根本原因可能不在于此。刘易斯（H. Lewis）在论及哈佛这样的名校是如何失去灵魂的卓越时认为，尽管大学始终声称"本科生是大学的核心和主要服务对象"，但其本科教育实际上已经趋于空洞化。大学相较于往日,在竞争与消费主义氛围下,表面看似乎财大气粗、声誉日隆,也"显现出十足的精英主义",但是却日益"迷失了方向",忘记了本科教育的使命,即人格的塑造与社会责任担当。教师醉心于狭窄专业领域的学术兴趣,对学生不仅缺乏关心,而且对于他们的需求也无动于衷或无能为力。① 刘易斯的尖刻批判,不能说没有道理,他与布鲁姆(A. Bloom)一样,都带着一种浓厚的保守人文主义怀旧情结,对如今大学校园中价值多元纷乱、世俗化乃至庸俗化的洪流深恶痛绝。但是,他们的心结其实更代表了一种传统的精英主义取向,是对象牙塔意味的大学意象和文化品格的凭吊。

这种怀旧情结似乎永远都有其存在的土壤,越是在急遽变动的时代,它越如夕照中炊烟袅袅的古村远景令人沉迷。不过,现实的尴尬在于:它充其量可以给人以精神抚慰,却无法遏止其推崇的精神价值在不断加速流逝的趋势。因为大学已经无法抵御它所置身的社会中各方力量的渗透,现实的乃至功利化的诉求早已令其深陷进退失据之境。大学曾经所垂青的完满人格塑造、专业化学术训练,面对着社会环境迅疾变迁与个体纷繁多样化的现实诉求,已经无暇自顾。职业与谋生这个曾经为本科教育所睥睨和排斥的取向,遑论一般性机构,就是有着金光闪闪名校招牌的大学也难以回避。不断扩展的本科教育规模以及持续加剧的就业压力,以由外及内的压力传递方式,进一步激发了校园内部的竞争。大学逐渐失去了它曾经的从容,学子的焦灼和茫然与教师的紧张和困惑,已经弥漫为今日遍布大学校园每个角落的心理氛围。颇为意味深长的是,大学为应对这种无法抗拒的环境变迁,尝试进行了种种变革,所有变革又是在加剧而不是缓解这种氛围,譬如对教师绩效的关注,对学生成绩、绩点、各种证书以及奖学金项目的偏爱……

曾经,我们的大学校园中流行"六十分万岁",人们为那一代人对校园时

---

① 哈瑞·刘易斯.失去灵魂的卓越:哈佛是如何忘记教育宗旨的[M].侯定凯,译.上海:华东师范大学出版社,2007:9-15.

光的蹉跎而嗟叹，如今的学子们则为不尽的忙碌和无意义的"内卷"而忧心甚至干脆"躺平"。曾经，我们倡导以生为本，如今我们则是对"以学习者为中心"摇旗呐喊。然而，无论是过去还是当下，我们的本科教育似乎都不及预期，甚至它恰恰反映了一种悖论：我们越在倡导某种理念，则意味着它不仅在现实中匮缺，更存在落到实处中的困窘。现实中的本科教育实践，有着实在太多的纠结和张力，通与专、宽与窄、理论与实践、专业与职业、教与学、学与用、统一性与个性化、规范与自由、社会责任与个人担当……凡此种种，究竟是我们的大学忘记了本科教育的使命，还是我们从来就对本科教育内涵随时代的流变根本无法确认其合理定位？

本书正是立足这样一个问题情境的预设，尝试对本科教育相关议题做较为系统全面的考察和诠释性的理解，它是多年以来作者基于个人设身处地的领悟与学术思索的结果，希望能以此对当下处境做些许回应。由于力所不逮，书中难免有众多错谬与歧误，还望就教于方家。

二○二二年六月

目　录

第一章 导 论

在当代高等教育体系中,本科层次教育的定位可谓最为尴尬:它指向更为专业化的研究生教育,但又不是完全的升学教育;为社会各行业输送人才,但又难以也不苛求与社会产业需求有机衔接。直白地说,其定位有些不上不下,下不及高职高专对职业技能训练的青睐有加,上则难以企及研究生层次专业化取向的目标明确。当高等教育进入大众化特别是普及化阶段,由这种似是而非的定位带来的困扰更多,围绕应当注重学术性还是应用性抑或职业性、培养通才还是专才等话题,更是聚讼纷纭。进入 20 世纪 90 年代以来,为应对大量扩招后本科毕业生就业压力,世界各国或通过体系内部结构调整,或对传统大学本科培养方案重新修订,出现了一种逐渐强化本科教育的应用或职业取向趋势,但是,这种改革取向并非没有争议,总体上对本科教育的定位至今并没有形成实践甚至观念意义上的共识。例如,在众多国家中应用型机构的"学术漂移"和传统机构的"职业漂移"现象,便可作为佐证。

本科教育定位之困的原因,究其根本,既有规模扩张后高校学科专业以及课程结构相对稳定与学生需求多样化和个性化之间的内在矛盾,更有外部劳动力市场变迁对人才素质结构要求变动不居的不确定性以及由此而来的压力。自中世纪到 20 世纪中叶,虽然社会对人才需求的内涵不断发生变化,譬如由雄辩技艺到博学与教养,再到拥有社会某些特殊职业的专业素养,但人才资源的相对稀缺在客观上巩固了本科层次持久的精英教育定位和取向。甚而至于，学校提供什么专业与课程、教师教什么和怎么教、学生学什么和如何学，相对于学历和学位本身的象征意味与社会地位获致的功用价值，一直以来都显得更为次要。故而，在漫长的历史长河中，究竟如何理解本科教育及其定位，似为一个无可置喙的话题。然而，如今大众化尤其普及化所带来的内外交困，却为这一最为传统甚至可称为正统的教育层次带来前所未有的困惑、纠结和紧张。

在我国，人们曾一度把大学生特别是本科生视为金凤凰，如今金凤凰早已跌落尘埃。从尚未走出计划经济的 20 世纪 80 年代的专业精英培育，到更偏重具备工作能力的负责任公民培养，无论你心理上能否接受，这的确已是本科教育不可逆转的趋势。世界各国制度与社会环境虽有差异，但在这一点上，无论中外，殊途同归。即使各国入学竞争激烈的传统精英机构，也不得不多少调低姿态、放低身段去顺应这一走向。然而，如何去顺应？在一个外部环境不确定性加剧，"从一而终"的职业信念越来越失去其现实根基的时代，传统上目标单一、结构僵化与刚性的培养方案，恐怕不得不做全面调整乃至变革以体现其多样性与弹性，即把重心逐渐由供给方转向需求方，根据社会行业、产业结构调整和职业变迁尤其是学生的个体发展诉求，全面丰富和充实项目类型、专业种类以及课程资源，以更为灵活的体制机制满足学生的学习需求。

当然，改革并不意味着是对传统的彻底颠覆，更未必是对既有精英教育模式的完全否定，而是对传统注重全人教育的博雅、近现代关注学术训练的专精以及当代观照人们工作生活多元需求的融合，即一种人们越来越共同认可的通专结合模式。只是鉴于世界各国传统与体制之间存在差异，对于如何理解和塑造这种模式，各国存在较大的差异性或者非均质性。譬如，近年来，美国大多数高校不仅更为强化传统的通识教育，重视学生宽广的视野、综合素养和跨文化理解，而且在专业教育方面，更为强化专业的跨学科性、项目选择的多样性,以拓展"专"的口径和适应面;传统上极为重视专门化学术训练的欧洲综合性大学,鉴于其通识不足、应用能力培养环节薄弱的双重压力,近些年来越来越重视"可雇佣能力"(employability)的培养,通过设置形式多样的联合学位项目或对课程以及课程模块,对传统项目加以改造,越来越重视本科教育的跨学科或跨专业培养取向。与此同时,根据社会产业与行业需要,注重以弹性学制为学生提供相关职业资质训练。

总之,在一个由社会与个体即需求方主导的时代,传统上无论是由政府还是大学主导的体制和结构,如今都不得不围绕需求方的地位凸显而做相应调整。如果还依旧固守于刚性的政府规制或者拘泥于学府我行我素的学术与理论偏好,因为出口路径的狭窄与适应性不足,本科毕业生的就业与发展难免会面临"内卷"困局。故而,长期以来我们倡导的高校面向社会自主办学,尊重学生多样化学习选择与发展方向选择,在实现规模扩张之后,如果还仅止于倡导而缺乏务实的行动策略,难免会陷入一种表象意义的"就业不足"、"学历过剩"和"过度教育"泥淖中而难以自拔。

所谓面向社会自主办学,就是给予大学以更多学科、专业自主设置和设计的权力,在依旧承续传统的人格完善与学术训练的功能的同时,全面丰富学科、专业以及课程的应用与职业内涵,增强人才培养与社会需求间的有机关联性;尊重学生多样化学习选择与发展方向选择,就是强化学籍管理制度、专业培养方案、通识与专业课程体系的结构弹性,给予学生结合自身潜质、兴趣、专长和个人职业定位进行自由选择和学习的权利。也唯有弱化政府管控、面向社会自主办学,大学才有可能办出特色,以其组织个性与口碑赢得社会认可,进而摆脱千校一面的尴尬,这也是世界各国办学过程中再寻常不过的共识。遗憾的是,至今我们倡言了四十多年,总体上依旧没有走出行政管控与规制过度的魔咒。也唯有尊重学生的选择,在一个弹性、开放的学习生态系统中,每一个体才能实现发展路径的多样性与个性化,这不仅有助于摆脱评价单一、出口拥挤的"内卷"危机,而且能够赋予学生以独立人格与自我责任担当意识,走出大学作为"家长"这个无论在法理还是情理上都不合时宜的角色模糊困境。

自1999年扩招政策实施以来,我国本科生招生规模由当年的100多万扩增至2021年的440多万,如此庞大的规模,如果在培养结构上还延续传统的相对统一和批量生产模式,而不是探索多样化、弥散化乃至带有个人定制化的培养路径,人们担心的规模性本科生毕业即失业现象绝非危言耸听。目前,由于劳动力市场用人制度与文化以及人们传统观念的根深蒂固,应用型或职业技术型本科机构在我国的发展还面临诸多困境,实现类型意义的本科高校分轨(双轨制)和分流尚难达预期。因此,以当前传统本科教育为研究对象,回溯其来龙去脉,审视它正在面临的众多难点和问题,对于我们预判其未来发展路径与改革取向不仅有理论价值,而且有极为迫切的现实意义。

本书便尝试立足上述本科教育所置身的当下背景,对与本科教育相关的日常表述、概念以及思潮,不仅做些概略意义的历史溯源,而且结合当下语境进行反思性的分析和评价。总体结构框架与大致内容概括如下。

第一,学科与专业是本科教育的核心概念。概括而言,学科不仅是一种分门别类的知识体系,而且表现为特定知识领域的人才规训制度,本科专业则是指向社会特定职业包括学术职业的人才培养方案与课程体系。通常而言,学科与专业间的关系体现为:专业一般有其明确的目标指向,对人才素养与能力结构提出具体要求,学科则是作为专业的知识与智力源头,以课程的供给、组织和实施来达成目标与要求。因此,学科与专业并非对应关系,更不存在概念上的上下位关系。就历史角度而言,尽管传统注重学术训练、以培养学术接班人为指向的某些本科专业,在此不妨称之为学科化专业,与特定学科之间存在更强的关联性,但即使如此,专业较之于学科往往广度有余而深度不足。至于近代以来大量涌现的带有应用取向的本科专业,譬如农科与工科类专业,虽然其演化过程也体现了一种锲而不舍的学科化轨迹,但它们所涉及的知识远远超出了特定学科边界,更多体现了多学科与跨学科特征。

总之,由于本科专业体现了学科知识内部生长与社会职业流变的双重逻辑,不仅它的内涵始终处于变动不居的状态,而且其存续或式微、扩张或缩减、去旧或换新,都取决于内部知识与外部职业市场的变化。故而,无论是学科还是专业的设置与调整,都必须有较强的弹性与灵活性。本科专业作为特定人才培养的项目或方案,从来就不是一个面面俱到和包罗万象的封闭体系,它不仅需要不断注入外源之水,更需要兼顾学生多样性的潜质、偏好与职业规划。无论是学科专业目录还是机构内部培养方案,都不宜过于强化其刚性的管理、规范与约束作用,而是应始终保持开源与可变的状态。

第二,"通"与"专"是本科教育永恒的话题。自中世纪大学创设以来,本科或历史中勉强相当于本科层次的教育,大概存在三种形态:中世纪到近代的通才或博雅教育,现代的专业教育,以及当代正在兴起的偏重职业和创业的教育取向。以上三种形态在时序上并非简单的替代关系,更不是互斥关系,后者往往是对前者的批判性选择和理念意义的继承。大致上,通才或博雅教育反映了精英高等教育阶段的理念,即以博识慎思的精神训练塑造完整人格。这种传统在学科高度分化与专门化的现当代,虽状貌已面目全非但魂魄依在,如由 19 世纪末而迤逦至今的美国通专结合的本科教育模式。不同于美国,进入 20 世纪后的欧洲以及苏联和我国的本科教育,长时期更偏重专门化训练,形成了以专为主的培养模式,该模式以学术接班人或社会特定职业领域的精英为培养指向。

在本科层次高等教育相对稀缺的时代,无论是通专结合还是以专为主的培养模式,都较少关注就业与创业议题。然而,劳动力市场中传统岗位资源的有限性与本科生培养规模的不断扩张,不仅导致本科学历的符号与资本价值贬值,而且必然地撼动乃至颠覆大学既有的精英取向、相对封闭的培养模式与培养体系,这也是近些年来世界各国大学对本科毕业生可雇佣能力予以特别关注的主要背景。即便如哈佛大学和麻省理工学院(MIT)等传统精英机构,如今也越来越重视毕业生就业创业状态以及对雇主反馈信息的采集,并据此进行专业培养方案和课程体系的调整。一向偏重学术训练与专门教育的欧洲综合性大学，如今对可雇佣能力和创业能力的培养更是青睐有加。

然而，如何理解可雇佣能力？尽管至今还不存在一个确切的界定，但人们对其基本框架有大致的共识，如通用（可迁移）能力/专门性能力、软技艺/硬技艺、学术性/技术性/职业性技艺，如此等等。不难理解，以上基本框架可谓对所有能力的全覆盖，它既涉及与"通"相关的宽广视野、思维能力、创新能力、表达能力、伦理判断、价值关怀、审美情趣、独立人格、公民素养、跨文化理解以及跨学科沟通能力等等，也涉及与"专"关联的基础理论、专业知识与技能以及实践能力等，还涉及很难将其定位于"通"或"专"范畴的工作场所需要的素质与能力，包括两个主要方面：一是柔性的品质，如个性品格、人际交往与相处能力、团队合作精神、组织领导能力、个人意志力、时间管理能力、抱负与事业心等等；二是应对各种不同岗位需求的特定技术和技能，该方面能力具有高度情境关联性与时效性。

本科教育一般只是短短四年，充其量可以为学生的人生提供必要的"装备"，而不可能为其提供一生无虞的保障。这种"装备"的功能体现，显然不在于学生在校期间熟记和掌握大量的知识，因为知识必将被不断更新和替代；也不在于掌握即时可售的技术，因为技术随时都会被淘汰。真正让学生终身受益的"装备"，是以理论知识与专业实践为媒介的能力和素质养成，它具有外延的可拓展性和内涵的可持续开发性。譬如，经由通识教育所形成的广博视野、跨领域学习能力、独立人格和批判性思维等，通过基础理科训练所形成的数理思维与分析能力，由专业教育而形成的关于特定领域的专业学识和专业能力等。这些素养与能力的养成，固然也可以服务于毕业生一时生计之需，但其主要指向是长远生涯发展。故而，随着时代发展、环境变化，本科教育的"通"不可或缺，而"专"的口径则需要更宽。至于各国正在隐隐浮现的本科教育"职业漂移"现象，严格而言，当属于应对学生多样化发展路径选择的策略而绝非方向转变与范式转型。

第三,培养方案与课程体系的刚性与弹性问题。进入 20 世纪以来,尽管各国教育模式存在差异,但尊重学生选择是本科教育变革的总体趋势。相对而言,美国的本科教育培养体制在专业转换、项目类型(如双学位和辅修等)、通识教育和专业教育的课程选择自由度、跨学科课程和学位的自由组合等方面,都极富多样性与灵活性。高度市场化的美国高等教育系统,打个或许不太恰当的比方,如开办餐厅,在机构层面上是想办西餐、中餐还是其他地域特色菜品,主要由大学自主决定,至于经营好坏以及能否得以长期维持,主要在于它在社会中的口碑以及对消费者的吸引力。而在机构内部,情形与此相似,尽管人们的点餐流程相同,但选择什么主菜与副菜,需要什么口味调剂,更多在于学生的自我选择。相较于欧洲与我国传统上更偏重专业教育以及培养方案的结构化模式,美国模式无疑显得有些凌乱和无序,但它的优势在于最大限度上实现了机构办学特色的多样化,与此同时,实现了机构内部学生专业、项目与课程选择的多元化。这种机构类型特色多样的格局,一定程度上实现了高等教育系统与外部更为多样化与细分的职业市场的有机融合,并能够根据市场反馈对培养项目、方案、课程体系乃至课程内容做动态性的调整。而内部自主选择的弹性在一定程度上消除了"人—职匹配"中的障碍,有助于个体个性的开掘与潜能的发挥,尤其是有利于个性化和创新型人才的脱颖而出。

相对而言,欧洲以及我国的传统专业化模式,在培养规模有限、职业市场相对稳定、竞争性趋弱的环境中,其人才供给与需求对接会呈现一定的优势。不过,一旦就业环境发生激烈变动,规模扩张导致就业竞争性加剧,这种带有相对同质化、结构化的刚性模式,在应对外部环境变迁时就显得相对局限。无论是机构的国家抑或是学阀控制导致的市场适应弹性不足,还是机构内部学生选择空间的逼仄,都会不同程度地抑制大学及其师生求变和应变的自主性与自适应性。因而,最终难免出现毕业生就业渠道少、就业渠道拥挤、就业难与就业质量低等结构性难题。应对上述难题的唯一变革路径就是:在全面充实和丰富项目类型与课程资源的前提下,压缩本科课程要求的学分总量,调整通识与专业教育课程结构,尊重学生的自主性,强化学生的自我责任意识,给予学生更多的专业转换机会,为其课程以及课程模块选修、跨学科或跨专业选课、辅修和双学位项目选择等留有更多的余地。与此同时,通过推动职业与学业咨询事务的制度化和队伍的专业化,最大限度避免学生选择的盲目性,帮助其降低试错成本。

第四,高校本科教与学过程中的理想与现实难题。"教学学术"和"以学习者为中心"等理念其实并不新鲜,近年来在建构主义、学习科学以及技术主义等理论与思潮涌动中,已经成为高校教与学领域颇为流行的语汇,围绕上述理念的理论探索和教学改革实践也渐成氛围。不容否认,这些探索在很大程度上丰富了我国高校的教学形式和方法,促进了各种技术和工具尤其是线上教学的广泛应用,也在一定程度上提升了学生对课程与课堂教学的参与度,它们对于打破传统的相对单一、以教师讲授为主的僵局,促进教学的有效性有着极为特殊的意义。

然而,理念的美好并不能代表现实的完满,它取决于现实可行性与环境条件提供的支撑。自 20 世纪 90 年代博耶(E.L. Boyer)提出"教的学术"以来,在卡耐基教学促进会不遗余力的推动下,它的确引起了人们对大学重科研轻本科教学现象的关注,也一定程度上促成了大学内部教师教学训练和指导的制度化。然而,就客观效果而言,它在实践者中尚难以得到广泛认同。现实中人们更倾向于把教学视为一种义务、态度和责任,教学行为更多体现了一种基本原则与个性风格兼顾的实践智慧,而未必通向一种具有普适意义的理论建构。这一方面表明,教学学术作为一种概念与理论体系的探索还任重道远;另一方面意味着,它作为一种激发人们自觉反思和探究教学实践的主张是有价值的,但对刻意于理论化和规范化的取向需要保持必要的警觉。因为面对多样、开放和生动的实践,任何理论都注定是贫乏和苍白的。

信息技术在教学中的应用已成为不可逆转的趋势,它以内容的丰富性、可复制的无限性、存储的海量性、呈现形式的生动与多样性、传输与获得的便利性等优势，为教学过程注入了充盈的活力，甚至它不断打破与重构人们的日常习性，进而形成了一种难以逃脱的技术依赖。技术在教学过程中的应用，严格而言，是一个无须强制的自然而然的渗透过程。无论是个体自觉研发还是商业公司有意图开发的产品，都往往顺合了人们的意向、心性乃至于惰性，从而使得技术以其特有的魔力捕获人心并实现了"具身化"的过程。因此，教育技术的有效运用，更多来自人的自觉意识和特定情境诉求，是心甘情愿，以制度强制方式反而适得其反。不过，也正是技术所具有的上述种种特性，它让人习以为常并沉迷其中，对教育技术运用过程中存在的众多问题乃至潜在风险反而无动于衷。譬如，信息多且杂引起的观念混乱；虚拟空间"替代"真实世界导致的是非难辨；知识呈现越来越便利，使得学习过程流于肤浅，缺乏试错性的思维训练与经验求证；教学过程中材料呈现、分享与散播，关联到的知识产权保护问题；教学过程中的个人行踪捕捉与信息采集等，涉及侵犯师生隐私的伦理问题；如此等等。因此，对于本科教育教学过程中信息技术的渗透，或许我们应该更多地加以审视和反思，从呵护人的尊严、尊重个体权利、提升学生数字素养等方面，予以审慎地利用。教育过程中技术的功用在于辅助，是关注学生的人格培养、情趣陶冶、精神与智力训练，而不是服务于各方权力的"敞景式"监控。

　　"以学习者为中心"的理念由来已久，它如今在高等教育领域颇受青睐的主因，不仅在于信息技术所创设的环境与条件，更在于近些年来认知科学领域取得的些许进展。然而，在严格条件控制下实验室中得出的相关理论，并不能简单地移植于自然情境，甚至作为指导实践的通则。自然情境中学生个体经历、兴趣、偏好和潜质千差万别，不同学科知识属性殊异，加之人性天然存在的弱点，班级规模的大小，教师个人风格的多样化，时间、精力与经济成本的有限性……所有这些意味着任何带有"以学习者为中心"理念的教学形式与方法改革，都难免有其各自的内在缺陷。譬如，作为当前各种教学改革的对立面——传统的以讲授为主的教学形式，的确存在众所周知的各种弊端，但相对于各种旨在赋权于学生的教学形式和方法，却有秩序化、易掌控和效率高的优势。因此，衡量教学有效性的标准，并不在于是否带着各种新异的标签，而是能否将各种方法恰如其分地组合运用。至于真正调动学生的参与性，激发学生学习的主动投入，就当前我国现实情形而言，从体制与机制而绝非仅仅教与学层面落实以学生为中心的理念更为根本，它是真正调动学生主动性学习的前置条件，譬如给学生更多的专业选择与转换、课程选修和专业辅修等机会。唯有处于有条件的放养、散养而不是圈养状态，学生才会根据其所好与志向主动去"寻食"，从而在根本上实现"要我学"到"我要学"的转换。现实之中，学生以消极态度应对乃至抗拒的首要原因往往是所学专业及其课程，其次才是教学过程中的方法、形式与手段等，两者不能本末倒置。

最后，再回到当今本科教育的定位话题。固然，如今本科教育的"精英光环"已经黯淡，但这并不意味着它作为精英人才培养的功能有所弱化。事实上，当今及未来技术主导的经济社会形态，对科学理论创新、文明缔造、工程技术研发以及创新创业等人才有着更为广泛和旺盛的需求，作为上述人才孕育的摇篮，本科教育所特有的功能与地位依旧难以撼动。不过，对绝大部分普通本科高校而言，它们当前的确面临这样一种困境：一方面，必须秉持注重人格教化和学术训练的传统；另一方面，又必须积极应对学生就业与谋生之需。在学术与职业两种取向之间究竟如何权衡，是引发当代本科教育定位趋于模糊化的主要原因。无论中外，高校正在浮现的"漂移"现象，便多少反映了这两种取向的内在紧张。

至于如何破局，在此不妨对我国本科教育迫切需要的改革路向和路径略做概括如下。

第一，通专结合，即立足综合素质养成基础上加强宽口径专业教育，这是为每一个体的生涯发展提供必要的"装备"，也是本科教育保持其独特性并得以存续的根基，不能动摇。

第二,适当弱化政府控制特别是对学科与专业目录规制的刚性,引入社会力量特别是行业与专业组织的参与,给予高校专业设置以更多自主权,这是解决本科人才培养与社会需求脱节问题的基本路径。

第三,推动我国本科学分要求总量和课业负担的减重,增加学生在专业转换、课程选择、跨专业学习尤其是自主学习方面的选择机会,鼓励学生按其个性、潜质、兴趣、偏好和志向健康发展。

第四,扩展双学位、辅修、跨学科学位等项目类型,根据专业方向增设更多的模块化课程,为本科生开展探索性、选择性学习提供条件支撑。

第五,完善专业化学业与职业咨询指导制度,推动学籍管理制度的弹性化,以保证在尊重学生自主选择与自我发展的同时,最大限度上降低试错成本,提高“人—职匹配”水平。

第六,探索本科专业教育多通道培养路径,为具有不同志向的学生自主选择创造条件,如学业深造(学术训练)、毕业就业(职业资格训练)与创业等,增强人才培养的指向性与针对性。

第七,赋予通识课程以现实生活内涵、专业课程以职业内容,打通抽象理论与日常生活、职业实践之间的隔阂,在课程教学中以润物无声、潜移默化的方式关注学生可雇佣能力的培养。与此同时,以制度支持和环境营造,激励教师结合不同课程特点,开展多种方法与形式灵活组合、工具与技术正当与有效运用的教学改革探索,全面提升本科课程教学质量。

第二章 理解学科:内涵、分类机制 及其依据

关于本科教育,学科与专业是两个最为核心的概念。学科是高等教育领域中最为司空见惯的一个概念,诸如学科建设、学科规划、学科评估、学科知识、学科教学、学科人才……在日常语境中,它早已经成为各种场合人们耳熟能详以至于根本无须去思考的用语。然而,如果要问起究竟什么是学科,言说者或凭直觉或凭经验以及自身的立场,可能都会给出一种自我理解与诠释。但若细究下去会发现,不同言说者在不同语境中关于其具体所指却可能存在很大的差异。正因为存在语义上的纷乱,在学科几乎成为高等教育领域各种理论与政策话语中都无法绕开的一个关键词时,它难免为日常实践带来一系列的困惑,甚至会步入误区。在此,笔者便尝试针对“学科”这一核心概念内涵予以理论上的厘清,进而结合现实中有关问题稍微展开分析,以期人们能够做更深入的思考。

一、学科概念内涵的历史演变

学科与现代意义上的大学概念一样,是一个源自西欧的舶来词。克里斯南(A. Krishnan)认为,厘清学科概念的最寻常做法就是先要从词源学的角度

知其来龙去脉。他指出,学科(academic discipline)中的"discipline"最早起源于拉丁语的"discipulus"和"disciplina",前者意指学生,后者为名词的教学(teaching)。因此,所谓"discipline",就是指在早期带有浓厚宗教色彩的教与学过程中,教士或教师对学生所施予的一种强制规训与道德教化。到后来被引申到学术领域后,学科则是指一种对从业者需要进行严苛的由思考方式到行为规范的科学训练。① 故而,就学科的初始内涵而言,它更多指向一种带有特定价值负载与伦理意味的教学实践。即使大学教学过程中的知识,也并非现代科学意义上的事实性知识,而毋宁说是属于一种规训的技艺。正如19世纪的历史学家帕克(H. Parker)所言,对于中世纪大学中的"七艺",人们往往会不假思索地以为它们是带有绅士风格的"自由艺术"或人文学科(liberal arts),其实不然,诸如语法、修辞、逻辑、算术、几何、天文和音乐等都是技艺(technicality)。② 这些技艺彼此之间尽管也多少地带有区分性质,但它们构成一个有机整体服务于人的精神规训以及演说,尤其是为宗教教义提供理性诠释能力的训练。因此,至少在中世纪乃至后来相当长时期的大学中,所谓学科,或者不如说是科目,它更多表现为一种教师与学生之间以"七艺"乃至其他统整性知识(如自然哲学)而展开的精神规训活动,与现代知识的分门别类体系之间还没有形成多少关联。这种注重精神规训的博雅教育理念一直延续至今日,在欧美众多传统大学的文理学院、美国私立文理学院中,该理念与精神要义还依稀可辨。即使中世纪大学的神、法、医等分类,也并非现代意义上的学科,而是各种高层次的职业训练与实践活动。

现代意义上的学科概念,虽然源于中世纪的自然哲学,如张卜天认为,中世纪自然哲学几乎是一切现代科学之母,如"物理学、化学、生物学、地质学、气象学、心理学以及它们的所有子学科和分支——都是在16世纪到19世纪

---

① Armin Krishnan. What are Academic Disciplines? Some Observations on the Disciplinarity vs. Interdisciplinarity Debate[EB/OL]. ESRC National Centre for Research Methods NCRM Working Paper Series. http://eprints.ncrm.ac.uk/id/eprint/783/1/what_are_academic_disciplines.pdf.

② H. Parker. The Seven Liberal Arts[J]. The English Historical Review, 1890,5(19):417 - 461.

作为独立学科从自然哲学这个母体中分出来的"①。但是，它作为一个具有现代内涵的概念，主要肇始于 17 世纪欧洲的科学革命。伴随人类对自然世界认识的不断深入以及众多重大科学发现给予人们理性所带来的信心，科学迅速推动了人类知识的增长，并开始出现了知识与理论的分化取向。安斯蒂（P. Anstey）通过对培根《学术的进步》的解读认为，17 世纪的培根，根据当时欧洲学术的进展提出了人类知识的两个分类框架，即自然史与自然哲学，而自然史与自然哲学又被细分为众多不同的知识类别，如自然哲学包括推断的（形而下与形而上）和操作的（机械的与魔法的），形而下部分又做了进一步的细分。② 而这其实还仅仅是知识分化格局的雏形，因为正如随后科学知识进展历程与轨迹表明，知识的分类应该说既是人类对世界认识的结果，同时又是推动人类认识深入的驱动力，它以一种不可逆转的还原论取向和探究逻辑，迅速推动知识的进一步细化乃至探究者身份的专属化。且不说欧洲，即使在近代科学进展相对较晚的北美，正如丹尼尔斯（G. H. Daniels）在回溯美国早期科学滥觞后指出，到了 19 世纪初，无论是自然史中的植物学与动物学，还是矿物和化学知识等，其分类越来越细、越来越复杂，传统绅士型百科全书式学者几乎不可能理解每个细微领域的知识，而且学者相互之间的交流也异常困难，因而逐渐促成了知识探究与交流的小圈子化，即他所认为的专业化、制度化与合法化。③ 所谓专业化，即人们越来越不可能成为无所不知的通家，而仅仅是特定知识领域的专家。为了便于知识交流与知识共享，研究同好就需要借助专业性的组织与期刊作为媒介，因而实现了知识领域各有归属的制度化。由于这些研究同好是难以与一般公众进行沟通的小圈子，所以它又需要获得合法性才能得以存续。这种合法化不仅需要为社会所认可，最为关键的

---

① 张卜天.中世纪自然哲学的思维风格[J].科学文化评论,2011,8(3):26-34.

② P. Anstey. Francis Bacon and the Classification of Natural History[J]. Early Science and Medicine, 2012,17(1-2): 11-31.

③ George H. Daniels. The Process of Professionalization in American Science: The Emergent Period, 1820-1860[J]. Isis, 1967,58(2): 150-166.

是需要有能够生存与发展的寄身之所。

应该说,从 17 世纪到 19 世纪初,欧洲科学的分门别类发展主要发生于大学之外,在相当长时间内,主要是各国的皇室(如皇家科学院)与有闲阶层为科学的学问提供了支撑。直到 19 世纪初德国研究型大学创立之后,众多科学的门类才作为高深专门学问在大学中获得稳定的安身立命之所。由此,科学门类知识的进入为大学中的学科(academic discipline)赋予一种新的内涵,即学科既是一种专门化的高深学问,又是一种通过教学对学生展开训练的活动。如阿尔比塞迪(J. Albisetti)等人认为,正是在 19 世纪初,普鲁士启动了"科学的专业化"与"职业的科学化"双向互动的发展轨迹,这个双重轨迹的实现依赖于大学。科学专业化依赖于教授们的专深研究,而职业科学化则反映为政府对技术官僚的需求,即要求准公务人员通过大学教育接受科学研究能力训练的诉求,这种双向互动体现了一种当时由康德和谢林等所倡导的大学探索新知与传统教育的结合。[①] 探索新知的主体是教师,是从属于特定知识领域的专业人士或科学家,而学生则在不同领域的教师教导下进行学习与研究,从而不仅得到理性精神的训练与独立人格的养成,而且可以获得为未来职业奠定基础的专门素养与技能。简言之,德国大学早期的专门化并非如今天所理解的仅为研究而研究,它不仅具有教化指向,而且有服务于国家政治需要的目的。

但是,在 19 世纪科学文化环境中,人们恐怕无法预料和想象到,随后的知识增长与高度分化会呈现一种几近失控的状态,进而导致其从业者各有分工,甚至在早期同一领域内不同方向之间都无法沟通的格局。大学中不仅出现由两种文化(人文与理工)到不同知识领域亚文化之间的对峙,而且还面临究竟向学生提供什么内容和如何训练的难题,教师身份的各有归属与学生精神训练的整体性之间也出现了持续的紧张。正是因为存在这种张力,学科的

---

① James Albisetti, Charles E. McClelland, R. Steven Turner. Science in Germany[J]. Osiris, 1989,5(1): 285 - 304.

探究属性和作为特定专门化知识体系的特征得以凸显，作为一种规训活动的内涵虽然依旧得以存续，但已经明显窄化为面向内部部分而不是全体学生资质认可的专业化训练。概言之，如今的学科概念更倾向于一种自我收敛、刻意与其他知识形成边界以做区分的知识与理论体系和训练活动。在大学之外的学术界，它塑造了一个个相对独立与有限开放的共同体；而在大学内部，它不仅彻底变革了大学内部的组织结构与格局，形成了如比彻（T. Becher）所指称的一个个松散的"学术部落"[①]，而且也重塑了大学内部组织文化，构成大学内部既带有紧张关系又存在互动的各个"小世界"[②]。这些"学术部落"和"小世界"也在很大程度上成为本科专业教育活动的组织架构，甚至构成众多专业分立及其动态性的分分合合调整格局的镜像。

二、学科划界和分类的机理

如上所述，如今的学科概念尽管容括了相对独立的知识体系与规训活动的双重内涵，然而后者是以前者为依据和前提。客观而言，学术活动的分工和知识的分化，虽然时为人们所责难，甚至斥之为画地为牢和自我封闭，但如果没有它，就不会有如今人类知识指数级的增长。对于学科加速分化和分立格局形成的机理，通常人们持有两种并不相斥的认识取向与立场。

一是认识论取向。该取向认为分化体现了知识生产的内在逻辑或者说知识探究活动的本质。这种本质既源于研究对象的差异，也与人的探究取向存在关联。譬如，通常我们所谓的社会科学、自然科学、人文学科与应用（技术）科学四大分类，其实就反映了最广泛意义上的研究对象与探究取向的差异。关注对象不同，探究的立场、方法、路径与规范等就存在差异，进而形成

---

① 托尼·比彻，保罗·特罗勒尔.学术部落及其领地：知识探索与学科文化[M].唐跃勤，蒲茂华，陈洪捷，译.北京：北京大学出版社，2008.

② Burton R. Clark. The Academic Life：Small Worlds，Different Worlds［M］. Princeton：Carnegie Foundation for the Advancement of Teaching and Princeton University Press，1987.

具有不同属性的知识类别。例如，比格兰（A. Biglan）就认为，四大分类的形成自有其合理化的依据，他以研究对象是客观物理世界还是人和社会作为一个维度，以探究取向是科学发现还是理论应用为另一个维度，建立了一个四象限的分类框架。不同学科便处于由"硬"（自然科学与应用科学）到"软"（社会科学与人文学科），由偏重理论（自然科学与人文学科）到偏重应用（应用科学与社会科学）四个区间中的不同位置（图 2-1）。①

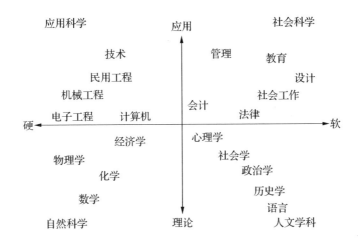

图 2-1　比格兰的学科分类模式

在赫兰德（J. L. Holland）看来，学科知识的分化分类还与人的不同个性存在关联。个性存在差异，探究偏好与取向也就不同。为此，他将个体探究偏好概括为四种类型——探究型、艺术型、社会型与事业型。不同的偏好也就产生了不同的知识类型，并形成各自的风格与边界。② 其实，学科的分化何止源于人的个性，它与人的生命历程也存在高度关联。由于人类知识具有爆炸式增长与日趋专深化的特征，在有限的生命周期中，每一个体越来越不可

---

① Paul Chynoweth. The Built Environment Interdiscipline：A Theoretical Model for Decision Makers in Research and Teaching[J]. Structural Survey，2009，27(4)：301-310.

② Willis A. Jones. Variation among Academic Disciplines：An Update on Analytical Frameworks and Research[J]. Journal of the Professoriate，2011，6(1)：9-27.

能同时涉足多个领域，传统人文主义的博雅与现代理性主义的专精之间，逐渐形成了一种不可调和的矛盾，两者之间甚至随时序的延展而日趋紧张。曾经人们一度认为科学是年轻人的游戏，但本杰明·琼斯（B. F. Jones）等人通过对 20 世纪初以来诺贝尔奖获得者所取得重大成就时的年龄进行分析发现，自 20 世纪中叶以后，40 岁以前便能够在物理与化学领域取得重大成就者人数迅速下降，与此同时，25 岁前便能获得博士学位的比例也大幅降低。① 这意味着如果不在特定领域有长时间专门训练与研究积累，人们很难能够有所建树。简言之，在知识不断分化与无限增长的前提下，个体生命周期与精力的有限性，对人们的广博涉猎与探究也构成了一种约制性的条件，或者说它构成了学科愈加细分机制的生物学与生理学依据。

二是社会学取向。学科分类固然反映了人的认知与生命历程的结构性特征，但是，缺乏社会性认同或者认可的合法性，就难以获得持续分化和裂变的基础。因此，学科不仅是有其内在逻辑的知识体系，它还作为一种社会化的规训体系而带有社会建构性特征。库恩（T. S. Kuhn）的科学范式观即表明了学科所具有的共同体特性。学科代表一种人们共同操持的专属概念、方法、规范与话语体系，为内部成员建构了一种共同的忠诚、信念与情感，以学会、期刊、会议和同行评议等诸多方式来加强内部成员之间的交流共享，塑造了内外有别的学科文化、身份认同和归属感，进而形成一种与他者相区分的边界。不止于此，这种超越实体组织的无形学院，还以各种显在或潜在的渗透方式形塑了实体组织的内部结构，如大学内部的院系组织结构便在很大程度上反映了各个学科共同体分立的结构性特征。正如威利斯·琼斯（W. A. Jones）认为，这种基于学科而建构起来的院系组织，通过创设一种特殊的学术环境，围绕特定的内容、方法、偏好、信念与伦理对不同层次学生尤其是研究

---

① Benjamin F. Jones, Bruce A. Weinberg. Age Dynamics in Scientific Creativity[J]. Proceedings of the National Academy of Sciences，2011,108(47)：18910 - 18914.

生开展教学与人才培养活动,从而潜在地影响师生的行为表现。[①]

　　如果说学科的教与学过程还多少带有同化与顺应的柔性特征,那么组织内部的资历与资质控制则具有强制性规训的意味。高校中诸如学生的学业考核、学位与文凭获取、教师的职务聘任与晋升、业绩考核与评价等,其实都对规训起到了共谋与配合作用,甚至它们本身就是学科规训体系的有机构成部分。就此意义而言,学科不仅为一种特定的知识体系,同时又是围绕规训活动而建构起来的组织与制度体系。对内,它在建构成员的身份归属的同时,又设置门槛以对接班人的资质予以控制;对外,则通过自我划定边界而衍生为一个权力与利益实体,以获得更好的生存与发展条件。正如古莫波特(P. J. Gumport)等人所言,大学主要是通过教学与研究来实现知识生产与传播这一核心功能,但该功能有两个核心构成要素,一个为官僚化的如学院和学系等组织,另一个为如满足学位授予需求的项目设置,两者不仅体现了大学内部知识或学科的分化与分层结构特征,而且还体现为一种为获得内部成员认同与他者展开的资源与权力竞争。[②]

　　这种竞争不仅发生于大学内部不同学科以及组织单元之间,而且还溢出了大学与政府和社会发生关联。因为不同学科既要在整个学术共同体以及大学内部争得一席之地,它们往往还要去赢得外部非学术部门的认可以获得各种有效的资源。柯根(M. Kogan)认为,学科的分化与专门化并非仅仅源自学术共同体内部认知意义的竞争,如为获得声誉和地位,它在很大程度上还要依赖于非学术部门(如政府和工业界)对其价值与功用的认可。在今天,新的知识产生尽管未必都来自外部的资助与支持,但没有外部支持的这种情形

---

　　① Willis A. Jones. Variation among Academic Disciplines: An Update on Analytical Frameworks and Research[J]. Journal of the Professoriate, 2011, 6(1): 9 - 27.

　　② Patricia J. Gumport, Stuart K. Snydman. The Formal Organization of Knowledge: An Analysis of Academic Structure[J]. Journal of Higher Education, 2002, 73(3): 375 - 408.

越来越罕见。^① 政府、工业界以及社会对相关领域需要解决的问题关注越多，某些学科和领域获得的资源与条件也越丰厚，进而推动了该学科与领域知识的进一步拓展与分化。这正如我们今天所看到的情形，相对于传统学科，众多带有应用取向的领域，如工程技术、计算机科学、生命科学、医学、心理学等，近些年学科分化速度与专业化程度加剧，并生成了众多新的领域和方向。更值得关注的是，因为强调应用，在探究问题解决过程中所遇到的理论瓶颈，又反过来助推了传统学科领域的进展，从而形成众多新的知识与学科增长点。

由上不难发现，学科分化是人的认识习性和能力局限、知识生产与传播过程的社会化两者互动的产物，即所谓认识论逻辑与社会化逻辑交互作用的结果。人类对世界探索的疆域越漫无边际，认识越深入、越复杂，它与人的认识能力与生命极限之间的关系越会出现紧张和矛盾。因此，在知识探究领域划界而治、学有所精、各有专攻的学科分化格局的形成，并非完全是社会有意为之的设计，毋宁说它是人类对统整知识领域有心无力而不得不任之由之的自然结果，或者说是知识缓慢演变与进化的必然结局。这同样也意味着，分化格局从来就不是静态和稳定的存在，而是一个动态的不断演化的过程，分化的过程有冲突和分离，但更有交叉乃至融合。

三、学科之间的交叉与整合

关于学科之间的交叉与整合的说法由来已久。早在 20 世纪 70 年代，学术界就出现了一系列关于跨学科的概念，如"interdisciplinary""multidisciplinarity""transdisciplinarity""intradisciplinary""pluridisciplinarity""cross dis-

---

① Maurice Kogan. Modes of Knowledge and Patterns of Power[J]. Higher Education, 2005, 49(1-2): 9-30.

ciplinarity"等等。但是,与人们对学科本身概念存在众多歧义的情形相似,究竟如何理解上述各种概念,长期以来学术界各执一词,莫衷一是。分歧出现的主要原因不仅有认识论层面的纠纷,如不同学科之间是否存在认知、智识或知识意义上的明确边界,更多还来自经验层面上所观察或指涉的对象不同。如尼萨尼(M. Nissani)认为,在学术界关于跨学科的表述中,其实存在四个不同的指涉,即跨学科知识、跨学科研究、跨学科教育与跨学科理论。在他看来,跨学科知识是指两个或两个以上的学科存在相似的构成要素,跨学科研究则是两个或两个以上学科为了获得一种新的知识、操作或艺术表现而形成的交叉结合,跨学科教育是在教学过程中几个学科内容的融合,而跨学科理论则是以上述所有方面为目标的研究。[①]

显然,指涉不同,其意涵也会大相径庭,在此不妨略做进一步的展开。首先,我们必须澄清一个常识,即跨学科本身便隐含着以既有的不同学科为大前提,没有具体学科在先,跨学科就成为无稽之谈。因此,跨学科并非消解了各个自成体系的既有学科,恰恰相反,它寄赖于不同的具体学科而获得合法性。其次,就跨学科知识而言,如上所述,在如今的学术界已经越来越难以出现通识百科的博雅之士,但这并不意味着学科的专门化就是自立门户,与其他学科领域保持疏离乃至对立。事实上,其他相关学科领域的理论、方法、技术、思维方式和风格,往往会为本学科提供有益的启发。但这种启发通常要么是偶然所得,要么是围绕本学科问题解决需要的有针对性涉猎或摄取。换言之,在知识意义上的跨学科依旧存在一个前提,它是以特定学科的专深为基础,以与之相关的学科为随机条件。一般而言,这种"跨"也并非对学者所属学科的僭越,充其量是一种结合或补充。只有在特殊的机遇中,它才会发生质的变化,这就关涉所谓的跨学科研究议题。

跨学科研究通常具有两种不同性质。一是学科的"跨"助推了进一步的

---

① Moti Nissani. Ten Cheers for Interdisciplinarity: The Case for Interdisciplinary Knowledge and Research[J]. The Social Science Journal, 1997,34(2): 201 - 216.

学科分化。在围绕特定学科领域的问题开展研究的过程中,因为受其他学科的方法、技术或理论启发,在有意无意之中人们取得了新的理论突破,因而它会逐渐演变为一个新的领域或方向。这个新的方向一旦确立,往往又裂变为一个新的次生学科,该现象在当前学科分类中极为普遍。以化学为例,它与各种其他学科结合,就形成了诸多新的次生学科,如生物化学、物理化学、天体化学、计算化学、机械化学、药物化学、神经化学和量子化学等。更匪夷所思的是,一旦这种次生学科得以形成,它就又确立了自己的边界并建构为一个具有范式特征的新生学术共同体。它与母学科乃至其他不同次生学科之间的交流与沟通也越来越困难,这已经成为今天学者日常工作世界中一种司空见惯的现象。

二是跨学科应对有关带有复杂性与综合性的理论或现实问题的合作研究。在现代科学史上,从来不乏各个学科领域围绕共同问题开展合作研究的范例。大规模的,譬如二战期间的美国曼哈顿计划和雷达技术的开发工程、不久前的引力波探索项目等等,都具有大范围多学科乃至国际合作特征。即使一些日常小规模的理论研究、产品与技术研究,如生物医药开发,也往往需要具有不同学科背景人员的协作。尤其是近些年来,随着社会环境变迁以及高校对应用研究和技术研发的青睐有加,多学科合作趋势进一步加强。吉本斯(M. Gibbons)甚至认为,我们已经超越了知识生产以传统学科为本的图式Ⅰ阶段,正迈向跨学科的图式Ⅱ阶段,知识生产特征越来越表现为:"它在基础与应用、理论与实践之间持续地来回游移,特别是重要发现往往发生于知识的开发与使用环境中,由此带来的结果是我们传统的应用研究反而成为理论取得进展的引擎。"[①]埃茨科威兹(H. Etzkowitz)在其关于三重螺旋与创业型大学的阐述中,也表达了大致相似的观点。在他看来,传统大学向创业型

---

① Michael Gibbons, Camille Limoges, Helga Nowotny, et al. The New Production of Knowledge: The Dynamics of Science and Research in Contemporary Societies[M]. London: Sage, 1994: 19.

机构转型是必然趋势,大学科研与教学的商业化取向,意味着大学不仅仅是认识论意义的机构,而且还要作为一个经济实体——助推经济发展知识资源库的机构来运作。由此,大学教学与科研性质的变化,意味着大学内部学科组织机构必然要发生相应的变革与变迁,走向交叉、综合与协作。①

应该说,跨学科研究的确已经成为当前以及未来不可逆转的趋势,但是,在此有必要澄清的是,跨学科合作其实还是以专精学科分立在先为前提,人际合作的主体往往是不同学科领域的专业人员,而不是能通晓众多领域的通才。只是与学科倾向于内部的问题关注不同,跨学科合作一般有其超越特定学科的共同对象、目标和问题,但在具体研究过程中,各个学科所承担的部分工作与任务,往往是通向共同核心问题解决链条中的一个个节点,这些节点彼此存在有机且密切的联系。故而,合作参与也的确会为不同学科知识生产提供新的发展与突破机遇。但是,它不仅依旧没有消解学科,而且与上述情形相仿,新的理论发现与突破反而有可能为学科进一步裂变创造条件。当然,即使如此,在现实中真正实现跨学科无障碍的合作并不容易。如杜鲁(J. A. Drew)等学者在关注保护生物学与环境人类学跨学科合作时发现,尽管两者都关注环境与生物的多样性议题,但是,它们作为两个彼此独立的学术共同体,不仅存在有关假设、专业术语和话语表达方面彼此认定与沟通的困难,而且还存在各自对内部成员学术认可与评价取向不同而引起的文化障碍,尤其是在认识论层面上就有根本性的隔阂,如保护生物学关注人与自然之间的关系,偏好经验与定量研究,而环境人类学更倾向于不同文化之间的理解研究,偏好质性的民族志研究。② 学科文化的差异性,导致人们在方法、技术和路径的选择上很难形成共识。

---

① Henry Etzkowitz. The Triple Helix:University-Industry-Government Innovation in Action[M]. New York:Routledge,2008:27 - 35.

② Joshua A. Drew, Adam P. Henne. Conservation Biology and Traditional Ecological Knowledge:Integrating Academic Disciplines for Better Conservation Practice [J]. Ecology and Society,2006,11(2).

客观而言，跨学科障碍的确源于学科之间所设的边界，以及各学科社会化过程所建构的认知、文化、情感与信念区隔，而这也是学术分工细化与专业化过程中无法摆脱的困境。学科的高度分化与专业化，既会带来更多理论突破以及知识增长，又势必制造更多的学科壁垒与沟壑，人类似乎永远无法走出这一悖论。故而，为缓解其中存在的紧张，在现实中除了强调不同学科围绕共同问题加强合作、沟通与交流之外，人们大致有个基本共识，即通过人的培养来化解争端分歧。比较合宜的做法是在人的教育生涯过程中强化多学科与跨学科教育，以此来打破单一学科规训的樊篱。然而，在教育已经成为每一个体生命历程重要构成部分的今天，高层次人才的培养不可能是全程性的多学科（通识）教育以及跨学科教育。缺乏特定的学科规训，个体根本不具备成为学者、专家以及其他专业人员的能力和资质要求。正是面对这种困境，人们不得不在学科之外更宏观的体制层面来寻求解决路径，即把个体的规训纳入随其生命历程演进的一个由宽泛到具体、由通到专的轨道，当代世界各国教育体系便大致上遵循了一种按不同学段设计内容的路径。

基础教育阶段自不待言，在中学后的本科教育阶段，究竟是以通还是以专为主，抑或是通专兼顾，即使在今天人们也没有达成共识。这也是另外一个颇为复杂和棘手的议题，将在后文做详细展开，在此仅就研究生教育阶段稍做分析。至少对于进入研究生教育阶段的学生而言，多学科的通识教育与跨学科训练，无疑对其未来的长远发展是有益的。但是，在研究生尤其博士生阶段，是否有必要以及如何开展多学科与跨学科教育，多少年来各种动议与主张虽然不少，迄今成功的经验却乏善可陈。相对于多学科的通识教育，人们比较认可研究生阶段的跨学科教育提法，其开展形式通常有如下几种：第一，在本学科的教学过程中引入其他学科内容和方法；第二，围绕本学科具体问题实施教学，要求学生以多学科理论与方法来进行探究与合作性学习。这两种跨学科教学形式甚至在本科教育阶段也较为常见，但在现实操作中都存在较大的难度，受众多因素的掣肘。例如，实行独立教学，教师本身的多学科视野、素养与能力可能有限,而实行不同学科教师团队教学,则存在组织上的困难以及教学内容的有机联系与系统性不足问题。此外,由于研究生尤其是博士生的科研训练与专攻方向更为具体且多样化,即使实施跨学科教学也未必能够满足不同个体的多样化需求。故而,除了设立专门的跨学科学位项目之外,在现实当中比较普遍的做法,往往还是给予学生一定的自由选择权利,根据其研究议题需要由导师推荐或自主选择其他相关学科课程学习。当然,更不乏这种情形,研究生会根据个人既有基础以自学方式涉猎其他学科。但是,无论哪种形式的跨学科教学与研究,其最终目的依旧是服务于所属学科问题的解决与能力训练,并获得本学科即其所归属的共同体认可,而不是刻意地贴上一个"跨学科"的标签。

由上述关于跨学科知识、跨学科研究与跨学科教育三方面的分析,或许我们可以谨慎地获得这一结论:在如今众多知识领域的理论生产以及人类社会的现实问题研究中,单一学科所存在的局限性和缺陷的确日渐突出,跨域现象越来越具有普遍性,因而导致学科之间的交流与合作日益频繁。合作与对话促成了学科之间碰撞、交叉与融合,也模糊了传统学科既有的边界,但与此同时,它又可能以新的知识生成与边界设定促成次生学科的形成。简言之,学科交叉与融合现象虽然已成常态,但它不仅不会消解学科,反而会以融合、衍生、裂变到再生这种循环往复的方式,构成人类知识持续分化、增长与扩张的动力机制。

无论何种形式的跨学科,以既有学科存在为前提本来就是"跨"的应有之义,更何况,学科分立不仅体现了知识的认识论逻辑,而且它在大学中的组织化和建制化格局也反映了社会需求的结构性特征。正如对社会专业体系有系统研究的阿伯特(A. Abbott)认为,学科分立也反映了社会需求逻辑,大学的学科建制化与社会结构、文化结构之间存在耦合关系,它承担为社会特定领域训练学生和满足雇佣市场需要的功能,与此同时,为保持自身独特性,又以"分形逻辑"不断在内部衍生出新的层次,且以各种竞争的方式持续促进外部文化结构的变革。[①] 当然,学科分立绝非刻意孤立、自闭乃至对峙,正如哈丁(E. Hviding)基于太平洋岛屿的多学科研究体会而认为,跨学科并非消解传统学科,而是需要不同学科之间具有包容的态度,淡化门户之见与边界意识,承认存在与其他知识合作的空间,如此不仅有助于对研究对象更为广延与整体性的理解,而且也会让彼此受益。[②] 换言之,跨学科更关乎态度、文化和个体以及社会诉求,而不在于制度强制。

四、学科的分类结构与体系

如上所述,学科既是指特定的知识体系(类型与分支),又具有关于人的规训内涵。就知识体系而言,关于其分类结构与框架目前难有共识。即使在最为基本的领域划分上也存有分歧,譬如上述提到的比格兰四象限分类,我们通常最习惯的说法就是社会科学、自然科学、人文学科与应用(技术)科学四大分类,而维基百科则列出了艺术、人文学科、社会科学、自然科学、应用科学五大类框架。可想而知,如果涉及各领域之下的具体分类则更为复杂,更难以建立一个共同认可的框架。在此,笔者仅尝试透过相关正式或官方机构——各国科研基金资助部门的研究方向与领域来了解大概。表 2-1 分别为美国国家科学基金会(NSF)、中国国家自然科学基金委员会(NSFC)和德国研究基金会(DFG)提供资助的研究领域划分,从中可以看出,各国领域设定大致相似,包括自然科学、生命科学、人文与社会科学和工程科学四大类。这四大类为德国研究基金会的领域划分,[③]因为美国医学研究主要由国家卫

---

① James Chandler. Introduction: Doctrines, Disciplines, Discourses, Departments[J]. Critical Inquiry, 2009,35(4): 729-746.

② Edvard Hviding. Between Knowledges: Pacific Studies and Academic Disciplines [J]. Contemporary Pacific-A Journal of Island Affairs, 2003,15(1): 43-74.

③ DFG. Classification of Scientific Disciplines, Research Areas, Review Boards and Subject Areas (2016 - 2019) [EB/OL]. https://www.dfg.de/download/pdf/dfg_im_profil/gremien/fachkollegien/amtsperiode_2016_2019/fachsystematik_2016-2019_en_grafik.pdf.

生研究院(NIH)资助,人文艺术主要由半官方的艺术遗产基金会(NEA)资助,农业部、能源部、国防部和航空航天部等部门也对基础研究予以资助,故相关领域没有纳入美国国家科学基金会资助体系。中国国家自然科学基金的情形相似,如人文与社会科学研究另由国家社会科学基金资助。特别值得注意的是,包括医学在内的生命科学,因为近几十年发展异常迅猛,已经逐渐从传统的自然科学领域脱颖而出,成为一个相对独立和密集的资助方向。在科睿唯安基本科学指标数据库(ESI)的 22 个领域分类中,也不难发现,与生命科学相关的领域占有极为特殊的比重,覆盖近半(包括农业科学、生物与生物化学、临床医学、环境/生态学、免疫学、微生物学、分子生物学与遗传学、神经科学与行为、药理学与毒理学、植物与动物科学)。这足以表明,作为研究体系的学科领域划分更具有动态性,特定时期的政策环境与研究资源支持构成其分类体系结构变化的重要外在动力。

表 2-1　美、中、德三国科研基金资助领域类型划分结构

美国(NSF)	中国(NSFC)	德国(DFG)	
		研究领域	大类
生物科学	生命科学	生物科学	生命科学
		农业、森林与兽医药学	
	医学科学	医学	
地球科学	地球科学	地球科学	自然科学
数学与物理科学	数学物理科学	数学	
		物理学	
	化学科学	化学	
社会、行为与经济科学	管理科学	社会与行为科学	人文与社会科学
		人文学科	

续　表

美国(NSF)	中国(NSFC)	德国(DFG)	
		研究领域	大类
计算机信息科学与工程	信息科学	计算机科学、系统与电气工程	工程科学
工程	工程与材料科学	机械与工业工程	
国际科学与工程		热工/工艺工程	
		建筑工程与建筑学	
教育与人力资源			其他
环境研究与教育			
综合性研究			

资料来源：美国国家科学基金会(NSF)、中国国家自然科学基金委员会(NSFC)、德国研究基金会(DFG)网站。

不过，研究领域的知识分门别类体系仅仅是专业规训活动展开的必要而不是充分条件，因为专业规训作为培养人的活动还带有组织建构特征。即它必须在研究资源之外还能够持续地获取稳定的政府或市场资源供给，以制度化和体系化的课程教学与实践活动来培育新人，从而不仅满足社会分工对专业人才的常态需要，而且以此来维系本学科的传承与赓续。因此，政府或者社会的体制性认可又往往构成了不同学科在大学中得以存续的必备条件。尤其在本科与研究生培养层次上，大多国家的政府是以其所认可的知识分类框架与体系来配置资源的，因而构建了具有各国特色的极为复杂的学科门类体系。联合国教科文组织基于各国学科分布情况，从统计的角度将世界高等教育与人员训练领域划分为三级结构，包括十大类，如教育，艺术与人文学科，社会科学、新闻与信息，商业、行政管理与法律，自然科学、数学与统计，信息与通信技术，工程、制造与建设，农业、森林、渔业与兽医，健康与福利，服务。其下再细分为两层，如"自然科学、数学与统计"之下，包括生物相关学科、环境、物理科学、数学与统计、跨学科项目等小类，每个小类之下为更具体的学位与证书授予项目，以生物相关学科为例，包括生物学、生物化学、其他等。[①] 但这种笼统概括无法反映各国的特殊性，尤其是分类设置依据与功能上的差异性。

在我国，目前针对研究生与本科生教育的学科目录由国务院学位委员会和教育部订立，以研究生教育学科专业目录为例，它包括三级结构，由 14 大门类，即哲学、经济学、法学、教育学、文学、历史学、理学、工学、农学、医学、军事学、管理学、艺术学和交叉学科，117 个一级学科和众多细分的二级学科组成。而在很多其他国家，通常不对本科与研究生的学科分类做专门区分，且分类逻辑与我国存在明显差异。如在德国，由联邦统计部门所建立的学科体系也同样划为三级结构，但它的第一级为 9 个学科群，包括人文学科，体育，法律、经济学和社会科学，数学与自然科学，医药/保健科学，农业、林业、食品科学与兽医药，工程，艺术学科，其他等。每个学科群之下设不同领域作为第二级，总共有 83 个领域。以"数学与自然科学"学科群为例，它包括数学与自然科学、数学、物理学与天文学、化学、药学、生物、地球科学、地理等 8 个领域。第三级为每个领域之下的众多分支，不同学科群下属分支存在很大差异。如体育学科群仅有 2 个，而工程学科群则有 60 多个。[②] 德国各州政府往往以该目录作为统计依据，并根据大学各个学科以及专业所承担的不同层次人才培养规模来予以常规性的拨款。

与中国和德国不同，北美地区尤其是美国的高等教育机构，因为更具有面向市场自主办学的特征，通常大学的学科与专业设置并不受政府的限制。自 1980 年以来，美国联邦教育部国家教育统计中心（NCES）虽然先后多次

---

① UNESCO. International Standard Classification of Education：Fields of Education and Training 2013（ISCED-F 2013）-Detailed Field Descriptions［EB/OL］. http://uis. unesco. org/sites/default/files/documents/international-standard-classification-of-education-fields-of-education-and-training-2013-detailed-field-descriptions-2015-en. pdf.

② Fächergruppen, Studienbereiche, Studienfächer［EB/OL］. https://www.bildungsmonitoring. de/bildung/misc/ Faechersystematik_neu.pdf.

(1980、1985、1990、2010 和 2020 年)发布了高校学科分类目录（CIP），但它是对现实中高校学科与专业项目情况的系统性归类，其目的仅在于建立统一代码，以便于联邦政府各部门对高校进行数据采集与统计分析，而不是作为资源配置与监管的工具。在 2020 年的修订版中，CIP 分类包括 61 个群组与 2 800 多个子群或项目。[①] 由于加拿大 2016 年版 CIP 分类目录是参照美国 2010 年版本设计而成的，故在此不妨透过它一窥 CIP 大致的四级结构：第一级为 12 个组别，相当于我国的门类，包括"人的完善与休闲""教育""视觉、表现艺术与沟通技术""人文学科""社会、行为科学与法律""商业、管理与公共行政""物理、生命科学与技术""数学、计算机与信息科学""建筑、工程与相关技术""农业、自然资源与保护""健康及相关领域""人、防护与交通服务""其他"。第二级分为 60 个群组。特别值得关注的是，在该 60 个群组中，传统的物理、化学、天文学等学科仅属于其中的"物理科学"（physical science）群组。"多学科/跨学科研究"被单独设为一个群组，包括如生物与物理科学、数学与计算机科学、生物心理学、老年医学、行为科学、自然科学等 28 个子群，不同群组之下的这些子群构成第三级结构。在第三级之下，则为第四级更为具体的项目。在此以其中"物理科学"群组为例，将其四级结构呈现如图 2-2 所示。

不难发现，CIP 框架并不是体现严格知识内在逻辑的分类框架，而是对现实中所有中学后教育培养项目的总体概括与归类，它更近乎一种基于经验观察的归纳，而不是按照既有知识的逻辑演绎。因此，它更具有开放性与可变动性，故而对高校学科与专业的设置并不具有任何规范和指导意义。

---

① NCES. What is the CIP？［EB/OL］. https://nces. ed. gov/ipeds/cipcode/crosswalk. aspx? y＝56.

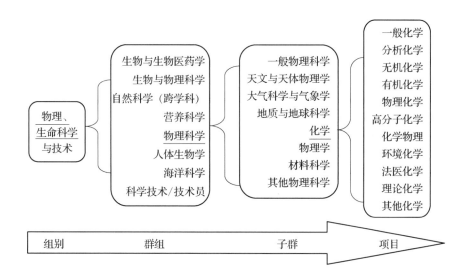

图 2-2 加拿大与美国 CIP 分类结构示例

由以上简单比较分析,在此不妨得出如下结论。

第一,各国研究资助领域划分与学科目录结构之间并不是完全对应关系。它表明,虽然学科分类既是一个知识分门别类的研究体系又是一个人才培养的规训体系,但因为资源依赖与承诺对象不同,现实中研究与规训两个功能并非必然的整合关系,有时反而会存在一种张力。尽管研究也参与了规训,如研究生的培养过程,但相对而言,研究资助机构的偏好是探索未知,其关于知识的预设在于它的动态不确定性。而学科分类目录核定部门的偏好则恰恰相反,它往往是基于既有相对稳定、成熟的知识与社会职业分工而建构。如此,或许我们不难理解为何在日常所谓学科建设话语中有众多问题纠缠不清。譬如,学科是偏重科研还是人才培养,是关注教师还是学生,是面向本科生还是研究生,等等。

第二,各国学科分类结构与体系的逻辑与功用存在明显的差异。由于我国采取本科与研究生专业与学科目录分别设置的方式,相对而言,针对研究生教育的学科分类,学理性色彩更为浓厚,门类与一级学科结构划分较细;对本科专业的学科分类则结合外部职业分工形成专业大类,按照相关或邻近原则建立从属关系,具体后文再议。而德国的学科群,尤其是美国的组别分类,则更多与人类的活动领域以及社会专门性职业存在高度关联,远比我国的一级学科宽泛,因而更具有包容性。正因为组别的相对宽泛,覆盖面广,其越向下延伸,学科类别与分支越多,如美国在子群与项目划分上远比我国学科目录更为复杂与细致。导致两者之间差异的原因主要在于,我国的分类更多为了满足国家审定与核准学位授予权的需要,无疑具有简洁、便于管理与规制的优势,但劣势在于因为目录的相对刚性,可能会对学科边界的拓展产生抑制作用。

第三,人类知识增长与学科分门别类化是内外不同逻辑与力量交织、共同作用的动态过程,不存在一个完全的稳定态,其发展趋势甚至超出了人类的预知能力。与此同时,社会分工结构与专门性职业系统也始终处于动态的调整与变化之中,如阿伯特认为,职业系统的变化源于社会结构的变迁,"特别是技术开创了大范围的新兴潜在职业工作领域",而人类知识快速增长又"往往能够催生新职业,或者削弱某些职业"。① 因此,正是基于这种潜在或显在的变动不居格局,美国的学科分类目录并非一种自上而下的建构,而是对动态性经验现实的概括归纳,故更具开放性和调整的灵活性。由于主要服务于政府的统计目的,学科目录不作为干预和约束高校学科专业自主设置的依据。在此,我们不妨把美国这种学科划分线路理解为"信马由缰"模式。与之相反,我国目前的学科目录尽管也会适时做动态调整,但对培养单位而言,大致可理解为"按图索骥"模式,其结构与类别虽然相对简洁明了,但灵活性与弹性略显不足,该问题存在的缘由可能不仅仅在学科目录本身,还在于体制,在此不做展开。

第四,各国学科分类逻辑背后反映了各自对学科体系的理解与观念不

---

① 安德鲁·阿伯特.职业系统:论专业技能的劳动分工[M].李荣山,译.北京:商务印书馆,2016:210–211.

同。究竟是以知识指涉的对象,即自然与社会现象和活动,还是学科知识本身属性作为划分依据,反映了人们对不同学科之间关系的认识差异。以林学为例,我国的林学是被纳入农学门类中的一个一级学科,而与林业相关的诸如生态学、林业工程和农林经济管理等二级学科则分属理学、工学与管理学等其他门类。德国则无论是森林科学、林木工程、产业和管理都属于"农业、林业、食品科学与兽医药"学科群。而美国与中国、德国都存在差异,林学虽然属于"农业、自然资源与保护"组别,但它不属于"农业、农业经营及相关科学"群组,而是被列在与之分立的"自然资源与保护"群组中,即森林与自然资源保护研究、管理与政策、渔业科学与管理、野生动物科学与管理等子群同属一个群组。作为一个子群,它包括森林科学、森林科学与生物学、森林管理与森林资源管理、城市森林、木材科学和木材生产/纸浆和纸张技术、森林资源生产与管理、森林技术、其他等。由此不难发现,与德国和美国相比较,我国学科分类似乎更偏重"学理",而德国尤其是美国更关注的是研究指涉及其关联对象与活动。这种学科分类观念差异固然不能说明孰优孰劣,但对象关注不仅更具有包容性和灵活性,而且有助于破开学科壁垒,由问题而不是既有理论去触发人们探究取向,实现多学科的交叉以及理论与应用之间的结合,并获得新的发现和形成新领域。

最后有必要指出的是,通过上述三国比较可以发现,我国的学科目录结构的表述为"学位授予和人才培养学科目录",即它不仅突出了规训意味,而且表现出对学科与人才培养所带有的规制倾向,"普通高等学校本科专业目录"也多少带有这种特征。在当前知识与社会发展背景下,或许我们的确需要对这种取向予以慎思,即是否需要淡化其刚性与规范偏好,并给予高校更多的自主权。

学科作为分门别类的知识领域与特定领域学术人才规训体系,是大学作为知识机构得以存续的根基,也是学术人得以安身立命的家园。学科的生成和演变,既体现了知识自我演绎的内在逻辑,同时也与特定时代的社会文化氛围、政治与经济结构的变动之间有着密切关联,因此,它不仅具有认识论意蕴,而且有其丰富的社会学内涵。

专门化是学科分化乃至知识全面拓展与精进的基本动力机制,学科之间的分工越细密,越会引发彼此之间的交叉与融合。换言之,学科的交叉或跨越反而是以学科的分立为前提和条件,不同学科之间虽然畛域分明,但频发的越界、混杂和交叠,又往往为新的学科生成创造条件,即形成以所谓跨学科知识呈现的新学科。在如今一个越来越推崇跨学科合作的时代,跨学科研究主要表现为:围绕特定问题各有其学科归属的人际合作,而不是对通晓百科博雅之士抱有不切实际的期待。正是鉴于专门化与学科分化成为不可逆转的趋势,为稀释乃至消解这种知识碎片化与不同学科疏离带来的负面效应,由通到专的各学段教育进路以及中学后阶段的跨学科教育,才成为世界各国教育制度设计的共识或惯例。

学科以课程形式为人才培养提供知识与智力支撑,学科体系与建制固然具有相对稳定性,但其理论、方法与技术乃至体系结构始终处于动态的变化过程之中。更何况,外部社会劳动分工、产业结构和技术的变革等所引发的职业系统调整以及专业内涵的更新,也要求学科尤其是具有应用取向的学科去应对新的问题和新的环境变迁。故而,无论是从知识生产还是学科规训以及专业人才培养角度,学科体系必须始终保持一种开放性,而不是画地为牢和故步自封,它才能够以一种内部自主逻辑与外部需求逻辑的双向互动,不断赋予培养项目与课程以更为生动和切合社会以及个体发展的新内容。

就此意义而言,在认识论与社会学层面上,学科固然是一种人为建构,但这种建构更应该倾向于一种自下而上的开放性建构,而不应成为约束其自身发展的封闭系统。因此,基于既有的学科建制而开发出来的政策工具,譬如学科或专业目录,不仅应该弱化其规制功能,而且更需要保持足够的弹性,并更多赋权于学术共同体、高校乃至学术人的自主。

第三章 理解专业:本科教育的"通"与"专"

相对于中学后其他层次教育,本科教育的定位始终为一个迷局,关于通识教育与专业教育、专业教育的口径应宽或窄、本科教育是否需要凸显就业与职业属性等的讨论,从来就不绝如缕。在如今毕业生就业压力加剧,劳动力市场需求不确定性愈加突出的背景下,不同高校因为所处情境以及感受不同,对此也感到颇为棘手,因而在本科教育改革过程中往往左支右绌,捉襟见肘。在此,笔者无意也无法就该困境提出一个具体的可操作性方案,而是尝试结合如今人们所关注的与本科就业有关的议题略为展开梳理与分析,期望能够为破解这一迷局提供相关启发。

一、本科专业的由来

本科专业在英文中有很多不同的表述,如 major、profession、specialty、course、program 等。在本科教育中,不同国家有各自不同的表述。譬如在英国,大学本科一般三年,其专业指称一般为 course。而在德国,其转换为英文表述比较多样化,course、major、major subject 均有采用。总体而言,比较流行也符合我国多数学者表述习惯的为 major 一词。本着循名责实的原则,我们首先有必要梳理一下 major 说法的由来，然后就其与其他概念所存在的异同略做澄清。佩顿(P. W. Payton)认为，最先提出 major 概念的是美国霍普金斯大学，在其 1877—1878 学年的注册要求中，第一次有了关于 major 和 minor 的表述。霍普金斯大学要求学生在其所设的 6 个学系中，必须选择 2 个学系的课程作为主修课程，其他学系的科目可以作为辅修课程。但是，在当时这种说法并不固定，例如 major 和 minor 常常为 main studies、subsidiary 或者 subordinate studies 等替代。不过，佩顿认为，虽然 major 这一表述如今在英语国家极为流行，但它的渊源来自欧洲。在中世纪大学中很早就有关于语言学习的拉丁文"maior"和"minor"的提法，而最直接的来源还是 19 世纪德国的大学，因为秉持专深探究取向，学生撰写的博士论文必须相对聚焦特定领域。[①] 尽管德国大学长期并无学士学位，但它的研究型或哲学硕士和博士学位论文写作的专深要求，以及大多毕业生要参加教师以及公务人员资格考试的需要，使得学生的学习不得不收敛并聚焦于特定领域，这种专深探究与学习取向为美国大学本科专业的设立提供了启发。

聚焦特定领域，就意味着需要有专长，即 specialty，但 specialty 与 major 其实并不等同，前者是后者所要追求的目的或结果。而若再往前追溯，在特定领域拥有专长其来有自，于欧洲中世纪大学中便已有之。如在中世纪大学文学院之上的法学院、医学院和神学院，便具有一定的专门化倾向。这些学院建制至今迤逦不绝，在相对传统的综合性大学中依旧存续，尤其是法科和医科早已成为综合性大学中历史最为悠久的高层次专门职业，即 profession。但是，毕竟中世纪大学与现代大学不可同日而语，中世纪大学没有严格的现代意义的本科概念，当今大多国家大学中的医学院、法学院以及其他如商学院、公共卫生学院等则多为研究生层次的专业学院，因此，specialty 与 profession 的内涵也不尽相同。后者更具有高深和专门意谓，在今天多指要

---

① Phillip W. Payton. Origins of the Terms "Major" and "Minor" in American Higher Education[J]. History of Education Quarterly, 1961,1(2)：57 - 63.

经过长期学术训练才能从事的专门职业，而前者涉及面相对宽泛，可以覆盖如今高度分化的中学后本科乃至更低层次的教育（因为各国学制差异很大，这里权且把综合性大学中中学之后至硕士之前阶段，统称为本科或相当于本科层次）。

如果简单回溯历史即会发现，其实今天的本科专业教育，即注重专长训练的中学后教育历史并不悠久，它的开创者甚至不是最为典型的传统综合性大学。直至 19 世纪末，欧洲无论德国的研究型大学还是英国的牛津和剑桥大学等，在学科分门别类格局逐渐形成的背景下，其本科层次教育依旧不同程度地体现着传统自由教育或整全教育理念，只不过相对于中世纪大学，培养过程更为突出人文素养与科学精神的训练，宗教意味趋于淡化。如在德国，直到 19 世纪末，德国大学学生的注册与学习主要在哲学、医学、法学和神学四个学部（faculty）展开，与中世纪大学相似，不同之处在于各学部相互之间不再有地位之别，相对而言哲学学部地位反而有所提升。通常在德国大学的哲学学部，学生对特定领域的专注在很大程度上表现为对相关学科、科目乃至课程意义上的偏好，而不是迫于专业化的规训制度。在英国，授予学士学位的文科院系中，相当长时间内"还保留着中世纪传统的遗风"，真正的专长训练如科学教育往往是"在高深学问的中期或后期集中学习的"，它其实已经延伸到硕士乃至博士层次。①

当然，无人否认，19 世纪也的确为一个大学各学科逐渐趋于高度专门化的时代。为争取学科的合法性并赢得讲座地位，欧美综合性大学众多分科性的院系逐渐成形，并且相互之间在本科或相当于本科层次出现了围绕生源和其他资源的竞争。由是，立足学科门类的准专业化训练体系也通过相关课程组合与考试要求得以确立。例如，在德国大学的哲学学部，有哲学、文献学、历史、数学、科学、政治科学、经济学、森林学、农学、药学与地理学等不同讲座

---

① 瓦尔特·吕埃格.欧洲大学史（第三卷）：19 世纪和 20 世纪早期的大学［M］.张斌贤，杨克瑞，译.保定：河北大学出版社，2014:386.

与主修科目。① 严格而言,这种相当于本科层次的准专业教育与外部社会职业分工之间没有多少关联,尽管它的文凭与资历在如德法等国家被作为从事教师和公务员等职业的重要依凭,也是接受更高层次如博士生教育(学术接班人)的基本资格要求,但它体现的是学科逻辑,或者不妨说相当于学科教育。这种由特定学科衍生的本科专业在今天的大学中依旧广泛流行,尤其是在基础学科领域,如物理、化学、生物、历史、地理、经济学和政治学等,但是,即使有相同的称谓,如学科和专业意义上的物理,两者也不能等量齐观,这在后文将做进一步分析。

从历史的角度看,与职业高度相关的本科层次专长训练,在欧洲大多初发于传统综合性大学之外。法国大革命之后的 1794 年,在取消了传统综合性大学并以专业学院取而代之的同时,法国具有专门化与精英色彩的大学校,如国家桥梁与道路学校、巴黎矿山学校、巴黎综合理工学校、巴黎高师、巴黎政治学院等,获得了长足发展。大学校尽管也重视学术训练,但具有很强的应用性与职业化色彩,主要为国家培养和训练学有所长的军事、教育、政治与工程精英人才。19 世纪中叶以后,英国的红砖大学为满足城市以及地方工商业发展的需求,在传统的牛桥模式之外,开拓了一种不同于传统教养教育,旨在解决工商业实践问题的应用科学与技能训练的专业化培养培训体系,一系列直接对应于工商业厂矿生产、民用建筑、化学工业和经济贸易的专业开始涌现。法国的大学校专门化培养模式曾一度对欧洲、俄罗斯乃至美国的高等教育产生重要影响,在众多国家不仅催生了大量的技术与理工院校,如美国的西点军校以及其他理工院校、苏联和我国的行业特色院校等,而且也促成了众多应用型的工程和技术类专业入驻大学。进入 20 世纪之后,随着各国高等教育世俗化与民主化进程加快,高等教育入学比例大幅提升,大学本科层

---

① Johannes Conrad. The German Universities for the Last Fifty Years[M]. Glasgow: David Bryce & Son. ,1885: 163 - 169.

次的专业设置与社会产业结构、职业分工和劳动力市场需求间的关系也愈加密切，因而在瓦解传统自由教育主导格局的同时，也逐渐突破了专业与学科不分乃至专业完全受制于学科逻辑的樊篱。

不过，因为本科教育历来处在一个不上不下、不伦不类的尴尬层次，即与职业和技术类院校相比，其理论性强实践性弱，相较于研究生层次，专业化（professionalization）程度又明显不足；其强调与社会职业分工结构之间耦合的应用性，但又与大学学科取向的学术品质相去甚远。故而，人们对其内涵的理解和外延的界定特别是它的现实定位，自始至终都感到颇伤脑筋。如早在 19 世纪初伯明翰大学初创时，围绕各个应用型专业的设置就存在不少争议，人们认为它所推崇的工业文化与学术文化不相容，不仅如此，在面向产业需求时，无论课程内容的遴选还是不同课程的组合，恐怕都很难满足产业界复杂多样的"有用性"标准。① 其实，即使在今天，上述关于学术性与应用性的争议依旧存在，在传统综合性大学中争论更为激烈，甚至对本科教育应该为专业教育还是准专业教育也各执一词，难以形成共识。

在 20 世纪 50 年代，鉴于当时美国本科教育的定位困境，斯坦福大学教授考雷（W. H. Cowley）提出给予本科教育的专业训练以三种定位：第一，无任何职业考虑的类别，如历史、经济学、化学等仅为知识而求知的学科专业化；第二，为进一步深造获得高层次专门职业（如律师、医生以及学术工作）做准备的类别；第三，为直接就业做准备的类别，如工程、家政、商业和体育等。② 考雷的这种简单分类，实际上是从学生的个人意图与未来生涯规划角度提出的有针对性的专业化策略，虽然多少带有实用主义意味，但至少对我们宽泛地理解当下语境中的本科专业提供了启发，我们不妨将其理解为基于学生的志趣与未来职业发展需求，由院校所设计和建构起来的一系列旨在增进学生

①　Peter Denley. History of Universities（Volume ⅩⅣ，1995 - 1996）[M]. Oxford：Oxford University Press，1998：252 - 258.

②　Phillip W. Payton. Origins of the Terms "Major" and "Minor" in American Higher Education[J]. History of Education Quarterly，1961,1(2)：57 - 63.

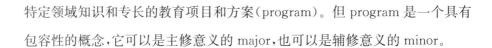

特定领域知识和专长的教育项目和方案（program）。但 program 是一个具有包容性的概念，它可以是主修意义的 major，也可以是辅修意义的 minor。

二、本科专业设置的依据与机理

关于大学本科专业设置的依据，在学术界已经形成了一些共识或常识。主流的观点大多带有结构功能主义取向，认为大学中本科专业设置与分立体现了劳动力市场中的分工逻辑，是大学不得不适应或顺应社会产业行业结构变迁的必然选择。与此同时，因为高校内部知识的快速增长与学科的高度分化，形成了秉承不同方法论与认识论立场乃至价值和利益取向的部门分割格局，大学采取相对集中和收敛的专业规训方式也体现了知识分化逻辑。不容否认，外向适应与内部分化的两种逻辑之间自始至终就不乏种种张力，但两者之间的互动以及哪怕最小意义上的契合与交集，为不同专业的设立提供了合法性。

然而，上述结构功能主义的观点，其实是一种宏观层面的理论推演或者是一种长时段趋势推断，无论从历史还是现实角度来审视，逻辑推断未必完全符合经验观察，即拥有足够的史实与事实证据支撑。如上文所述，大学本科专业的职业性特征凸显发生于 19 世纪中叶之后，而学科意义的专业化或不妨称之为准专业化，也并不久远。在相当长时期内，本科或相当于本科层次的教育要么是基础性的博雅教育，要么是作为通向真正的专门性职业的过渡性教育。因此，从历史溯源角度而言，本科层次专业的设立并不必然与外部社会劳动分工存在关联。阿伯特在对大学与职业之间关系的历史考察后认为，在推崇大学自主自治的英美国家，即使到 20 世纪初，大学提供的一种"模糊通识教育"的本科训练与职业之间没有多大的关联，反倒是在拥有对高等教育控制权的德法国家，因为把学历和文凭认定作为入职或执业资格要求，从而以强制性介入方式赋予了教育过程专业化、应用性特征。① 国家从社会各行业发展对人才和人力资源的结构性需求角度，以行政指令方式对高校专业设置乃至培养规模提出要求并实施控制，一度也是苏联和我国改革开放前本科教育的基本模式，其源流也来自欧洲尤其是法国传统。

不过，即使对于以国家介入的大学专业应用取向，持有冲突论立场的学者也并不认为它实现了大学专业与社会产业结构间的自然耦合。譬如，柯林斯（Randall Collins）认为，法国传统的精英机构——大学校，其培养的教师、公务员以及工程师等，并非仅仅因为他们确实拥有社会特定职业所需要的技能，毋宁说是国家的认可赋予了他们以各领域中的精英和领导者角色。柯林斯把这种大学专业设置和规训背后的地位获致机制，称为"专业政治学"。他认为，无论是集权国家的体制认可还是分权国家如美国的市场认可——各种专业组织和协会，一个成功的专业设立更多在于谋取到政治权力即垄断性和自治权。因此，大学专业与职业专长和技能之间并不存在必然的联系，而关键在于它的文凭所隐含的地位意蕴。② 阿伯特也认为，在进入 20 世纪之后，美国大学与外部职业团体间形成一种联盟，设置专业的学院甚至文理学院"与职业协会间的联系比与某个特定大学联系更为紧密"，职业与大学的联合甚至推动了职业分化与劳动分工。但是，大学以专业教育方式参与职业分工，未必意味着它更好地适应了外部经济社会需求，因为大学中既有乃至新增加的知识，要么变成了"死记硬背的内容"，要么"既非信息也非技术，其实只是一些资料、一些未经消化的事实"。以至于阿伯特认为，大学不适合承接职业教育功能，"因为大学教育假定职业知识受用终生"，实际上，到了 20 世纪

① 安德鲁·阿伯特.职业系统：论专业技能的劳动分工[M].李荣山，译.北京：商务印书馆，2016：284－295.
② 兰德尔·柯林斯.文凭社会：教育与分层的历史社会学[M].刘冉，译.北京：北京大学出版社，2020：223－235.

60 年代以后，主要是大学之外的职业协会和用人企业承担了职业教育的重担。①

阿伯特与柯林斯关于大学专业的冲突论观点，或许未免有些激进，但他们的洞见的确多少揭示了结构功能主义对经验现实解释力可能存在的不足，冲突论引入了地位和权力的竞争视角，部分否定了大学专业设置的外向适应逻辑，即专业设置为外部经济社会与劳动分工结构的简单镜像，并启发我们有必要以一种各方力量包括政府意志、社会相关利益团体、学术共同体以及高校及其内部组织博弈的角度，理性分析大学本科专业设置的依据。

当然，冲突论观点的偏颇之处在于：从长时段角度审视，大学专业设置与调整总是难免与经济社会结构变迁发生关联，否则大学就有可能成为守旧与过时之物，只是这个过程并不是某一方或两方的一厢情愿。伴随经济社会结构的变迁，社会分工愈加细化，并不断催生一些新的职业，因而对大学提出培养新人的要求。不过，并不是所有新的职业都需要大学本科层次的专业训练项目，即使有些职业如工程师的培养能够在大学成功立足，它的过程也绝不是一蹴而就的，因为这还要取决于大学是否有足够的知识准备并将其上升为学术认可的层次。事实上，即使在 19 世纪末 20 世纪初，由于学科的分化，欧美大学中虽然已经出现了围绕特定学科而形成的本科专业，但这些专业大多与社会特定职业(教师除外)没有多少关系。如戈尔丁(C. Goldin)等认为，美国现代高等教育真正成形于 1890—1940 年。在 20 世纪初，并不是大学为主动适应工业快速发展而促成了本科教育的专业化，相反，因为工厂要生产钢铁、橡胶、化学品、糖、药物、轻金属、石油以及大量使用电能，所以，对原来并不关注的大学化学和物理等专业毕业生青睐有加，进而意识到大学不同学科性质的专业对于工业界的益处。由是，工业界对大量毕业生的雇佣需求，又

---

① 安德鲁·阿伯特.职业系统：论专业技能的劳动分工[M].李荣山，译.北京：商务印书馆，2016：303 - 304.

反过来促使大学围绕产业技术部门需求和社会现实问题开展研究，不断丰富既有甚至建构新的专业知识体系。①

正是在工业界和学术界有意无意的互动中，学术与市场未必心甘情愿的联姻，推动了大学专业项目的持续增加，甚至产生众多超越传统学科框架的新型专业。在此过程中，越是社会需求旺盛的应用知识领域，专业品种、数量和规模发展越是迅猛。如美国教育部教育统计中心 30 年间的数据显示，与 1959—1960 年度相比，1989—1990 年度所授予数学、物理等传统基础学科专业学士学位的数量没有多大变化，如数学分别为 14 597 和 11 399 个，物理分别为 16 131 和 16 007 个。但计算机与信息科学从零起步，迅速增长到 27 434 个，工程领域则从 37 679 个增加到 82 110 个，经济工商与管理领域更是从 51 076 个增加到 249 081 个。② 可以说，正是进入 20 世纪之后，工业界与学术界对大学本科层次人才培养在应用取向上的有意与无意的配合和强化，才赋予了本科教育以一定程度的专业化和职业性特征。但是，这个变化过程是缓慢的且始终交织着各方力量的博弈，尤其是对于有理论偏好与重精神训练的传统大学而言，"应用性"与"职业化"从来就不是一个需要主动认领的标签，这也是历史上哈佛、耶鲁和普林斯顿等传统大学一度长期不设工程专业的心结所在。

大学对本科教育应用性与职业化取向的谨慎与警惕，不仅仅是它近千年自由教育传统的强大惯性使然，而且还在于它近代以来始终执着于专深理论探求的偏好。迄今，围绕大学中的学科与专业间关系话题，人们还聚讼不已。但如果从历史角度审视，大学本科专业的确发端于学科的分化与大学中各学科的建制化，这种本科层次学科专业化或不妨称为专门化的轨迹一直延续至今，尤其在基础学科领域最为突出。然而，值得注意的是，在二战之后，姑且

① Claudia Goldin, Lawrence F. Katz. The Shaping of Higher Education: The Formative Years in the United States, 1890 to 1940[J]. Journal of Economic Perspectives, 1999, 13(1): 37 - 62.

② National Center for Education Statistics. 120 Years of American Education: A Statistical Portrait[EB/OL]. https://nces.ed.gov/pubs93/93442.pdf.

不说大量应用性如农业和工程领域的专业涌现，即使传统的基础学科领域的专业也越来越具有不同程度的应用乃至职业化取向。以最为传统且最为排斥应用取向的数学专业为例，塔克（A. Tucker）认为，在 20 世纪初，美国大学中的数学家们还依旧把数学视为传统精神训练的科目，强调对学生精确表达、独立逻辑思考能力的培养，但部分大学本科数学专业也开始引入了精算学、商业数学、投资数学与统计学。二战之后，随着纯数学在经济、工程、商业与物理科学等领域价值的显现，数学开始为工业界所重视，也一度备受学生青睐，因为拥有该学位更容易在工业界获得成功。在外部就业市场的驱动下，一系列明显具有应用取向的专业如统计学、计算科学又从原来的数学学科分离出来而自成体系。①

而颇有意味的是，应用性农工知识迟至 19 世纪末才被大学容纳，在此不妨以工程领域为例。无论是早期英国的城市大学还是 19 世纪末美国的农工学院，其内部工程专业最初设立的目的原本就是培养解决现实问题的工程师，覆盖铁路公路建设、城市基建、建筑材料、电力传输、矿山开发和纺织工程等方方面面，具有突出的实用性与职业化特征。西利（B. Seely）认为，这种注重现场经验而淡化理论的取向一度构成了美国工程本科专业教育的传统和特色，但在进入 20 世纪后，受德国工程教育科学化理念的影响，特别是在美国社会各类产业组织与工程师协会的推动以及产业界对工程研究的资金支持下，大学工程专业内容日趋理论化，重视工程问题背后的科学原理与数学方法运用。二战之后，得益于联邦政府的研究合同资助，工程专业更进一步淡化了传统实践、实用与操作技能的培养，因而出现了一种工程专业科学化取向。西利以得克萨斯农工大学的土木工程本科专业为例，梳理了它 1920—1960 年课程结构的变化，发现专业课程体系中基础科学与工程科学内容逐渐增加，大学工程专业的教师越来越近似于工程科学家或者学术工程师

---

① Alan Tucker. The History of the Undergraduate Program in Mathematics in the United States[J]. American Mathematical Monthly，2013，120(8)：689 - 705.

(academic engineer)的角色。① 对于这种本具有实用取向的大学专业不断趋于科学化或学理化的演变逻辑，在此我们不妨称之为应用型专业学科化（不同于传统的学科专业化）。其实，不仅仅是在工程领域，包括农业、医学以及其他应用性强的领域，都呈现了这一发展趋势。至于欧洲以及受德法传统影响的苏联以及中国，虽然尤为强调行业与大学专业教育间的有机结合，但其专业的理论化或者学科化特征反而更为突出。

基础性学科的专业化与应用型专业的学科化，两种不同的取向反映了大学本科专业设置与定位的复杂性，也是迄今无论理论还是实践中人们无法廓清学科与专业之间的关系以及内涵差异的根由。从冲突论的立场审视，专业实际上就是一个各方力量交汇和博弈的场域，政府、学科与学术共同体、行业及行业组织、教师与学生及其家长等都是利益相关者。且随着环境变迁，各方诉求不断发生动态调整，各自话语权与力量此消彼长。在此，我们不妨尝试以图示方式大致呈现大学专业设置过程中各方力量的交织状态（图3-1）。

图3-1 大学本科专业设置与调整过程中的各方力量介入

在上述格局中，不同时期各方力量强弱决定专业的特性。譬如，学科与

---

① Bruce Seely. Research, Engineering, and Science in American Engineering Colleges: 1900 - 1960. Technology and Culture, 1993,34(2): 344 - 386.

学术共同体占据主导,则表现为专业学科化取向,而行业及行业组织主导,则会强化学科专业化属性,即凸显应用性与职业化取向。当然,两者之间更可能存在共谋,例如在美国,不少大学院系与所关联行业的工程师协会之间互通款曲,协会甚至参与大学相关专业方案建构并把学历文凭作为工程师资质认定的必要条件。至于政府,在具有不同制度与文化传统的国家,它作为公共利益的代表,或者以行政意志或者以政策与资金引导方式介入大学的专业设置过程,介入方式和手段虽然不同,但总体目标和价值取向却具有相对一致性,即更关注专业布局和结构与社会总体需求结构之间的契合。这也多少代表了学生及其家长群体的利益。作为专业教育最为直接的利益相关者,尤其在如今各国高等教育已经进入大众化乃至普及化阶段,学生的就业压力与自我选择诉求,正成为今天世界各国大学本科专业项目设计中最不可忽视的力量。当然,因为世界各国有着不同的高等教育传统与文化,上述不同力量在各国大学本科专业设置过程中的介入程度存在较大差异。例如,相对于美国高度复杂的异质性,欧洲尤其是英国、德国、法国大学的本科层次也越来越具有学科专业化特征。不过,无论中外,应对知识与外部社会环境新变化,满足个体自我发展需求,实行大学本科专业设置及其课程结构的动态调整与弹性化,都是本科教育变革的必然趋势。这种趋势将超越传统本科专业的两种发展路径,即基础性学科的专业化和应用型专业的学科化,而更为多元。如早在 20 世纪 70 年代,康拉德(C.F. Conrad)就提出,美国本科专业设置已经出现众多新的发展走向,在传统专业之外,涌现出越来越多的如环境研究、女性研究、城市研究与伦理研究等跨学科专业,学生基于自我设计的专业,职业取向的专业,如此等等。①

---

① Clifton F. Conrad. The Undergraduate Curriculum: A Guide to Innovation and Reform[M]. Colorado: Westview Press, Inc., 1978: 95 - 109.

三、本科专业设置的结构与框架

如第二章所述,美国没有官方规范性的学科分类框架,联邦政府教育部教育统计中心出自统计需要的 CIP 分类体系,实际上是覆盖高等学校本、硕、博三个层次容纳了学科与专业的综合性框架,正因为如此,它将所有的具体细类都称为项目(program)。即使在具体的项目水平上,正如 CIP 官方所宣称,它也不是对美国高校具体专业的精确表述,而是一种概括性的统称。[①] 事实上,美国大学拥有本科专业完全的自主设置权,CIP 分类框架的开发本来就源于统计中心对中学后机构专业与学位类型的综合与概括,具有自下而上的形成轨迹。该框架确立之后,高校可以根据其每个类别或代码的概括性表述,自主选择归类并填报数据。在此不妨以计算机科学为例,CIP 的一级代码为"11",该代码的名称为"计算机与信息科学及其支持服务",基本内容表述为"聚焦于计算机与信息科学,为学生从事信息技术和计算机操作领域的职业提供准备";二级代码有 11 个(从 11.01 到 11.09,另外还有 11.1,11.99),以 11.01 为例,它主要覆盖一般性的计算机科学领域各专业(从 11.0101 到 11.0109,即三级代码);然而其中的每个三级代码表述也相对宽泛,如 11.0101,其表述为"一个聚焦于计算、计算科学和信息科学及系统的一般性项目,以及作为更广泛或跨学科项目中的一部分"[②]。高校数据的填报完全根据自我理解来认领和归类。在此以美国东北大学为例,其归属于 11.0101 代码的可授予学术学位的本科专业有十几个,包括"计算机科学""计算机科学与工商管理""计算机科学与认知心理学""计算机科学与数学""计算机科学与

---

① National Center for Education Statistics. Introduction to the Classification of Instructional Programs:2020 Edition(CIP-2020)[EB/OL]. https://nces.ed.gov/ipeds/cipcode/Files/2020_CIP_ Introduction.pdf.

② National Center for Education Statistics. Classification of Instructional Programs(CIP 2000)[EB/OL]. https://nces.ed.gov/pubs2002/cip2000/ciplist.asp? CIP2=11.

政治学""计算机科学与行为神经科学""计算机科学与传播学研究""计算机科学与刑事司法""计算机科学与环境科学""计算机科学与游戏开发"，以及"计算机与音乐技术""计算机与物理学""计算机与哲学""计算机与社会学"等。① 不难发现，其绝大部分都属于跨学科与交叉学科项目，但代码选择是计算机还是其他学科，并没有强制性的规定，由高校自主决定。简言之，CIP 不会对高校专业设置更遑论对称谓有任何限制，大学兼顾学科、行业以及学生需求自主设置专业，这使得美国大学本科专业分类呈现极为丰富而又驳杂的多样性。CIP 仅仅在一级代码就有 60 多个（1—61），其细类即三级代码有 2 800 个左右，但即使如此也不能概括现实中极为繁复多样且处于不断动态调整中的样貌。

严格而言，美国的 CIP 体系并不存在一个按照学科或者社会行业以及职业分工逻辑予以建构的逻辑，而毋宁说是对中学后教育机构专业设置各自为是而形成的高度异质性状态的最大程度总括。CIP 开发于 1980 年，其最初开发的目的就不是出于规范和监管之需，而主要是为联邦政府教育部以及其他各个部门决策提供依据，也为民间机构开展研究提供数据资源。如数据共享的部门包括联邦政府的民权办公室，职业、技术和成人教育以及特殊教育部门，国家科学基金会，商业部、劳工部以及国土资源部等。CIP 的功能属性决定了它仅仅是反映现实状态的一个立体多面的棱镜，为包括高校、社会行业部门在内的有不同需求的主体从各自角度获取信息搭建平台。当然，这并不意味着它是凌乱和毫无逻辑的，从其参与开发和修订的小组人员构成角度审视，可以窥见其内含的逻辑。如其在说明中所言，专家小组的人员主要为使用 CIP 以及与之存在利益关联的专业人士，包括联邦与地方政府、研究资助

---

① Northeastern University. Major CIP Codes［EB/OL］. http://catalog.northeastern.edu/undergraduate/appendix/cip-codes/.

部门以及高校的代表。[①] 这也意味着,CIP 分类尽管多少体现了学科逻辑,但更重视与各方利益相关的项目职业属性和定位,即体现了一种兼顾各方利益诉求的逻辑。

我国本科专业目录设计的功能需求,决定了它无论是在分类框架还是结构上都会与美国迥然不同。我国本科专业目录的建构始于新中国成立之初,郭雷振认为,从那时到当下,本科专业目录的修订大致经历了三个阶段,即 20 世纪 50 年代主要仿照苏联模式而形成的以行业归属为划分依据的体系,到 1963 年开始的以学科加行业部门划分的体系,再到 1989 年后的以学科为划分依据的专业体系。[②] 20 世纪 50 年代初的专业目录结构,体现了当时我国计划经济体制下行业主导的逻辑,各专业门类分别对应于工业、建筑、运输、教育、财政、农业、艺术、保健、林业、法律与体育等行业,不同专业门类也大多集中于国家行业直属高校,因而呈现一种"国民经济各部门—高校—专业门类"自上而下刚性嵌合与镜像的结构模式,大学专业设置基本由代表行业的政府主管部门主导,通过该专业体系输出的是技术人员,而且也是带有精英色彩的专业化官员。如前所述,这种结构模式如果寻其源流,可以追溯至 19 世纪初高度中央集权的法国拿破仑模式。

在教育秩序得以恢复的 20 世纪 80 年代,伴随整个国家社会特别是经济体制与产业结构的变革,这种与行业紧密对接的高等教育管理体制和专业分类结构模式,也不得不面临着调整和改革,因而开始有了适当淡化行业而按学科门类划分的取向。20 世纪 90 年代,中国开始进入了由社会主义商品经济向市场经济转型的新时期,为适应经济体制与产业结构调整和改革需要,高等教育也不得不着手解决条块分割所带来的体制障碍。这一时期的改革,

---

① National Center for Education Statistics. Introduction to the Classification of Instructional Programs:2010 Edition(CIP - 2010)[EB/OL]. https://nces. ed. gov/ipeds/cipcode/Files/Introduction_CIP2010.pdf.

② 郭雷振.我国高校本科专业目录修订的演变——兼论目录对高校专业设置数量的调节[J].现代教育科学,2013(2):44 - 49,54.

在很大程度上解除了高校对传统行业主管部门的隶属关系,从而使之拥有了一定的面向社会自主办学的权力,通过采取合并以及综合化策略,学科门类与专业品种日趋多元。与此同时,得益于 20 世纪 80 年代始的整个国家科研资助体制的逐步确立,传统上被漠视的大学科学研究职能得到加强和不断凸显,又在无形中强化了大学偏重理论研究的学科化取向,学科与专业之间的有机联系逐渐加强。正是在这种情势下,1993 年颁布的《普通高等学校本科专业目录》完全淡化了以往的行业色彩,将所有传统以及新兴的本科专业归拢为十大学科门类,包括哲学、经济学、理学、工学、法学、教育学、文学、历史学、农学与医学等。这种划分结构其实是沿用了国务院学位委员会 1990 年颁布的《授予博士、硕士学位和培养研究生的学科、专业目录》。从该目录的命名中不难发现,其实至少在研究生层次上,人们对学科与专业之间未做区分,甚至将专业与二级学科等同。

从 1993 年到如今,本科专业目录虽然其间几经修订,但按"学科门类—专业类—专业"路线构建本科专业分类体系由此成为惯例。《普通高等学校本科专业目录》(2022 年版)有 12 大门类(比《学位授予和人才培养学科目录(2022 年)》少了"军事学"和"交叉学科"),92 个专业类与 771 种专业(表 3-1)。从历史角度审视,可以说我国本科专业改革过程大致上体现了一种由强调行业关联的应用性向偏重理论性的专业学科化轨迹。虽然这种学科化过程很难简单地以归纳或者演绎逻辑概而论之,甚至谓之学科化也未必名实相副,但至少在分类框架上它多少凸显了专业的理论化取向。与美国的 CIP 体系的驳杂相比,我国本科专业以学科门类来划分的这种模式,结构相对简明,试图凸显学科划界的逻辑,且因为它与学士学位授予资质关联,故在功能上与研究生的学科目录相似,便于国家实施统一的规范化管理与质量控制。然而,它存在的缺陷在于,即使高校也具有一定的自主设置专业权力,但目录的相对刚性在约束了高校专业设置的非理性冲动的同时,也难免抑制了它面向社会、行业、职业市场以及学生需求进行自主设置或调整的活力。归根结底,学科与专业目录的相对刚性也是影响高校面向社会自主办学的重要制度性原因之一。

表 3-1　我国普通高等学校本科专业目录分类体系（2022 年版）

门类	专业类	专业数	门类	专业类	专业数
哲学	哲学类	4	工学	交通运输类	12
经济学	经济学类	9		海洋工程类	5
	财政学类	3		航空航天类	11
	金融学类	10		兵器类	8
	经济与贸易类	3		核工程类	4
法学	法学类	8		农业工程类	7
	政治学类	6		林业工程类	5
	社会学类	7		环境工程与工程类	7
	民族学类	1		生物医学工程类	4
	马克思主义理论类	4		食品科学与工程类	12
	公安学类	23		建筑类	7
教育学	教育学类	14		安全科学与工程类	3
	体育学类	13		生物工程类	3
文学	中国语言文学类	9		公安技术类	12
	外国语言文学类	104	农学	植物生产类	16
	新闻传播类	10		自然保护与环境生态类	6
历史学	历史学类	9		动物生产类	7
理学	数学类	4		动物医学类	6
	物理学类	6		林学类	5
	化学类	6		水产类	4
	天文学类	1		草学类	2
	地理科学类	4	医学	基础医学类	3
	大气科学类	3		临床医学类	7
	海洋科学类	4		口腔医学类	1

续　表

门类	专业类	专业数	门类	专业类	专业数
理学	地球科学类	4	医学	公共卫生与预防医学类	6
	地质学类	4		中医学类	13
	生物科学类	6		中西医结合类	1
	心理学类	2		药学类	8
	统计学类	2		中药学类	6
工学	力学类	2		法医学类	1
	机械类	19		医学技术类	13
	仪器类	3		护理学类	2
	材料类	18	管理学	管理科学与工程类	11
	能源动力类	7		工商管理类	17
	电气类	8		农业经济管理类	2
	电子信息类	20		公共管理类	18
	自动化类	8		图书情报与档案管理类	3
	计算机类	18		物流管理与工程类	4
	土木类	12		工业工程类	3
	水利类	6		电子商务类	3
	测绘类	5		旅游管理类	4
	化工与制药类	8	艺术类	艺术学理论类	3
	地质类	7		音乐与舞蹈学类	12
	矿业类	8		戏剧与影视学类	15
	纺织类	5		美术学类	13
	轻工类	6		设计学类	13

四、可雇佣能力与本科专业教育定位

由以上简单梳理表明，本科专业的生成与演变大概有两个途径：一是知识分门别类化后的学科专业化;二是满足外部社会需求因而具有应用取向的项目或专业学科化,例如大量的工程专业。两者方向不同,但其实如今都试图理论与应用二者兼顾,如工程专业的学科化色彩也越来越明显,重视数理基础训练,而传统基础学科则越来越重视应用取向,如产生了应用数学等,强调数理学科在众多职业场景中运用的广泛性。然而,所谓兼顾在理论上可能成立,操作起来却不容易,故而如何处理两者之间的关系,始终是一个争议颇多且似乎无解的议题。对于以学科为安身立命之本的大学院系与教师而言,毫无疑问,他们更青睐于专业本身的理论品质与学术品位,即学科取向。包括工程类等本就具有应用取向的专业,如今也更偏好科学旨趣,以发表理论研究成果为优先选择,以获得其在学术共同体中的广泛认可。而对于如今更为关注个人发展、就业机会与职业发展的本科生而言,他们可能更看重个人偏好与兴趣、专业的应用价值以及为市场认可的可雇佣能力(employability)。对于这种两难困境,柯兰德(D. Colander)等学者在谈及美国本科经济学专业教育取向时指出:"本科经济学专业往往不得不向两方示好,一方是小众,期待能够持续开展旨在培养经济学专业人士的正规经济学教育,另一方则是大多数,他们把经济学专业要么视为步入商业界和公共部门的台阶,要么仅将其作为博雅教育的基础。"①这无非表明,培养和提升可雇佣能力已经成为大多数本科生的基本诉求。

早期处于精英教育阶段的大学,博雅教育也好,学科取向的专深教育也罢,一般没有就业之虞,因此科目设立、课程开设以及课程体系建构都为中世纪皓首穷经的教师或近代以来穷究学理的学者主导。但是,在高等教育进入大众化乃至普及化阶段后,大量毕业生进入劳动力市场,导致学历文凭符号资本贬值,迫使包括研究型大学在内的高校不得不正视学生多样化的个体需

---

① David Colander, KimMarie McGoldrick. Educating Economists: The Teagle Discussion on Re-Evaluating the Undergraduate Economics Major[M]. Northampton: Edward Elgar Publishing, Inc., 2009: 18.

求。考雷提及的三种定位,便多少反映了大学本科专业教育的这种困境。事实上,真实情形可能更为复杂,因为即使同一个专业,学生专修的意图与目的也不尽相同。此外,从狭义上理解,作为特定知识类别或范畴的学科,由于自身始终处于不断发展和更新的动态调整过程之中,由此而衍生的专业教育究竟如何展开也颇费周章。例如,针对本科生物学专业应该以哪些科目为核心课程,齐思曼(K. Cheesman)等人通过对比 1990 年与 2003 年关于该专业的调查结果发现,仅仅十年之间本科生物学专业的核心课程就变动很大,生理学逐渐被移出,而原来没有列入的生物化学、分子生物学成为核心课程。[①] 学生学习需求的多样化,学科知识本身的自我更新,尤其是外部劳动力市场对人才能力需求的不确定性,意味着专业及其教育体系无论如何调整,都难以为本科毕业生的个人志趣、未来深造乃至职业生涯发展提供充分的保证。

2020 年,美国"Best Colleges"网站以大学本科毕业的人群为主要调查对象,在问及如果可以重新选择,他们是否会改变其大学所学专业时,61%的人表示想更换专业。至于更换专业的原因,24—39 岁的人群选择最多的是能够获得更好的工作机会,其次为更好的收益、获得工作所需要的技能;而在 40 岁以上人群中,排序最高的为满足个人激情,其次才是获得更好的工作机会。颇值得关注的是,在关于大学所给予其最大的收益方面,排序最高的为关涉可迁移能力的软技艺(soft skill)(40%),其次为大学阅历与体验(22%),而与STEM 相关的硬技艺仅处于第三位(17%)。[②] 由上述调查而产生的困惑恐怕远多于其结论,而且会引发更多有意义的思考。例如,调查表明即使在大学专业设置弹性相对较大的美国,大学专业教育在满足学生个体需求上的表现也并不尽如人意,特别是如果将其纳入职业生涯角度来审视,人们在生命历程不同阶段的需求不仅表现出非均质性,而且具有逐渐淡化与专业高度相关

① Kerry Cheesman, Donald French, Ian Cheesman, et al. Is There Any Common Curriculum for Undergraduate Biology Majors in the 21st Century? [J]. BioScience, 2007, 57(6): 516-522.
② Reece Johnson. New Survey Finds Most College Grads Would Change Majors[EB/OL]. https://www.bestcolleges.com/blog/college-graduate-majors-survey/.

的硬技艺的倾向。这种多少令人错愕的结论背后，究竟存在一种怎样的微妙机制？在此，围绕近些年来在欧美高等教育领域颇为盛行的可雇佣能力来做些分析，或有助于我们对大学本科专业及其教育的深度理解。

可雇佣能力是 21 世纪以来在欧美高校毕业生就业压力日益加大背景下颇为盛行的一个概念，有关探讨大多集中于传统的本科层次。究竟如何理解该概念的内涵，人们说法不一。有人从比较宽泛与模糊的角度将其定义为"一种能够按照预期的水准，履行工作所要求的角色和任务的能力"[1]。这种理解虽然比较概括，但它无法反映如今劳动力市场急剧变迁环境对人们的灵活适应能力的需求，也缺乏一种生涯意义上的观照。故而，麦奎德（R. McQuaid）等人认为，可雇佣能力是一个整体能力框架，其核心为"一个获得工作，维持或者更换工作的能力"，这种能力是"由个人品格、环境以及更为广泛的包括社会、制度与经济等外在因素决定的"。[2] 由于可雇佣能力及其表现主要发生于工作过程与场所，这一概念的提出突破了传统以学历或行业认可证书为能力鉴别的简单信号指认和识别限制，在学生的大学教育获得与雇佣者的需求倾向之间建立了直接关联，它势必对大学既往无论是学科的专业化还是专业的学科化取向带来冲击。正如蔡玉琢认为，由于雇佣者的信念建立在毕业生的工作成果与表现之上，仅为获得文凭而不增加有关劳动力市场所需求的知识与技能，并不能为学生带来职业的成功。[3]

不过，吊诡的是，雇佣者所理解的可雇佣能力与培养以及认证机构既有取向未必完全冲突，此为其一。其二，即使满足了雇佣者的需求，个人也获得了职业的成功，这也未必是可雇佣能力的全部。正如学者约克（M. Yorke）与

① Alice Diver. Employability via Higher Education：Sustainability as Scholarship[M]. Cham：Springer，2019：6.

② Cristina Sin，Alberto Amaral. Academics' and Employers' Perceptions about Responsibilities for Employability and Their Initiatives towards Its Development[J]. Higher Education，2017，73(1)：97-111.

③ Yuzhuo Cai. Graduate Employability：A Conceptual Framework for Understanding Employers' Perceptions[J]. Higher Education，2013，65(4)：457-469.

英国全国性工商业联盟（CBI）认为，可雇佣能力不仅助力于毕业生职业生涯的成功，也让雇主受益，而且惠及整个社会。[①] 对于这种兼顾各方的可雇佣能力，英国全国性工商业联盟建构了一个综合性的能力框架，包括自我管理、沟通素养、团队工作、数据应用、商业和消费者意识、信息应用、技术、问题解决、积极的态度和企业家精神等。在这些能力中，英国管理领域权威认证机构（CMI）通过对雇主的调查发现，沟通素养、问题解决和团队工作排在前三，被视为大学毕业生需要具备的最重要的能力。[②]

只要对上述能力稍加辨识与区分，不难发现，如果从硬与软两个维度来归类，自我管理、沟通素养、商业和消费者意识、团队工作以及积极的态度等都为软技艺，而信息应用、数据应用、技术等为硬技艺，问题解决大概处于两者之间。相对而言，软技艺即可迁移能力最为雇主所看重。而上文调查中关于毕业生的评价，恰恰表明大学给予毕业生的软技艺让其收益最多。该结论尽管并不否认以硬技艺培养为指向的专业教育可能在毕业生整个职业生涯尤其是早期入职环节中具有重要的现实功用，但其长远的可持续性价值似乎没有得以凸显。在两维度区分之外，泰森（W. Tyson）认为，综合大学与雇佣部门关于可雇佣能力的理解，大致可包括三个维度：学术性、职业性与技术性技艺。"学术性技艺是指数学、科学以及相关领域的能力，技术性技艺包括在不同工作情景中完成工作任务所需求的独特知识，它通常需要相关部门的认证。"而职业性的技艺则是最为一般性的可雇佣能力，为非认知性的软技艺，譬如领导力、管理以及人际交往能力等。泰森认为，由于技术创新进程加快，技术性技艺往往很容易被快速淘汰，因而雇主越来越重视非认知性的能力。[③]

① Frances Trought. Brilliant Employability Skills：How to Stand Out from the Crowd in the Graduate Job Market[M]. London：Pearson Education Limited，2017：xxi.

② Frances Trought. Brilliant Employability Skills：How to Stand Out from the Crowd in the Graduate Job Market[M]. London：Pearson Education Limited，2017：xxii.

③ Will Tyson. Teaching and Learning Employability Skills in Career and Technical Education：Industry，Educator，and Student Perspectives[M]. Cham：Palgrave Macmillan，2020：6.

以上关于可雇佣能力框架的界定,主要源于雇佣市场的反馈,不同的框架建构之间尽管略有差异(表3-2),但所关联的内容大体一致,且覆盖面都较为宽泛。

表3-2　权威组织关于可雇佣能力框架的界定

英国全国性工商业联盟 (CBI,2009)	美国劳工部就业技能委员会 (SCANS, 1990)	美国联邦教育部 (2018)
自我管理 沟通素养 团队工作 数理应用 商业与消费者意识 信息应用 技术(IT) 问题解决 积极态度 事业心	资源利用(时间、金钱等分配) 人际技艺(团队合作、领导、协商等) 信息利用(数据获取、评估、处理、解释等) 体系化(理解、设计、改善组织与技术体系等) 技术(技术与工具使用等) 基本技艺(读写算能力) 思维技艺(创造性和理性思考、问题解决、决策和学习能力) 个人品质(个人责任、交往能力、自尊、自我管理、诚实等)	有效的关系(人际交往能力、个人品质) 工作场所技艺(技术应用、系统思考、沟通能力、信息利用、资源管理) 知识应用(批判性思考能力、学术技能的应用)

五、本科专业与工作匹配度

由上,也就引出了关于专业教育在大学本科教育中究竟占有什么地位以及本科专业的口径问题。首先,或许需要特别强调的是,可雇佣能力是贯穿职业生涯全程的能力,无论硬技艺与软技艺,所有这些能力绝非仅仅来自大学,它部分可以溯至早年家庭、学校以及社会教育,譬如个性养成,还有更多的源于入职后工作场所的历练,尤其是在应对具体工作情境与工作任务中获得的能力。因此,本科教育作为大学生职业生涯乃至生命中承前启后的一个环节,它不可能为每个人的人生完满与事业成功提供充分保证。甚至就常识而言,一个人在大学本科期间掌握的知识,占其职业生涯知识积累的比例很低。但是无可否认,这个环节对于个人的整个职业生涯而言又是一个关键的准备期。是故,围绕大学本科教育可雇佣能力讨论的实质,就是它的培养目标究竟是通还是专、是学还是用的问题。如果求用,是重专业基础还是应用技能,即专业口径是宽还是窄的议题。自本科专业设立以来,这一讨论就未间断,在由于劳动力市场变迁而导致的专业不对口问题日益突出的今天,更是观点纷呈,疑窦丛生。

所谓专业不对口,就是指本科毕业生大学所修专业与所从事职业之间存在着一种不匹配的状态。专业与职业(工作或岗位)匹配,在理论以及操作意义上从来就不是一个严格的概念。现实中两者根本不存在一种口径吻合与结构耦合的理想状态,充其量具有一定的相关性,故目前大多相关研究以毕业生的自我感知报告作为经验判断依据。据美国联邦教育统计中心 2014 年对毕业一年后本科学位拥有者的追踪调查,在拥有全职工作的人群中,如果不区分专业领域,工作与专业高度相关(closed related to major)的比例仅为50%,教育与医学领域的比例最高,达到 80% 以上,其次为计算机和工程两大领域,为 60% 左右,最低为人文与社会科学两大领域,分别仅有 20% 和23%。[①] 2016 年,加拿大统计局针对 25—34 岁拥有学士学位毕业生的调查结果显示,毕业生所从事的工作与其大学所学专业间的相关性在不同专业以及同一专业的不同性别之间存在显著性差异:护理与教育专业领域工作与专业高度相关的比例最大,都超过了 90%;其次是工程领域,男女性都超过了60%;数学与计算机科学领域,男性比例不到 70%,但女性仅为 40%;自然科学领域的比例,男性不到 30%,女性则不足 20%。[②] 2014 年,美联储经济学家亚伯(J.R. Abel)等通过对美国社区调查(ACS)的数据挖掘分析,获得一个更为惊人的结论:就总体而言,美国高校毕业生的专业与工作直接关联的比例

---

① Aaron S. Horn. The Occupational Relevance of a College Education: An Examination of Education-Job Match among Bachelor's Degree Recipients[R/OL]. Midwestern Higher Education Compact,2014. https://files.eric.ed.gov/fulltext/ED594056.pdf.

② John Zhao, Sarah Jane Ferguson, Heather Dryburgh, et al. Are Young Bachelor's Degree Holders Finding Jobs That Match Their Studies? [R]. Statistics Canada, 2017 - 11 - 29.

仅仅为 27.3％(具体各大专业领域的匹配比例见表 3-3)。[①] 相对而言,英国
教育部的调查结果匹配度略高一些,但总体情形也并不如意(图 3-2)[②]。

表 3-3　美国大学毕业生的工作与学位、专业匹配比例

大学就读专业	工作与学位匹配比例(％)	工作与专业匹配比例(％)
会计学	68.3	53.3
建筑学	64.6	42.0
工商管理	48.7	39.1
化学	74.0	18.6
计算机工程	80.1	34.1
计算机科学	72.8	32.7
基础教育	77.1	52.9
财政学	60.6	38.0
历史学	59.8	2.7
新闻学	57.0	20.5
人文艺术	51.1	1.3
数学	72.3	5.8
机械工程	72.9	18.3
哲学与宗教学	63.5	5.2
演播艺术	44.4	20.4
全部	62.1	27.3

资料来源:Jaison R. Abel and Richard Deitz,2015

① Jaison R. Abel, Richard Deitz. Agglomeration and Job Matching among College Graduates[J]. Regional Science and Urban Economics, 2015, 51(3): 14-24.

② Beate Baldauf, Daria Luchinskaya. Graduate Choices in Post-Education Jobs and Careers: A Literature Review[R]. Department of Education, UK, 2019: 42.

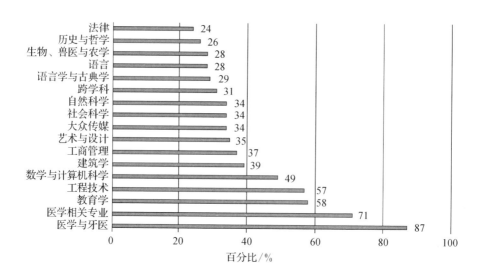

图 3 - 2　英国本科毕业生所选择的工作与专业高度关联的比例
（Beate Baldauf and Daria Luchinskaya，2019）

对于专业与工作或岗位的关联度，常识性理解就是它体现了学用一致的程度，通常学与用的一致性主要体现在专业知识与技能层面。然而，专业与工作关联度高，是否就意味着可雇佣能力具有优势？从上述不同专业领域的匹配情形中，我们显然不能得出如此简单的结论。其中的缘由十分复杂，牵涉劳动力市场中不同职业的工作性质以及特定领域知识与技能的相对稳定性，也与毕业生个体选择的主动性与被动性、职业与岗位可选择余地大小以及毕业生所在专业的培养规模等有关。在如今知识更新与技术淘汰周期愈来愈短、用人部门对技能需求愈加具有不确定性，乃至众多传统职业面临衰微甚至被其他新兴职业替代的环境中，显然以专业对口作为本科人才培养的方向与质量评判依据，既不足取也不符合未来发展趋势。毕业生以及雇佣部门对学生软技艺的重视以及处于不同职业生涯阶段人们的不同诉求，便可作为佐证。

当然，这并非要否定大学本科专业教育与职业之间的关联性，正如亚伯的实证结果表明，匹配度高会给予毕业生以明显的工资溢价，即相对于关联性不大的群体,大约有 5% 的溢价。① 但是,这种溢价很可能与更容易构成匹配职业的属性与经济回报有关,而未必源自两者之间的结构性耦合。故而,在此或许有必要澄清一个基本认识。作为个体职业生涯的关键阶段,大学本科不仅仅是以专业教育为学生提供早期的职业准备,更重要的是能以适当开放的教育为学生应对职业环境变迁、工作调整乃至人生境遇变化做好长期准备。它需要观照可雇佣能力结构每个维度的训练,但这种训练并不仅仅指向单纯的就业能力本身,而是要为未来毕业生可雇佣能力的不断获得与持续提升奠定基础。为此,本科教育显然不能完全与专业教育画等号,专业教育可能仅为其中的核心构成部分。专业教育也未必一定指向特定职业的教育,而是能够为学生适应相对弥散和变动不居的工作世界、拥有更大选择空间创造条件。

六、本科教育的"通"与"专"及其收益

如前所述,如今在大多国家的中学后各层次教育中,大学尤其是综合性大学的本科教育往往处于极为尴尬的地位,下不及相当于专科层次的机构职业特色鲜明,上不及研究生层次学术性或专业化取向突出。在规模愈加庞大、文凭贬值和就业压力加大的环境中,究竟是重实践应用还是重理论素养、是强调博雅还是专深,本科教育的定位往往游移不定。古典的博雅教育以及由其经世俗化而衍生的通识教育,因为秉承精英教育传统,自 20 世纪初以来虽然历经无数次颇有争议的改革,但它依旧以顽强的习性不断延续,缔造了美国本科教育所特有的模式,即通识教育＋(准)专业教育培养体系。该模式通常要求本科生先接受 1—2 年的横跨人文学科、社会科学与自然科学的通识教育,然后选择主修专业,并为有辅修其他专业诉求的学生提供机会。

① Jaison R. Abel, Richard Deitz. Agglomeration and Job Matching among College Graduates[J]. Regional Science and Urban Economics,2015,51(3): 14-24.

不过，美国传统并不具有普遍性，在欧洲大多国家，其本科层次还具有相对显著的专业教育特征。以英国为例，大多本科专业体现了学科分门别类的专精教育取向，本科三年的课程体系基本兼顾了特定学科与专业及其关联知识结构的完整性以及未来职业选择的多样性。一些具有明显应用取向的专业，如工程、计算机科学、化学工程等，通常会在获得学士学位之后，额外增加一年的职业资格训练，以为学生获得相关资质认可提供机会。对于部分具有综合训练要求的学生，牛津大学与剑桥大学的做法是设置跨学科专业，譬如牛津大学的"哲学、政治学与经济学"（PPE）专业，横跨三个学科；剑桥大学的"自然科学"专业，则覆盖生物学、地球科学、化学、物理学与数学等众多学科。但即使这种跨学科专业，相对于美国的通识教育课程，其口径也相对收敛。

从跨国比较角度审视，美国由广泛意义上的"通"到"专"与英国相对聚焦于"专"的教育，孰优孰劣，其实并没有答案，也几无共识可言。多年以来，人们围绕美国通识教育的研究文献可谓汗牛充栋，我国不少高校甚至以美国通识教育为典范，全面调整和改革本科层次的人才培养体系，但变革过程中难免存在水土不服的问题。强调通识与偏重专业教育，其实反映了两种不同的理念，即基于综合素质基础上的专业教育与立足于专业的素质教育之别，前者不妨谓之宽广，后者可理解为扎实。日常人们常常把宽广与扎实并列，漠视了两者之间天然存在的张力和此消彼长的关系，现实中两者往往是鱼和熊掌不可兼得。

也正因为如此，坚守通识教育传统的美国大学倾向于把更为专业化的教育延伸到研究生层次，因而形成了庞大的专业学位与一定规模的学术学位教育体系并行的格局。对于直接选择就业的本科生而言，或许也正是这种"宽广"，一定程度上影响了专业与工作的匹配度，尤其是相对于英国而言。当然，如果把匹配度高低视为本科教育口径宽窄的优劣势，难免存在偏颇，更不能将其视为能力培养水平高低的评判依据。事实上，恰恰可能因为宽广，毕业生的就业范围更为广泛，而越狭窄，职业选择的范围也越逼仄，甚至付出的成本更高。尤其是当今时代，如唐纳德（W. Donald）等人认为，现在劳动力市场职业性质已经发生了重大变化，尽管有些传统职业还在存续，但更多职业越来越具有无边界性（boundaryless）和变化多端性质（protean），大学要适应这种变化，就必须尊重学生广泛的兴趣，提供大量的课程以及多样化的训练项目，给予学生更多选择的自由。[①]

与此同时，不同专业关联学科的广度以及知识的应用属性，即专业本身的口径大小也会对匹配度构成影响。在此我们不妨以美国加州大学伯克利分校（UCB）2018 年相关专业毕业生的就业去向（不包括升学）略做分析。以应用数学为例，除了升学深造之外，大部分毕业生均从事软件工程师、数据分析师、商业分析师等工作，工作与专业之间存在较强的关联。但英语专业本科生的就业领域则极为广泛，包括咨询分析师、广告经理、筹款顾问、教学助理、市场宣传、项目分析、销售开发代表、实习编辑、办公室助理、内容编辑、市场文案、教师、记者、项目经理等等，林林总总超过 20 种，就职单位覆盖咨询公司、银行、书店、中学、大学以及各种实业与网络公司。[②] 这无疑表明，越是具有硬技艺性质的理工类（STEM）专业，匹配度越高，而更偏重软技艺的人文社会科学类专业，就业面更广，但匹配度较低。然而，理工类专业的匹配度高并不是构成它更倾向于"专"的理据，恰恰相反，建立在"通"基础上的"专"，即硬软技艺的结合，会更有利于其职业的长远发展。正如罗伯斯特（J. Robst）研究发现，理工科毕业生工作的专业匹配度高，工资收入可能更高，对于那些更强调宽泛能力培养的专业如人文学科，工作匹配度的确可能较低，但它付出的成本也小。相反，越是重视口径狭窄的专业技能训练，它可能要付出的成

---

① Michael Tomlinson, Leonard Holmes. Graduate Employability in Context：Theory，Research and Debate[M]. London：Macmillan Publishers Ltd.，2017：129 - 150.

② Career Center of UC Berkeley. Career Destinations Survey：Class of 2018：What Can I Do With A Major In...？[EB/OL]. https://career.berkeley.edu/Survey/2018Majors.

本和代价也越大。① 原因很简单,过"专"限制了个体的适应性,这如同把更多鸡蛋放在一个筐里,难免存在长期风险。

本科层次教育的宽广或扎实,即偏重通识抑或是专业教育,可谓是两个极端,而不代表两种模式。事实上,现实中的本科教育大多介于两者之间,构成了一个复杂的连续性谱系(图3-3)。各国乃至不同大学以及不同专业各有其选择与定位,因而体现了本科教育内部巨大的非均质性。"通"有通的依据,譬如可以满足人格完整的全人教育,拓宽视野、开阔眼界,为分门别类化后的人才培养奠定共同知识基础,从职业准备及生涯发展角度,可以增强毕业生的适应性和灵活性,等等。而"专"也有专的理由,它可以为毕业生在特定领域的学术追求与职业发展打下更为坚实的根基。特别是对于具有技术应用取向的专业而言,口径适当收敛,专业则更容易转化为短期内的就业优势。这在劳动力市场供大于求、就业形势趋紧的社会环境中,往往会成为高校摆脱当下困境的应对之策。特别是在关联到具有可显示度的经济回报时,为"专"及其高匹配度似乎提供了更充分的证据。

图3-3　本科层次培养由宽广到扎实的连续谱系

事实上,如果立足经验观察,纯粹从经济和功用角度而言,我们不难获得专业口径与收益相关的证据。在常识意义上,人文与社会科学相对于理工类专业,无论是视野还是专业知识领域都更为宽泛。美国官方与民间各种机构

---

① John Robst. Education and Job Match: The Relatedness of College Major and Work[J]. Economics of Education Review, 2007, 26(4): 397-407.

一向关注毕业生的就业情况以及入职起薪，有足够的证据表明，在不考虑院校声誉的前提下，理工类专业在毕业之后一年时间中无论就业率还是起薪，都相对高于人文与社会科学特别是人文学科专业大类。在此还以加州大学伯克利分校为例，其2018年的毕业生调查结果显示，物理、化学工程、核能工程专业毕业生的就业率很高，尚在寻找工作的人数比例均很低，分别为0％、8％与0％，而英语、历史与社会学专业毕业生的就业率相对较低，尚在寻找工作的人数比例分别为24％、13％和18％。① 美国教育统计中心分别针对1997届和2012届本科毕业生四年后的薪资调查显示，两届STEM系列专业毕业生毕业四年后的年薪中位数分别为5.38万美元与6.17万美元，远高于非STEM系列专业——年薪中位数分别为4.3万美元与4.1万美元（按2016年货币购买力折算）。饶有趣味的是，如果考虑到所从事职业与专业之间的匹配度，教育专业通常就业率与匹配度都很高，但薪资几乎在所有专业中最低，仅分别为3.59万美元与3.76万美元。②

　　美国学者韦伯（D. A. Webber）结合长期的毕业生追踪调查数据，对获得学士学位毕业生的终身收入以及随年龄增长不同专业的收入情况进行过折算，他研究发现，不同专业本科毕业生的终身收入存在明显差异，STEM与商科专业毕业生的终身收入最高，而人文学科专业最低，不同专业之间的收入随年龄变化的差异化趋势具有一定的稳定性。③ 2012年，美国人口统计局的调查也表明，拥有本科学位的工程专业毕业生无论在入职还是职业后期

　　① Career Center of UC Berkeley. Career Destinations Survey：Class of 2018：What Can I Do With A Major In…？［EB/OL］. https://career.berkeley.edu/Survey/2018Majors.
　　② Huade Huo, Jeremy Redford. College Majors and Careers：Job Relatedness and Compensation of 1992 - 93 and 2007 - 08 Bachelor's Degree Recipients 4 Years After Graduation［R］. U. S. Department of Education, 2019.
　　③ Douglas A. Webber. The Lifetime Earnings Premia of Different Majors：Correcting for Selection Based on Cognitive, Noncognitive, and Unobserved Factors［J］. Labour Economics, 2014, 28：14 - 23.

的收入中位数均最高,其次为理科毕业生,最低的为人文社会科学毕业生(图3-4)。①

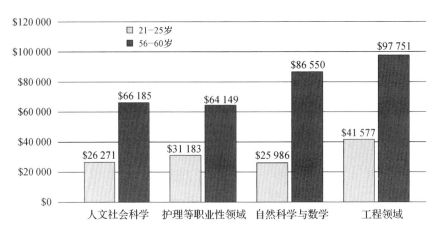

图3-4　美国不同专业本科毕业生入职与职业后期收入中位数
(Debra Humphreys and Patrick Kelly,2014)

由上述数据,或许可以大致得出如下推断性结论:第一,仅从收入角度而言,理工科毕业生无论近期还是长期收益都拥有相对优势,但如果专业与工作相关度低,优势就并不明显;第二,专业与工作高度相关,如教育专业,不一定会带来收入上的优势;第三,也是笔者要强调的重点,即"通"虽然可能会增加职业发展过程中的适应性,但未必会转化为可售的人力资本,即获得经济上的收益,唯有在特定领域将泰森所提到的学术性技艺(如数理和科学能力培养)与专业训练有机结合,才可能会带来更高的经济收益。简言之,以数理与科学为基础的适度宽口径专业教育,为本科毕业生带来的经济回报可能更高。

但是,在此需要澄清两个问题。第一,本科教育的个体经济回报并非衡量其效果的唯一尺度,它还涉及工作满意度乃至整个职业生涯与生活的满意

① Debra Humphreys, Patrick Kelly. How Liberal Arts and Sciences Majors Fare in Employment: A Report on Earnings and Long-term Career Paths[R]. Washington, DC: Association of American Colleges and Universities, 2014: 9.

度。罗森保姆(J. Rosenbaum)等认为,对大学毕业生而言,工作满意度可能与个人收入相关,但也更可能与众多非金钱意义的因素高度相关。他通过对10 582位持有高中以上学历(其中27%拥有本科学位)人员的数据分析发现,在25—32岁拥有本科学位的从业人员中,个人收入与工作满意度的相关系数仅为0.10,远低于其他非金钱因素,如工作自主性(0.33)、发展空间(0.22)、非单调与重复性工作(0.19)、所从事工作是否为个人事业的一部分(0.38)。[①] 不容否认,在毕业生职业生涯早期,对于口径相对收敛的理工科毕业生,入职初期的就业优势以及收入水平可能对工作满意度构成积极影响,如莫拉(J.G. Mora)等人对欧洲11个国家以及日本刚毕业的大学生做跨国研究,不考虑国别因素,就总体而言,较其他专业,自然科学领域毕业生工作满意度最高,而医学领域毕业生工作满意度最低。具体到各国,虽然存在差异,但总体上理工科毕业生工作满意度较高。[②]

不过,2015年,美国著名民意调查机构盖洛普对不同专业本科毕业生的调查表明,人文与社会科学专业毕业生的工作满意度与成就感并不低,在"我对我的工作非常感兴趣"以及"工作中,我每天都有机会把事情做得最好"两个答题项中,教育专业毕业生的赞同比例最高,其次为自然科学专业,教育之外其他人文社会科学专业毕业生与工程专业毕业生没有明显差异,甚至略微高于工程专业(图3-5)[③]。

① Janet Rosenbaum, James Rosenbaum. Money Isn't Everything: Job Satisfaction, Nonmonetary Job Rewards, and Sub-baccalaureate Credentials[J]. Research in Higher Education Journal, 2016, 30.

② Jose Gines Mora, Adela Garcia Aracil, Luis E. Vila. Job Satisfaction among Young European Higher Education Graduates[J]. Higher Education, 2007, 53: 29-59.

③ Scott Jaschik. Shocker: Humanities Grads Gainfully Employed and Happy[EB/OL]. Inside Higher Ed, https://www.insidehighered.com/news/2018/02/07/study-finds-humanities-majors-land-jobs-and-are-happy-them.

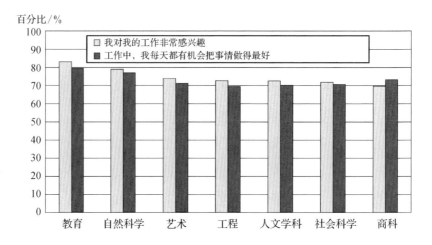

图 3-5 盖洛普对不同本科专业毕业生工作满意度调查结果
(Scott Jaschik and Shocker, 2018)

此外，如果纳入人的整个生命历程中去审视，收入之外的因素对工作满意度的影响可能会越来越突出。库瑟(A. Kucel)等认为，影响工作满意度的其他因素有自主性、安全性、学习机会、挑战性、事业发展、休闲、地位、有意义以及家庭生活等。[①] 在不同的生命阶段，人们对工作以及生活意义的理解存在一定的差异，更何况不同职业的工作性质、环境以及稳定性殊异，很可能会增强或稀释收入所带来的主观感受。诺贝尔经济学奖得主卡纳曼(D. Kahneman)等人曾研究了收入与人的主观感受(如幸福、痛苦和压力等)的关系，尽管低收入的确会导致痛苦指数升高，但在美国如果年薪超过 75 000 美元，收入的进一步增加不会对幸福指数产生持续提升作用。[②] 卡纳曼的研究结论不乏争议，如史蒂文森(B. Stevenson)等就通过对大量跨国调查数据

① Aleksander Kucel，Montserrat Vilalta-Bufi. Job Satisfaction of University Graduates[J]. Revista de Economia Aplicada，2013，21(1)：29-55.

② Daniel Kahneman，Angus Deaton. High Income Improves Evaluation of Life But Not Emotional Well-being[J]. Proceedings of the National Academy of Sciences of the USA，2010，107 (38)：16489-16493.

分析发现,可能并不存在这样一个收入与幸福指数关系的临界值。^① 但是,无论该结论是否成立,在常识性判断上,可以肯定一点,如果不对职业性质和工作环境加以控制,上述结论都存在瑕疵。譬如,一位长期从事野外作业的石油工程师与一位中学教师即使收入相同,两者对职业和生活理解以及幸福感受可能大相径庭。概而言之,抛开"通"所涉及的诸如助益于思维灵活性、创造性和批判性思考等认知因素,仅就其对个体精神的涵育而言,职业给人的幸福感并不是金钱所能衡量的。尤其在人们的经济需求得到一定程度满足的前提下,通与宽口径所具有的价值更会得以凸显,这大概也是在 Best Colleges 调查中,如果可以重选大学专业,40 岁以上年龄组大多选择满足个人激情的缘由所在。当然,从可雇佣能力角度而言,相对于"专","通"也是大学期间部分软技艺获取与提升的重要路径。

哈努谢克(E.A. Hanushek)等人开展了一项面向 18 个国家的成人文化素养调查(IALS),其中一些结论颇值得玩味。分析发现,接受普通教育的人群相较于接受职业教育的人群,在毕业之初(标准化年龄为 16 岁)获得就业机会的比率要低 6.9%,但这一比率每十年会降低 2.1%,大约在 49 岁,就平均值而言,前者开始比后者更可能获得就业机会。到 54 岁,前者表现出明显的就业优势。对德国的样本分析发现,接受普通教育的群体相对于接受职业教育的同辈,往往具备更强的应付金融危机的能力。^② 哈努谢克的研究样本虽然覆盖了中学阶段的教育类型,但其结论对于大学阶段通识教育与宽口径教育也具有启发性,即如果纳入整个生命周期进行分析,相对于更为狭隘的专业教育与职业教育,至少从就业机会角度而言,通识与宽口径教育很可能具有后发优势。

① Betsey Stevenson, Justin Wolfers. Subjective Well-Being and Income: Is There Any Evidence of Satiation? [J]. American Economic Review,2013,103(3):598-604.

② Eric A. Hanushek, Guido Schwerdt, Ludger Woessmann, et al. General Education, Vocational Education, and Labor-Market Outcomes over the Lifecycle [J]. Journal of Human Resources,2017,52(1):48-87.

第二个需要澄清的问题是，即便是为就业而准备和重视可雇佣能力的大学本科教育，恐怕我们也不能简单地把个人经济收益视为可雇佣能力的体现。正如汤姆林森（M. Tomlinson）针对人们对可雇佣能力的理解偏差而指出，把毕业生的可雇佣能力视为单一的适应工作性质变化以及满足知识经济的需要，过于重视其人力资本价值，实际上是强化了高等教育与经济之间的铰接式关系，这固然为人们出售其才智与专长并换取财富创造了机会，但是它也带来了新的风险与不确定性。因此，对可雇佣能力的理解需要考虑到宏观社会结构、中观高等教育机构性质和微观个人文化背景等不同层次。① 这种可雇佣能力内涵的丰富与外延的放大，需要我们能够适当超越个人技艺以及高等教育的经济属性，来反思和澄清本科教育的目标。正如泰席勒（U. Teichler）所言："大学课程与教学的设计，既需要考虑在多大程度上对接雇主的期望或为就业做准备，更要思量在多大程度上延续其对学术素养、理论探求、文化提升以及公民责任等目标的重视，或者赋予学生以批判性、创新性的能力以使之履行社会变革推动者的角色。"②

显然，通识教育以及某些无经济回报优势的专业教育，虽然对个人与社会或许未必有即时的经济效用，但它对于社会公正与进步、文明传承与嬗变又不可或缺。从精英教育时代的社会责任担当，到大众化以及普及化教育阶段的公民社会参与，都要求通识教育不能缺席。越是专门化乃至职业化，反而越需要以相对宽泛的教育来培养学生的见识视野、价值关怀与伦理精神。正如埃文斯（C. Evans）等所言，"大学不仅仅生产规格化的员工，对不公正的制度、结构和政策无动于衷，缺乏批判性的探讨、争论与政治探究……而应强化专业坚守、道德准则与行为规范……把学生培养为企业与社会可持续价值

① Michael Tomlinson, Leonard Holmes. Graduate Employability in Context：Theory, Research and Debate[M]. London：Macmillan Publishers Ltd.，2017：1-40.
② Harald Schomburg, Ulrich Teichler. Employability and Mobility of Bachelor Graduates in Europe：Key Results of the Bologna Process[M]. Rotterdam：Sense Publishers，2011：5.

的未来生产者,并致力于包容性与可持续全球经济的建设"①。也唯有实现这种适当的超越,即以一种通识教育,才能够塑造他们作为社会公民如齐斯曼(P. Gossman)等所列举的各种能力与品行(表3-4)。②

表3-4　通识或自由教育的能力培养

批判性思考	有涵养的积极态度
道德理性	有志于艺术的旨趣
有社会担当的领导力	有志于科学的抱负
参与具有智力挑战性的工作	对多样性与新理念持开放态度
政治与社会参与的兴趣	与不同人群互动的意愿
身心健康	执着于学术的动力

资料来源:Peter Gossman and Stephen Powell,2019

在人的职业生涯与生命历程中,大学本科教育仅仅3—4年,它不可能为个体一生的职业生活提供所有装备,更不可能为每个人的成功提供独门秘籍。大学本科毕业,实际上仅仅是大多数人进入社会和开启职业生活的起点,也是探索个体社会价值与生命意义的开端。可雇佣能力的各种硬与软技艺,如波尔(L.D. Pool)等人所建构的模式表明(图3-6)③,大学所提供的仅仅是一部分,更多是通过工作场所体验与日常生活实践而获得的,而且是一个漫长且贯穿终身的过程。大学所提供的知识与技能固然重要,但更重要的是它能够为学生提供终身学习的能力,即"可教育能力"(educability)——一种在快速变动的工作环境中不仅能够适应而且还富有创造性的"可持续性雇佣

---

① Alice Diver. Employability via Higher Education：Sustainability as Scholarship[M]. Cham：Springer，2019：19.

② Alice Diver. Employability via Higher Education：Sustainability as Scholarship[M]. Cham：Springer，2019：40.

③ Alice Diver. Employability via Higher Education：Sustainability as Scholarship[M]. Cham：Springer，2019：85.

能力"(sustainable employability)。①

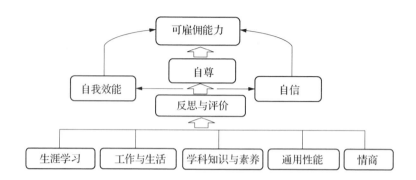

图 3-6　毕业生可雇佣能力获得的生涯模式
(Lorraine Dacre Pool, Dawne Gurbutt and Kath Houston)

由上述分析,对于大学本科教育究竟应该是"通"还是"专"、专业教育口径是宽还是窄,或许我们依旧不能给出明确的结论,但在此不妨略做方向性的总结。建立在通识教育基础上的专业教育优势,在于赋予个体以应对职业变化的适应性,并赋予职业生涯后发优势,而且有利于社会文明赓续;宽口径的专业教育的优势,在于能够培养学生在特定行业与专业及相关领域岗位调整的能力;至于口径相对偏窄特别是带有应用与实践取向的专业教育,在其理论、知识与技艺相对满足劳动力市场即时需求的前提下,它可能具有就业优势。但是,上述优势又各有缺陷,取长并不能补短。简言之,通与专、宽与窄的抉择,其实就是一种面向个体近期就业困境还是未来职业生涯发展、面向个体收益还是社会乃至人类共同福祉之间的权衡(图 3-7)。现实之中,没有绝对理想的方案,而往往是一种兼顾近期与长远以及各方利益诉求的妥协。

---

① Mantz Yorke. Employability in the Undergraduate Curriculum:Some Student Perspectives[J]. European Journal of Education,2004,39(4):409-427.

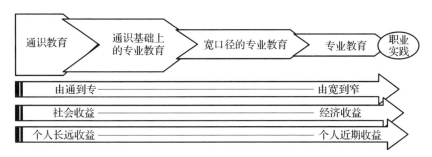

图 3－7　本科教育通与专路径选择的个体与社会收益示意图

所谓妥协其实就是大学立足各自所处情境与条件,对本科教育构成基本维度的自我调整,但无论如何调整,有关基本维度缺一不可(图 3－8)。在有限的时间内,大学本科教育需要考虑的或许并非如何与当下劳动力市场完全对接以及过于偏重专深的专业教育,而是如何能够为毕业生未来生涯的可持续发展和多样化追求奠定基础。在此,不妨把考雷的本科教育取向略加拓展:第一,培养素质良好且具有职业适应性的公民;第二,培养具有学术追求与探索精神的学术接班人;第三,培养为从事特定领域具有高层次专门化属性的职业人员,如律师、医生、高级工程师和设计师等;第四,培养社会各个领域的创业者与革新家。显然,面向这种多样化且要兼顾各方诉求的本科专业设置及其培养方案,应该更多放权于办学者,强化其弹性与灵活性,而不应为自上而下的刚性规范如"专业目录"所约束与牵制。

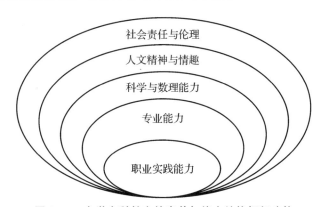

图 3－8　大学本科教育的素养与能力结构框架建构

第四章 理解课程：本科课程的
组合结构与特征

    关于大学课程的理论研究虽不乏见却少为人关注，这与基础教育领域课程研究一向繁荣的景象形成了巨大的反差。缘何如此？大致推断，大学教育对象的相对成熟、学科差异性、课程种类的多样性以及课程内容本身的专业性和排他性等，都可能是人们漠视其存在的部分原因。当然，如是说并不表明关于大学课程研究极为匮乏，恰恰相反，现实中一线教师围绕特定学科以及具体科目的课程实践研讨，不仅内容丰富，而且形式也极为多样。但这种来自行动者的研究，多涉及具体一门课程教什么、如何教和让学生如何学的个人兴趣与经验分享。至于如何建构一个体系化的总体课程方案，多来自历史中国家、个别人物或少数精英群体基于某种理念或现实需要的创举，进而相沿成习并通过不断相互学习与修正而成各国乃至各校传统或惯例。笔者在此便尝试结合有关大学课程体系的观察，以一种相对超越的立场，立足事实观察与历史比较视角，对大学本科课程体系与结构的基本特点略微展开探析。

一、大学本科课程的概念

    就抽象意义上的理解而言，大学本科课程与基础教育中常常使用的概念

"curriculum"之间没有太大的差异。众所周知,其原始语义来自拉丁语的"奔跑"(running)、"竞赛"(race)、"跑道"(course)等。伊根(K. Egan)在对古罗马西塞罗有关该词用法的考证后认为,curriculum 最初的含义仅仅是指人体在特定的物理空间中发生的事件,更多指涉的是一个过程而不是内容。后来西塞罗在其作品中将 curriculum 理解为"正在学习的内容",并以隐喻的形式,把该词附带的赛道和跑步等原始语义引申为一个心灵和智力追求的过程,这个追求过程必然涉及应该提供什么内容和以什么方式组织内容(知识)的问题。[①] 由此开始,curriculum 逐渐成为教育中一个极为普遍使用的概念。

然而,任何概念一旦成为众人脱口而出的日常用语,它必然会有众多说不清、理还乱的是是非非。正如格拉索(A. A. Glatthorn)等人梳理发现,莫说是日常语境,就是在专业研究文献中,关于"curriculum"的定义也存在众多分歧。有人将其理解为学生的连续性或整体的经历(experience),关注的是学生的过程性体验而不是具体内容获得;有人则认为它是一系列连续的内容单元,或者是由学校设计并提供的系列具体课程(course)组成的学习计划,或者是由学校设计的计划所预期达到的教学结果。此外,一个比较综合性的理解则是将课程视为学生与教学内容、教材、资源和评估教育目标实现过程的有计划互动。[②] 如此等等,不一而足。

以上关于课程(curriculum)的概念大多来自基础教育领域,从中不难发现,正因为其过于抽象,它不仅在内涵上存在众多分歧,而且在外延上几乎无所不包,不仅指涉一个有计划且由具体课程(course)或科目所构建的体系,而且覆盖由课程内容到课堂内外教与学的全过程,甚至可延展到校园文化乃至外部社会意识形态层面,如所谓的隐性课程。也许,正因为这种课程概念的无所不包与指代不明,在高等教育领域,面对纷纭繁复的学科和专业多样性与

---

① Kieran Egan. What Is Curriculum? [J]. Journal of the Canadian Association for Curriculum Studies,2003,1(1):9-16.

② Allan A. Glatthorn,Floyd Boschee,Bruce M. Whitehead,et al. Curriculum Leadership:Strategies for Development and Implementation[M]. Oaks:Sage Publications,2018:3-5.

差异性,很少有研究采纳这种广义上的宽泛理解,而是通常聚焦两个层面:总体或项目意义上的课程概念(curriculum)与具体科目意义上的课程(course)。前者通常是指为体现某种理念和达到特定教育目的而建构的整体培养方案或体系,譬如本科课程、通识课程与专业课程,都可以 curriculum 概括称之,后者则具体指称某一科目以及围绕其内容而展开的教与学过程。前者具有总括性、系统性与结构性,以后者为载体、工具和手段,后者也是前者的基本构成单元,以前者为设计依据和行动目标。当然,现实之中,也不乏两者之间混同的情形,尤其是在高等教育领域,有时人们直接把 curriculum 视为 course 的复数。

但是,需要特别说明,curriculum 不是众多 course 的简单组合和拼盘,而是一种合目的性与合逻辑性且带有连续性的有机构成。所谓合目的性,通俗而言就是人们试图通过不同内容的课程按时间序列的建构以达到预期目标;合逻辑性则要求不同课程内容之间体现认知意义上前后关联、难易有别的递进关系。目的往往带有高度的总括与抽象性,譬如我们日常中所言的全人、社会各领域的领导者与精英、合格公民、学术接班人等,或者有更为具体的所指,如学有所长和业有所精的教师、工程师、会计师等。逻辑则反映为不同课程内容之间的结构关系,它是围绕目的指涉身份所需要素养和能力的方案设计,具有一定的可操作化意味。是故,不同专业的目的设定不同,课程组合的逻辑结构殊异。例如,全人教育更倾向于多领域的开放与综合,即所谓以"通"为目标,形成一种网状的课程结构;学术接班人取向更关注课程组合中的学科逻辑,体现由基础到专精而逐渐收敛的特征;应用性职业人才取向的课程组合,则更强调立足现实情境问题解决所需要的理论、技术、工具与方法的多路并进,带有实践与实用取向。当然,如上仅仅是简约化的表述,现实中的具体实践要远远复杂得多,譬如目的往往带有多重性,既要反映国家、市场、社会不同部门以及个人等各方诉求,且要应对环境与知识本身的不断变化,如此往往导致课程组合逻辑线路从来就不是简单的一目了然。

对于大学本科课程组合的上述复杂性,谢伊(S. Shay)结合伯恩斯坦

(B. Bernstein)的课程知识的情境化与去情境化区分理论,以及穆勒(J. Muller)关于课程结构的概念一致性与情境一致性区分理论,建构了一个关于课程组合的二维度结构:概念一致性维度可理解为语义密度(semantic density,SD),即课程的符号化或理论化的程度;情境一致性维度可理解为语义引力(semantic gravity,SG),即与现实情境或实践的关联程度。不同的课程组合形式,在两个维度上存在表现程度的差异,因而体现了不同课程组合形式的内在逻辑,进而大致可以将所有本科课程组合划分为四种形式(图4-1)。[①] 严格而言,图中类别并非现实中的四种存在形态,充其量是理想的概念分析模型或者说抽象意义的归类,真实状态更多是四种类型之间的糅杂与混合,不过它的确能够反映糅杂了不同成分的课程组合倾向性。譬如,偏好通识教育的美国众多私立文理学院更倾向于通用性课程,大多学科性本科专业倾向于理论性课程,实用性专业关注实践性课程,而工程类本科专业更接近专业/职业性课程类型。在如今应对社会以及学生多样化需求的背景下,不同类型之间的贯通与联结关系更为复杂。

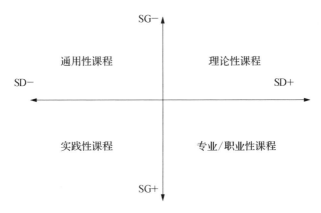

图 4-1　大学本科课程形式(Suellen Shay,2016)

德罗赛尔(P. Dressel)则从大学本科教育的整体规划角度,提出课程结构存在四个连续统,由学科(掌握学科内容、结构与方法,重学理性与目的性)到

---

① Suellen Shay. Curricula at the Boundaries[J]. Higher Education, 2016, 71(6): 767-779.

个人发展（人格、行为与情感），由抽象（理念、理论、表达，具有回溯指向）到问题和决策（行动、胜任力，当前与未来指向），由刚性（遵从权威，按照学科或一般学生预先设定项目和水准）到弹性（民主化，适应个体诉求与兴趣），由区隔（不一致性，脱离学习经验）到综合（强调学习经验的整体性与关联性）。本科教育要实现上述四个过渡，他进而认为，需要处理好四重关系或者关键性要素：博雅教育和专业教育（宽度与深度），连续与片段，学与教，持续的计划与评价。[①] 显然，该组合划分更倾向基于教育目的的过程要求，更为笼统地概括课程组合的理念。

对于大学本科课程上述多维度的有机构成特征，基于不同立场，还可以有诸多观点。为便于分析，笔者在此姑且搁置相关理论，同时也将跳出具体的课程教与学层面展开研讨——因为这实在是另外一个更为复杂的议题，尝试立足经验观察，聚焦于一个最为直观和具体的维度——当代各国大学课程（course）组合，即体系构成，做些探索性分析，以期对大学本科课程内涵有基本的领悟与理解。

二、大学本科课程体系与结构的变迁

中世纪大学的学生入学也就大概在十三或十四岁，年龄相当于如今各国的中学生，对其入学的基本要求就是能够识读拉丁文。在入学之后进入文学院，其修读的主要科目为"三科"或"三艺"（trivium），包括文法、修辞与逻辑，以及"四艺"（quadrivium），如算术、音乐、天文和几何等，两者统称"七艺"。通常，中世纪的三科学习和训练的过程，大致上可勉强称为本科（undergraduate）教育，但学成之后是否授予学位，各地之间存在差异。摩尔登（H. Malden）认为，大学中的学位最先为博士（doctor），它在欧洲不同地区都有各自独立的源

---

① Clifton F. Conrad. The Undergraduate Curriculum：A Guide to Innovation and Reform[M]. Colorado：Westview Press, Inc., 1978：6-7.

头,是为毕业生提供的一个头衔。至于学士(bachelor)学位,它成形于巴黎大学,是对每个学院中最低层次学位的称谓,至于为何称其为学士,很可能是对当时西欧骑士中最卑微的一个等级称谓的借用。[①] 不同于当下,中世纪大学中的博士与硕士没有区别,都代表出徒后所获得的教师资格,甚至与professor 同义。因而,相对于硕士与博士,学士还不过是一种学徒身份,或者代表可以作为教师助教的资格,它没有特殊的意义。格瑞德尔(P. F. Grendler)则认为,就是到了文艺复兴时期,意大利的大学主要授予的是博士学位,极少数大学虽然可能也会授予法学、医学或文学学士学位,但它一般并非严格意义上通过资格考试而授予的头衔。他提出,bachelor 一词在当时也很少使用,在各种文献中偶见的 baccalarius 一般指称高年级学生。[②] 而在德意志地区,完成一到两年的三科训练,通常则授予一个"baccalarius"或"baccalaureus"的正式学位。[③] "三科"其实主要着重于语言与思维训练,是入门级别,其目的是为偏重应用的"四艺"乃至更高层次的法学、医学和神学学习奠定基础。尽管我们通常认为,现代意义的本科层次及学士学位与中世纪大学的这种 bachelor 完全不可同日而语,但毋庸置疑,正是早期这种多少井然有序、拾级而上的梯度结构、形式和布局,成为现代本科层次教育的滥觞。

可以说,在与大学相衔接的体制化中等教育尚未成形之前,相当于今天的传统大学本科课程,其设计的主要目的就是提供最为基本的语言与思维技艺的训练,当然还有宗教伦理的教化,因为学生的身份也就大致相当于当时外部自治性的手工业组织中的"学徒",属于大学中最低等级,完成三科便相当于"熟练工",即相当于手工作坊协助师傅的帮工。所以,作为初级入门教

① Henry Malden. On the Origin of University and Academic Degree[M]. London:Jhon Taylor,1835:22 - 23.

② Paul F. Grendler. The Universities of the Italian Renaissance[M]. Baltimore:Johns Hopkins University Press,2002:172 - 173.

③ Friedrich Paulsen. The German Universities:The Character and Historical Development[M]. New York:Macmillan and Co.,1895:29 - 30.

育,课程本身尚谈不上全人意义上的"博雅",更未必有专门化的精深。诚如赖特(R.S. Rait)所言,大约在 14 世纪,牛津大学语法课程教学主要采用的是亚历山大·德维拉·德(Alexander de Villa Dei)撰写的教科书,修辞学大多使用西塞罗的作品,三科之中最重要的是逻辑学,内容涉及范围最广也相对艰深,包括哲学、物理学、伦理与形而上学等,它主要来自亚里士多德由阿拉伯文或希腊语翻译过来的拉丁文作品。[①] 虽然随时代变迁部分内容会有所增减,譬如随着更多古希腊和希腊化时期的作品得以发掘,亚里士多德之外的其他哲学家和阿拉伯世界的经典不断进入课堂,希腊语与更多罗马文学作品也被纳入课程,受宗教改革的影响,部分新教地区大学的民族语言以及自然哲学的内容日益受到重视,但就总体而言,在 19 世纪之前,相当于今天本科层次的教育,三科与四艺的组合结构始终在大学中居于主导地位,且保持了长期的稳定性。这种入学之初的语言和思维训练,虽然不乏理性思维养成与教化之功,但内容陈旧、刻板和僵化,它大致可理解为一种过渡意义上的教育,主要是为更高层次的专业(professional)教育奠定基础。

以至于到 19 世纪上半叶,在本科层次教育与学士学位的设立逐渐规范化后,英国牛津剑桥的本科教育还依旧坚守这种古典教育传统,并因其远离社会生活而颇遭各方责备:"神学知识、三或四卷生僻的拉丁与希腊文本、三分之二的奥尔德里奇的逻辑以及欧几里得著述的混合……四年时间荒废在 14 本书上,读了再读,让人倒胃口。"为缓和各方抨击,剑桥才在保留传统课程之外,增加了道德科学与自然科学两个本科荣誉学位课程,前者包括现代史、法律、法理、政治经济和哲学,后者包括解剖学、植物学、化学、地质学和生理学,各五门统一的必修课程。[②] 由此,英国的本科教育才多少具备了近代绅士教

---

① Robert S. Rait. Life in the Medieval University[M]. New York: G. P. Putnam's Sons, 1912: 133 - 135.

② Peter R. H. Slee. Learning and A Liberal Education: The Study of Modern History in the Universities of Oxford, Cambridge and Manchester, 1800 - 1914 [M]. Manchester: Manchester University Press, 1986: 14 - 18.

育或博雅教育的特征。

不过，从历史角度看，真正启发了当代意义本科层次课程结构变革的还是德国，即使德国大学长期不设立学士学位，但不能否定它存在一个相当于本科层次的教育。德国大学的改革源于两个基本历史条件：第一，一个与大学相衔接的基础教育体制的形成；第二，曾经长期处于大学最低端的文学院或艺术学院地位的崛起，尤其是文学院内部知识分门别类格局的形成。尽管早在 15 世纪，英国已经有了如文法学校和公学这种相当于现代中学阶段的私立机构，但它并不稳定和带有体系化，而真正最早确立与大学相衔接的中等教育体系的缔造者是德国。德国的文科中学（Gymnasium）本来也是类似于英国的私立文法学校，但在 19 世纪初，它逐渐被规范化为与大学直接相衔接的中等教育机构。文科中学提供的标准化课程主要为包括拉丁语、希腊语等在内的古典教育，也覆盖数学、科学、历史等学科，其学制起初为 8 年（后为9—10 年），入学年龄大概在 9—10 岁。[①] 因此，在顺利通过中学考试和毕业并进入大学后，年龄达到 18—19 岁的学生基本已经具备了中世纪大学相当于七艺的教育水准。事实上，在经过洪堡模式改造后的德国大学，到 19 世纪中叶，正如康拉德（J. Conrad）认为，它们不同于当时英国牛津剑桥一般意义的自由教育（general liberal education），而更像是专业学院（professional school），其教育取向直接指向了"牧师、律师、法官、医师、校长、化学家、工程师和农学家"的培养，不过，他又认为，这种取向并没有降损德国大学自由教育的意味。[②] 因为这种并不刻意的专门化倾向本身，就带有较为浓厚的教化意味。

19 世纪的德国大学没有设立本科学士学位，最低为硕士学位，其学制大致为 4—6 年，这种体制一直持续到 20 世纪末。鲍尔生（F. Paulsen）认为，在经过 18 世纪哈勒与哥廷根的改革之后，19 世纪德国大学哲学院的地位迅速

---

① Fritz K. Ringer. Higher Education in Germany in the Nineteenth Century[J]. Journal of Contemporary History，1967，2(3)：123－138.

② Johannes Conrad. The German Universities for the Last Fifty Years[M]. Glasgow：David Bryce & Son.，1885：ⅩⅩ－ⅩⅪ.

崛起，自然科学与历史等领域的持续进展与强势表现，使得哲学首次成为大学中最为显赫的学问。由于崇尚学者的研究自由和教学自由，鲍尔生甚至认为，此时德国大学教师大都是有学问的研究者，其课程内容不再固守以往所谓普遍认可的真理，虽然并不是完全抛弃教材，但教师更偏好于将自己的研究成果以讲座或研讨班的方式加以呈现。至于平均年龄在 20 岁左右的学生，只要其承诺遵守大学法，就被视为普通公民，具有自由选择学习的权利，他们不仅是以学习者而且是以研究者身份参与教师带有思想独立的研究性课程，其目标"不再是吸纳既有的真理，而是学会如何以科学的方法去工作和思考"①。

对于课程以及学习的自由选择过程，鲍尔生做了如下大致介绍。在经过高中刻板标准化训练后，进入大学的学生首先自主选择相关入门性的讲座课程，随后参与其所关注讲座的大量练习，掌握研究与问题解决方法，在各种课程与研讨班中寻求指导教师，并建立密切关系。学生在讲座中获得对特定科目的基本理解，更多则需要借助教科书与利用图书馆文献自学，以掌握本学科及与之相关领域的知识，学生可以与他人结成学习伙伴或参加"科学俱乐部"进行互助研究和学习。② 由此可见，19 世纪德国大学中哲学院的课程结构是松散的，学生的学校选择主要基于自身的兴趣，至于它究竟体现专业还是通识教育特征，也实难识别，关键在于个体取向以及最终的考试要求。鲍尔生认为，德国学生需要有两次考试：一次是学院如哲学院内部考试，仅对希望进一步深造以获得私人教师身份的学生有意义；另一次就是外部国家相关职业（包括公务员）资质考试，外部资质考试的要求会对学生的系列课程选择具有引导作用。③ 因而，根据毕业论文撰写要求和职业选择（譬如准备成为中学

---

① Friedrich Paulsen. The German Universities：The Character and Historical Development[M]. New York：Macmillan and Co.，1895：44.

② Friedrich Paulsen. The German Universities：The Character and Historical Development[M]. New York：Macmillan and Co.，1895：211 - 218.

③ Friedrich Paulsen. The German Universities：The Character and Historical Development[M]. New York：Macmillan and Co.，1895：222 - 223.

教师、各类专业性质的公务员），学生会相对聚焦于特定科目及其相关领域的学习。显然，与同时期的英国牛桥相对统一且带有强制性的课程要求相比较，德国大学课程更体现了学习过程选择自由与国家职业资格要求之间的对立统一。简言之，它是以外部国家的体制化资质认可要求，引导内部看似自发、自由与无序状态的渐趋有序化。与课程设置和学习要求相对规范的牛桥博雅模式相比，德国大学模式的确体现了学习自由，但如果认为它更具有精神自由意味，则未免简单化了。因为国家以一种微妙的遴选机制介入和塑造了大学的教化功能及其指向，过程性的研究和学习自由，在特定的体制环境中未必导向个体意义的精神自由。至少在服务于国家层面上，所谓崇尚自由的德国大学，与当时完全由国家集中统一规范和控制的法国高等教育系统之间，实际上是异体同构、难分轩轾。

至于在美国，因为没有传统包袱拖累，早在19世纪中叶的众多传统大学特别是州立大学，各种现代语言、科学乃至技术等学科就被纳入学生可选修的课程。不过，这一变革过程始终充斥着传统习俗与现代观念之间的纷争。清教伦理色彩浓厚的美国大学，一方面表现出对阅读自然之书即科学的偏爱及应对生存困境的实用技术偏好，另一方面又坚守新教多少带点洁癖的纯净正统。故而，即使到19世纪下半叶，美国大学本科教育总体上还是承续了英国的绅士教育传统，盖格（R.L. Geiger）认为，甚至到1862年，哈佛还以成为"牛桥之子"为荣，以为唯有更像牛桥，哈佛才可以称得上是这个国家最高层级的大学。但也正因为与牛桥相似，过于拘泥于古典课程，面对各方的质疑，众多传统大学也启动了其课程改革的艰辛之旅。如布朗大学在当时的校长韦兰德（F. Wayland）的力主下，虽然依旧保留了传统以希腊语、拉丁文经典和现代语言为主的本科学位课程，但又另设了以科学和应用科目为主，而不要求学习古典课程的本科项目——哲学学士（PhB）。[①] 进入19世纪中叶之后的

---

① Roger L. Geiger. The History of American Higher Education: Learning and Culture from the Founding to World War Ⅱ[M]. Princeton: Princeton University Press, 2015: 256-280.

美国,可以说是传统大学的改革阵痛期,也是各种新兴机构纷纷涌现的时代,由于没有法国、德国国家层面不同表现形式的规范与约束,无论是私立还是州立大学,都立足其传奇校长或地方政府对欧洲各国高等教育的不同理解,尝试探索其各具特色的课程改革。科学以及各种工程、农业和商业等应用知识虽然起初也常被鄙视,地位不彰,但最终都逐渐被纳入大学并成为选修或正式课程,甚至成为独立的学位项目。

我们甚至不妨认为,正是在该一时期人们对大学究竟应该关注神圣还是世俗、经典还是现代、理论还是实用等知识的分歧与争锋,推动了美国大学课程结构与体系不同取向的变革,进而促成大学内部系科组织的调整,乃至建构了美国大学各具特色的极为多样化的办学格局。尤其是在 1862 年《赠地法案》出台之后,是坚守英式古典教育、推崇德国为科学而科学的高深学问,还是开辟工农业需要的务实性知识与技术教育,由吉尔曼(D.C. Gilman)、怀特(A.D. White)、巴斯克姆(J. Bascom)、艾略特(C.W. Eliot)等为代表的大批中坚人物,在不乏各种争议的社会氛围中,以或激进或温和的姿态,逐渐探索了一条将传统与现代糅合的实用主义路线。在这一前所未有的探索性实验与改革进程中,美国各大学创建了其各有特色的本科课程结构模式,如康奈尔大学前两年的必修课程(系列或专业)与后一年或两年的自由选修课程结合模式,哈佛大学艾略特主导的三年中学生可完全自由选修的 18 门课程模式,霍普金斯大学与研究生教育相衔接的一个主修科目与两个辅修科目(外加法语和德语)结合模式,麻省理工学院前两年包括数学、自然科学、绘图和语言的共同课程加后两年专业必修课程(六个专业领域选择其一)模式,如此等等。①

19 世纪末到 20 世纪初,美国高等教育领域各行其是的课程改革,都带有典型的改革家与创业者个人色彩,它有模仿德国大学学生学习自由的痕迹,却比德国纯科学传统多了些实用的意味,与法国同样重视工程技术教育,却

---

① Roger L. Geiger. The History of American Higher Education：Learning and Culture from the Founding to World War Ⅱ[M]. Princeton：Princeton University Press，2015：309 - 362.

没有法国国家介入的均质性与规范性。这些或起于民间或源自联邦政策诱导的改革，反映了镀金时代飞速发展的美国社会政治经济生活极为多样的生态，因而它在挑战传统和顺应社会变革潮流的同时，也难免给人以内容趋合流俗和功利化、过程失序甚至凌乱的感觉。正因为如此，在经过这场规模空前的探索性实验之后，20 世纪初叶的美国大学开始进入了课程调整乃至反弹期。所谓调整和反弹虽然不能说是一种回调，但它确实多少带有一种对英式自由教育反思性回归的意味。参与这场反思性改革的有美国大量的私立文理学院，它们垂青于传统全人意义上的精神训练，不过相对于古典教育更强调科学、人文、历史与语言的综合，还有更多的综合性大学，如普林斯顿大学校长威尔逊（W. Wilson），提出了广度与深度结合的"集中＋选修"模式，哈佛大学洛厄尔（A. L. Lowell）修正了艾略特的完全选修制，建立了"集中（主修）＋分配（分修）"模式，芝加哥大学赫钦斯（R. M. Hutchins）则主导了四年"名著"教育的激进计划，等等。

正是这一时期的反思和回调，促成了带有美国典型特色的本科"通识或自由教育＋（准）专业教育"主流模式的基本成形。在此，所谓的模式并非存在某种单一范型，而是在共同认可理念和准则下存在不同变种的多样化构型。正如盖格所言，"哥伦比亚与芝加哥的激进改革运动，虽然代表了一种对通识教育极为奇特的理解，但到 19 世纪 30 年代，通识教育已经被视为应对饱受人们质疑的本科教育和解决其生硬学科专业化的共同准则"[①]。此后，即使在知识分化加剧与专业种类持续增加的背景下，尽管各校关于通识教育的课程设置、修读方式以及它与专业教育的课程比例分配发生频繁变动，但它的基本构型没有大的变化。

然而，进入 20 世纪后的欧洲以及其他地区的大学，就总体而言，其本科课程结构却走上了与美国不同的道路，它们更趋于集中与专业化，即使也不乏

---

① 　Roger L. Geiger. The History of American Higher Education：Learning and Culture from the Founding to World War Ⅱ[M]. Princeton：Princeton University Press，2015：467.

通识的说法，但实际上偏重于专业口径的拓宽与学科的交叉，强调的是专业取向而不是广泛意义的综合素质。各国也不乏尊重学生课程学习选择的说法，但实际上选择范围和空间都有限定。因此，如果从历史遗留的角度审视，美国大学的通识与专业教育结合模式，反而相对于当代欧洲大学更具有传统意味，撇开内容，至少在理念和形式上，它更近乎中世纪古典教育与近代博雅教育传统的衣钵继承者。

三、当下大学本科课程体系与结构的基本特征

就国家层面而言，构成各国本科课程结构差异的影响因素很多。譬如，高中与大学的衔接、学制、各国自身的教育传统，尤其是培养定位的通与专取向，等等。在欧洲，如法国和德国，其国民教育体系成形较早，严格的古典教育和宽泛的综合素质训练往往被视为中等教育机构的责任，特别是在德国，学生在完成文科中学教育后，其知识与能力准备已经具有一定的基础，故而大学更倾向于特定学科或专业取向的训练。至于美国大学为何重视通识教育，或许源于它历史中众多必然或偶然的因缘际会，如美国清教主义的保守传统，长期青睐于牛桥博雅教育的文化惯性；相对于法、德等国家，美国中等教育体系成形较晚，即使到19世纪下半叶，美国高中阶段教育质量也较为薄弱，学生入学准备不足；上述所提及的19世纪末20世纪初激进的自由选修改革，它难免带来无序化引起社会争议和反弹，如此等等。应该说，在进入20世纪后长达百年的探索与改革过程中，各国课程体系与结构从来不存在一个完全的稳定态，即使在特定国家内部，不同大学之间因为理念差异也会有所不同。故而，在此，笔者尝试忽略时序变动因素而仅仅截取当下时间段，选择不同国家带有一定典型性的案例，对其各自体系与结构特征略微展开分析。

关于美国本科通识教育＋（准）专业教育模式，实际上存在很多构型。不同机构之间差异性很大，尽管如此笼统表述可能并不准确，但大致上可认为：

私立文理学院—综合性大学—理工学院,存在一种"通"的口径逐渐收窄的趋势。通常而言,私立文理学院更具有传统博雅教育意味,以阿默斯特学院为例,该校不设核心课程,其本科学位的基本要求是学生在四年内完成 32 门为时一学期的学校课程,成绩合格(C一以上),这些课程覆盖所有领域。但与此同时又特别要求,其中必须主修至少一个专业,专业课程的内容与数量由各系决定,譬如心理学和历史学专业都为 9 门、化学专业 8 门、环境科学专业 11 门等,不一而足,大约占总学分要求的三分之一。学生不仅在课程学习与专业选择上有相当大的自由,而且在专业内部也可以选择不同轨道和模块。①大致上,如果仅主修一个专业,如阿默斯特学院学生可选择的非专业类课程比例最高可以达到三分之二乃至四分之三。一个比较极端的例子是圣约翰学院,至今它依旧不设本科专业,学生四年中必修的课程为自古希腊以来的西方经典名著。新近成立且颇为人们看好的密涅瓦大学则更显异类,它不仅淡化大学的固定校区观念,更青睐于世界众多城市间的游学,而且其本科专业仅有 5 个——人文学科、计算科学、自然科学、社会科学与商科。各专业正式的课程分为基础(cornerstone courses)、核心(core courses)和主修(concentration)三个部分,课程数量少,但每门课程都更强调综合性。

就是美国主流的综合性大学,群体内部本身也存在很大差异。为便于直观意义的理解,在此我们仅分别选择部分私立和州立研究型大学为案例。前者如人们所熟知的哈佛大学,目前其本科课程结构大致包括四个部分:一是共同通识课程要求,在四大领域包括"审美与文化""伦理与公民""历史、社会与个体""社会中的科学与技术"等众多课程中至少选修 1 门课程,合计·4 门;二是分布(distribution)课程要求,在文理学院、工程与应用科学学院所设的"艺术与人文""社会科学""科学、工程与应用科学"三个领域分别完成 1 门课程,合计 3 门;三是基于数据的定量推理课程要求 1 门,另外还有写作课 1 门;

---

① Amherst College. Amherst College Majors[EB/OL]. https://www.amherst.edu/academiclife/departments.

四是主修(concentration)课程要求,由文理学院各系决定,如人类学学士学位要求 10 门课,学生有考古学、社会人类学、考古学与社会人类学结合三个轨道选择,化学专业为 12—14 门课程,数学为 12 门,计算机为 10—12 门等。① 就总体而言,专修课程与非专修课程(不仅仅为通识课程或理解为广义上的通识课程)之间的比例大约各占一半。

美国的州立研究型大学,如加州大学伯克利分校和威斯康星大学麦迪逊分校(UW-Madison)等,对获得本科学位都有通识教育课程学习要求,一般分为学校、学院和学系三个层次。以威斯康星大学麦迪逊分校为例,毕业要求总学分为 120 学分。在学校这一层次,不分专业,所有学生须完成 4 门学校层次的通识课程,包括沟通与写作课、伦理研究、定量推理 A 与定量推理 B,上述课程一般每门至少 3 学分。另外,学校原则上要求所有学生需要完成覆盖人文学科、社会科学与自然科学三大领域的宽泛课程学习,具体内容可由学院决定,但最低要求为每个领域至少 3—6 学分,总学分为 13—15 学分。在学院与学系层次上,不同专业课程要求有差异,譬如人类学专业(非荣誉项目)仅规定完成 30 学分(包括 5 门必修课,另外 15 学分为专业选修课)即可,其他不做要求。植物学专业(非荣誉项目)则要求至少完成数理化生类课程(必修与选修)14—20 学分,生物学与植物学类专业课程(必修与选修)30 学分,其他课程不做要求。② 由上不难发现,学校层次最为宽泛的课程要求大致为 30 学分,专业课程为 30 学分,至于其他 60 学分,则为专业相关或不相关的先行或任意选修课程。不同专业差异较大,各专业除非有先行基础课要求,否则大多取决于学生自我选择。

至于如麻省理工学院与佐治亚理工学院等理工见长的机构,也同样强调通识或自由教育,但其通识课程要求相对于其他机构更偏重数学与自然科学

① Harvard University. Harvard College Handbook for Students：Handbook for Students 2020 - 2021［EB/OL］. https：//handbook.fas.harvard.edu/book/welcome.

② University of Wisconsin-Madison. Undergraduate Guide［EB/OL］. https：//guide.wisc.edu/undergraduate/＃majorscertificatestext.

课程。麻省理工学院要求所有学生必须完成机构层面的核心通识课程,包括
6 门数学与自然科学课程,最少 8 门人文社会科学课程,4 门沟通协作课,1 门
实验课,2 门科学技术限定选修课。以麻省理工学院的机械工程专业为例,要
求至少完成 16 门专业课,其中绝大部分为必修课。① 再以佐治亚理工学院的
建筑学专业为例,其通识课程包括体育 2 学分,基本技能(写作与微积分)10
学分,导论性的计算课程 3 学分,人文学科 6 学分,科学、数学与技术类课程
12 学分,社会科学 12 学分。与专业相关课程 18 学分,专业必修课程 49 学
分。另外,还有自由选修课程 12 学分,其学士学位资格要求总学分为 124 学
分。② 从中不难发现,两所学校尽管也重视通识课程,但通识课中不仅大多为
必修科目,理科课程比例高,而且专业必修课学分比重较大,相对于前两类院
校,所有课程学习受到的限制更多。

由上可以理解,尽管通识(博雅)教育是美国所有高等教育机构的底色,
但不同类型乃至不同学校的要求和设计方案却各有千秋。文理学院与综合
性大学学科资源丰富,专业课程以及限定性的选修课程要求略低,可以为学
生根据自我需求而分享广博的学科资源提供空间,如有更专精需求可以通过
荣誉项目(更多高阶与细分的专业课程)来得以提升,有跨域需要则可以选择
双学位、双专业或辅修(minor)项目。相对而言,理工学院的通识教育更强化
自然科学基础训练,从而为专业教育夯实基础,对课程学习有相对严格的限
定与选修要求,更重视通识与专业课程之间的有机关联。

美国大学本科教育流行的学制为四年,比欧洲各国主流的三年多出一
年。以修业年限来理解缘何美国更重视通识教育,不能说没有一定的道理,
但肯定存在简单化和表面化的嫌疑,因为这背后有实在太多的历史、宗教、文
化与政治等相互纠葛。在此,不妨概而言之,通识教育＋(准)专业教育课程

① MIT. Bachelor of Science in Mechanical Engineering[EB/OL]. http://catalog. mit. edu/degree-charts/mechanical-engineering-course-2/.

② Georgia Institute of Technology. Bachelor of Science in Architecture[EB/OL]. https://catalog.gatech.edu/ programs/architecture-bs/＃requirementstext.

体系,它所体现的广泛性、多样性、自主性与灵活性,毋宁说反映了美国教育的历史与体制的独特性,也是其国家性格、文化与精神气质的体现,它承续于欧洲古老传统,但又是对欧洲传统大学教育的超越。我们甚至可以这样认为,如果说美国的高等教育在当今世界处于领先地位,那么,通识教育或众多机构倡导的博雅教育则意味着:相对于欧洲大学,美国大学有着最为现代而又传统、最为年轻而又古老的精神气象。这看似是一种悖论,但以一种相对超越的眼光审视欧洲与美国国家地位间此消彼长的历史变迁与当下状态,似乎又不难以理解。

相反,进入20世纪的欧洲大学包括英国大学,逐渐疏远了它既往的古典与博雅教育传统,而越来越趋于强化学术或专业训练,因而普遍确立了大学本科专门化的教育模式。如前所述,欧洲该模式的确立,并非意味着它对博雅教育理念的淡漠,而是将其视为中等学校或预科阶段的教育责任,至于大学阶段,则主要聚焦于特定领域的系统且深入的训练。在英国,以牛津大学生物学专业为例,第一年所有课程聚焦于三个主题——生物多样性、生物性状如何建立、生态与进化,第二年从基因组与分子生物学、细胞与发展生物学、有机体习性与生理学、生态与进化四组中选择三个主题,第三年则从更为具体的八组专业课程模块中选修四组,专业化训练贯穿全程。[1] 在德国,以洪堡大学生物学专业为例,其贯穿三年的课程包括三个模块:必修模块,10门课程,除了2门物理课程和2门化学课程以外,其他全部为生物学以及与生物学相关的数学和化学课程,如"生物学的数学基础",共计75学分(ECTS)。限定选修模块,一是专业深度学习课程,包括7门课程,学生可选择完成其中4门10学分和另外3门5学分课程,合计55学分;二是专业化训练项目,完成两个分别为10学分与20学分的项目,共30学分。宽泛的选修项目模块,包括两部分,一部分是可跨专业跨部门自由选修10学分课程,另一部分则要求

---

① Oxford University. The Course of Biology[EB/OL]. https://www.biology.ox.ac.uk/course-0 #collapse705781.

必须与专业高度相关，分属于有机体生物学和进化、分子生命科学两个领域，各为 5 学分，总要求为 15 学分。[①] 显然，在其 180 学分左右的总学分要求中，除了少数基础学科与自由选修课之外，近 90％课程都为专业以及专业高度相关课程。

在博洛尼亚宣言之后，欧洲建立了统一的学分互认体系（ECTS），本科教育三年学制与每学年 60 学分制度更具有普遍性与相对稳定性，偏重专业化取向的本科课程体系建构也成为欧盟各成员国共有的特征。当然，这并不意味着各国抛弃了自己的传统与特色，如德国其实依旧非常强调学生在研究中学习的传统。注重专业化训练也并不意味着欧洲大学淡化本科的跨学科素养，它们更多以双学位（法国）和混合学位（德国）方式来实现。不过，即使跨学科，其边界也是相对收敛而不带有美国更加开放的跨域特点。欧洲大学也尊重学生的学习选择，但其选择的范围更强调专业内部的不同方向和领域，因而可理解为有限选择取向。

我国当前的本科教育主要是因袭了民国时期的学制，与美国一样基本为四年，专业教育体系虽然有仿苏联的浓重痕迹，但就源头而言也来自欧陆传统。20 世纪 90 年代之前，我国大学课程体系的基本架构为公共基础课—专业基础课—专业课，以专业训练为主，由于实行学年制，学生没有专业与课程学习的选择自由。随后，虽然开始尝试推行学分制改革，并建立了相关的主辅修制度，部分学校近些年来也借鉴美国模式探索通识教育改革，但总体上依旧带有明显的重专业训练取向。以清华大学化学专业为例，其毕业总学分为 170 学分，专业培养要求总学分为 116 学分，其中包括与欧洲大学相似的重综合论文训练[美国有些大学也设有顶级课程（capstone），但它不同于学位论文]以及专业实践，合计 25 学分。[②] 由该校生物学专业课程体系更能透视其

---

① Humboldt-Universität zu Berlin. Course Structure of Biology[EB/OL]. https://www.hu-berlin.de/en/studies/counselling/course-catalogue/programme-descriptions/biomono.

② 清华大学化学系化学专业培养方案[EB/OL].https://www.chem.tsinghua.edu.cn/rcpy/bks/pyjh.htm.

内部结构,校级通识课程44学分(包括思想政治理论课15学分,体育4学分,外语8学分,沟通与写作2学分,覆盖人文、艺术、社科与科学四组的通识选修11学分,军事理论与技能训练4学分),专业课程要求为111学分(包括有关基础科学课程数理化三科以及计算机,共40学分,专业必修20学分,专业限选10学分,专业任选8学分,以及专业实践与论文综合训练23学分)。①

尽管清华大学的本科课程结构未必能够代表整体,但它大致能够反映我国本科课程体系的总体特征——相对于美国大学的主流模式,口径较窄,学生选择余地小,多少与美国理工学院类型更为接近;相对于欧洲大学,总体上口径稍显宽泛,专门化程度又略低。以上各国本科课程结构模式,从比较角度其实很难做所谓的合理与否或孰优孰劣的评价。因为不同国家课程体系的建构过程中,除了有其传统与惯例因素如国家介入的不同程度与规范化要求之外,还与劳动力市场认可与升学深造制度存在关联。以本科工程教育为例,在我国与德国,劳动力市场通常更偏重专业学历与文凭,本科教育课程体系相对而言更注重学科或专业知识结构的完整性;英国大学很多专业往往会追加一年,为学生提供外部认可的资质(证书)训练,因此,具有学术性与职业性兼顾的特征;美国大学许多相关专业教育学历虽然也会争取外部专业组织认可,但要获得如工程师职业资格证书,某一专业的学历文凭充其量是其中的一个要件,更多需要以考试通过与行业经历为依据。以美国最大的工程师认证机构全国专业工程师学会(NSPE)为例,它规定获得工程师证书需要满足四方面的要求:第一,完成为其所认可的四年工程学位;第二,通过工程学基础(FE)考试;第三,至少四年的工程领域从业经历;第四,通过工程原理与实践(PE)考试。

由此不难理解,在美国即使某些本科专业课程会受到外部市场力量的影响,但总体上大学更关注学生面向社会的适应性与个体选择的自主性和多样

---

① 清华大学生命科学学院生物科学专业本科培养方案[EB/OL].https://life.tsinghua.edu.cn/rcpy/bksjy/pyfa.htm.

性,其整体课程结构形成的基本理念为由具备批判性思维、独立思考能力与负责任的公民到准专业人的过渡,更为深入的专业素质与能力提升适当后移到研究生或职业实践阶段;而欧洲大陆国家(如德国、法国、芬兰和意大利等)则多少突出了本科教育的学术人或专业人理念,更偏重于学术取向与专门化,相对于国家介入,外部市场力量介入程度较弱。理论上,它应该更能满足外部社会专业岗位细分且工作上手快的要求,然而,在社会产业结构与劳动力市场变动不居的环境中,它有可能带来长期职业生涯的变通与适应性不足的问题,尤其在当今这个职业与工作变迁愈加频繁的时代。美国劳动统计局曾经开展过一个针对婴儿潮一代的长期追踪研究,发现在 18—48 岁之间,人们平均更换了 11.7 份工作,有 27% 的人换过 15 份以上的工作,只有 10% 的人仅更换了 0—4 份工作。[①] 即使在更偏好专业与职业匹配的欧洲,调查显示,在本科生毕业 5 年内,欧洲各国学生职业更换至少 1 次的比例也达到 20%—40%,如芬兰在 30% 左右,德国在 25% 左右,英国在 40% 左右,在大学课程更偏向于国家主导与学阀控制的意大利,也达到了 25% 左右。[②]

工作与岗位的频繁更换,显然与当今职业更新加速、职业半衰期越来越短的社会环境存在关联,它对缺乏应变能力的技能与专长单一者无疑是一种威胁。对大多专业人员而言,这也许并不意味着"一生只做一件事"的匠人情怀和专业精神在今天已经失去根基。但是,即使做同一件事,也需要具有对知识和技术环境变化的敏感洞察力、不断求知的持续学习能力和不断求新的批判性反思能力、对职业环境变迁与工作岗位调整的适应力。简言之,"通"并非对"专"的挤占和对冲,而是为专业精神的坚守奠定基础,为综合能力的

① Jeffrey R. Young. How Many Times Will People Change Jobs? The Myth of the Endlessly-Job-Hopping Millennial[EB/OL]. https://www.edsurge.com/news/2017 – 07 – 20-how-many-times-will-people-change-jobs-the-myth-of-the-endlessly-job-hopping-millennial.

② Matti E. Lindberg. Student and Early Career Mobility Patterns among Highly Educated People in Germany, Finland, Italy, and the United Kingdom[J]. Higher Education, 2009, 58: 339 – 358.

突破拓展空间。更何况,坚守专业伦理与精神、追求做事的精细与极致本身,就是开设通识课程的部分要义所在。

四、"通与专""宽与窄"的课程搭配

对具有通识教育传统的美国大学而言,通与专在课程的组合表现上,不仅仅是一个比例问题,更重要的是课程内容的组织与安排。至于偏重专业教育取向的其他国家如欧洲的大学,则主要涉及专业口径的宽与窄问题。关于前者,譬如美国的大学,大多都有相对统一的通识教育学分比例要求,占总学分的比例少则 30% 左右,多则超过一半,各校之间差异极大。如果具体到通识课程内容科目与结构上,就更是千差万别。布林特(S. Brint)等人对1970—2000 年间美国大学通识教育做过全面的梳理,他们发现,关于美国本科通识教育的科目,林林总总,但大都覆盖所有大学人文学科、社会科学、自然科学、应用科学等几大知识领域。结合课程设计理念与结构特征,他们大致将美国通识教育划分为四种模式:一为传统自由教育模式,以私立文理学院为主,相对而言,更偏重人文学科;二是核心与分布模式,为全美大学中最为普遍的模式,在确立部分核心课程之外,允许学生在人文学科、自然科学与社会科学各领域限定选修,强调知识的全面性与综合性;三是文化伦理模式,该模式更倾向于兼顾西方与其他世界的文明;四是公民/实用模式,该模式出现于部分州立学院,更为关注有关美国政治、商业以及技术课程。① 目前就总体而言,前两种模式更为典型,其中核心与分布模式又最为普遍。不过,在此或许有必要说明,通常核心与分布模式其课程虽然覆盖了各大领域,但未必就是各领域完全放任和不做限制的简单均摊。以加州大学伯克利分校为例,

---

① Steven Brint, Kristopher Proctor, Scott Patrick Murphy, et al. General Education Models: Continuity and Change in the U.S. Undergraduate Curriculum, 1975 – 2000[J]. The Journal of Higher Education, 2009, 80(6): 605 – 642.

化学本科专业总学分要求为 120 学分(unit)，学生可选择两个方向：计算化学和材料化学，各自都要求 30 学分左右。但事实上，对未来打算主修化学专业的学生，一、二年级有关通识课程是选择该专业的先行必修内容，包括 4 门化学、4 门数学和 2 门物理等基础性课程，即重视通识课程与专业方面之间的有机联系；相对而言，该校的人文社科类专业如人类学专业，低年级的通识课程要求较为宽松，但也需要至少提前完成 3 门与专业相关的必修与限定选修导论性课程。

这无非表明，"通"并不是意味着自由散漫，因专业性质差异，学习要求有所不同，且往往需要学生在学业导师指导下提前做职业生涯的方向性设计。一般而言，拟主修理工类专业的宽泛(breadth)课程，对基础性的数理课程有更多先行学习要求，人文社会学科则受限相对较少，因而更为自由与宽泛。事实上，这也合乎常情与常识，理工类专业知识体系内部的学科逻辑关联性强，一定程度的课程结构化与序列化是必要的，它有助于学生实现认知的阶梯性跨越，这也是理工类特色院校如麻省理工学院与佐治亚理工学院的通识课程中数学与自然科学课程比重大的原因所在。由上发现，如果把加州大学伯克利分校化学专业的数理基础课程(宽泛课程)与专业课程合并统计，其学分在 70 学分以上，比重约占 60%。而在麻省理工学院一类的理工类院校，如果把列入通识教育课程中的数理先行课一并统计，则所占比重更高。

至于如何理解美国大学"通"基础上的"专"，其实也很难一概而论，它取决于不同专业所覆盖领域的知识广度、知识分化与劳动力市场职业分工格局以及学生的个人意向。"通"的目的不仅在于综合素质养成，也要兼顾学生对多个专业以及同一专业不同方向选择的宽厚理论基础。如上，且不说如化学这样覆盖面更广的专业，就是化学工程专业，如在麻省理工学院，通常会有三个方向的项目和课程组合供学生选择：一是覆盖面宽的化学工程课程组合，二是聚焦于生物化学与生物医药领域的课程组合，三是与其他专业方向课程的灵活组合。上述三个项目都获得了美国工程技术评审委员会(ABET)下属的技术鉴定委员会(TAC)的认证。^① 简言之,正是考虑到学生可能存在的多重选择,通识课程才既要做到面宽,又要能够满足不同学生的个体需求。

由此,我们不妨这样理解,美国的"通识教育＋专业教育"模式在课程体系结构上,虽然重视宽泛广博与个体选择的自由,但学生需要基于对未来专业取向与抱负有预先设计,因而体现了一种自由却未必放任的有序性和阶梯性。在专业教育阶段,尽管各专业培养方案尤为强化专业基本素养与能力训练,但又提供多个具体方向课程组合来满足学生选择需求,体现了一种规范又留有余地的灵活性,如斯坦福大学的生物专业有 8 个轨道可供选择,包括常规轨、生物化学/生物物理轨、计算生物学轨、生态与进化轨、海洋生物学轨、细菌与免疫学轨、分子细胞与发展生物学轨、神经生物学轨等。^② 学有余力的学生,还可以选择更为专深的荣誉课程,或者通过双学位、双专业以及辅修专业项目来满足个人情趣或职业发展诉求(图 4－2)。

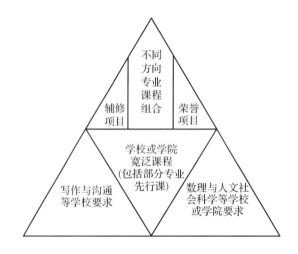

图 4－2　美国"通识教育＋专业教育"课程体系结构大致示意图

---

① MIT. Undergraduate Programs of Chemical Engineering[EB/OL]. https://cheme.mit.edu/academics/undergraduate-students/undergraduate-programs/.

② Stanford University. The Undergraduate Major in Biology[EB/OL]. https://biology.stanford.edu/academics/undergraduate-program/biology-undergraduate-major.

关于美国通识教育模式的优劣与利弊,多少年来从不乏各种争议。作为美国通识或博雅教育最主要的推动者,美国学院与大学协会(AAC&U)历年来通过对不同群体的调查研究,为通识教育的合法性与有效性提供了大量的证据。譬如在 2020 年针对雇主的最新调查发现,超过 90％的雇主对与通识教育相关的各方面素养与能力包括团队合作、批判性思考、分析与解释数据、学用结合、数字素养、问题解决、伦理判断、书写与口头表达、基于信息的决策、创造性思维、多文化包容等等,都给予了"非常重要"和"较为重要"的评价。[①] 然而,建构通识教育素养能力结构并论证其重要性并不困难,难的是如何通过课程方案的设计与实施达成目标,尤其是在大学内部学科领域碎片化特征日益凸显、学生近期就业诉求不断高涨的环境中。该问题可谓是百年困惑,迄今不仅没有解决,反而越来越突出。通识教育的原初理念是完人教育,贯穿人的道德伦理、思维技艺、审美情趣、社会交往方方面面。为达到这一目标,百年来美国高校开展了各种课程改革与实验,如百卷名著与核心课程,统一要求与分布选修,西方文明与多元文化,几乎没有无争议的方案。争议之多的主要原因在于理想与现实之间的沟壑几乎无法逾越,这种现实就是奥布莱恩(G.D. O'Brien)所谓的通识教育悖论:无论是学生还是教师都无法企及当代知识的广度,更何况广度往往与深度之间存在悖论。[②]

至于目前最为盛行的覆盖各个主题或领域的分布选修,它与其说是来自完人教育的理念,毋宁说是一种迫于现实的折中与妥协策略。在理念、价值取向、课程组合以及修读要求上从来不存在一个稳定态。维希(L. Veysey)认为,美国通识教育课程的改革取向如钟摆,总是随社会与时代精神的变迁而

①　Ashley Finley. How College Contributes to Workforce Success: Employer Views on What Matters Most[R]. Washington: Hanover Research,2021: 6.

②　George Dennis O'Brien. All the Essential Half-Truths about Higher Education[M]. Chicago: University of Chicago Press,1998: 74 - 80.

在不同时期发生摆动。① 但是,无论怎么调整都不会令各方满意。例如,主张宽泛综合与加强基础,会被认为流于肤浅;坚守古典教育传统,推崇精神与心灵训练,则会被斥责为落伍、守旧;尊重族群文化的多样性,会被视为迎合流俗的大杂烩,甚至失去灵魂的卓越;强化科学与实利教育,则会被认为背离人文传统而趋近功利主义;如此等等。更何况,它还面临着偏重专业教育取向的挤压。维希针对20世纪80年代人们提到的大学课程改革"危机"指出,其实这种危机早在19世纪末围绕保守与现代理念间的争锋时就已经浮现。② 它从未消失过,以至于在今天,各种设计理念与实践取向之间更是充斥着各种张力。毕竟,通识教育的前身——博雅教育曾经面向的群体为少数精英,而在高等教育大众化乃至普及化、大学内部知识高度碎片化的今天,当可雇佣能力与可售专业(职业)技能成为大多学生的主要诉求,建构一个让各方都能够领受的通识课程方案则更不现实。故而,根据各自不同定位,设定不同比例,且在各大学科领域中以限定或自由的分布选修方式,就成为一种寻求最大公约数和兼顾各方价值与利益的中庸之道,也是构建和凸显各校人才培养传统特色与现代理念的基本制度构架。

普林斯顿大学的一份关于通识教育的调查报告对美国大学通识教育模式做了如下四种分类(图4-3):第一种为开放模式,如布朗大学以及前述阿默斯特学院,仅对专修或专业方向课程学习有具体要求,大约10门,其他全部由学生在学校开设的所有课程中自由选修,满足学位要求学分即可;第二种为核心课程模式,如哥伦比亚大学、麻省理工学院以及加州理工学院等,通识教育课程大多为固定必修科目;第三种为分布选修模式,由学生在各校所设定的几大领域中自由选择,完成各领域所要求的科目或学分数,该模式为绝

---

① Laurence Veysey. Is There A Crisis in the Undergraduate Curriculum? [J]. Change, 1981, 13(8): 20-25.

② Laurence Veysey. Is There A Crisis in the Undergraduate Curriculum? [J]. Change, 1981, 13(8): 20-25.

大部分私立、州立大学如哈佛、耶鲁、普林斯顿、杜克、斯坦福、威斯康星大学、加州大学伯克利分校等综合性大学采用；第四种为核心课程与分布选修结合模式，如卡耐基-梅隆大学，学生可在少数必修核心课程之外，选修有关领域的课程。[①] 以上四种模式从通与专的角度而言，开放模式最为宽松与自由，它在专业项目之外几乎没有任何要求，给予学生充分的自由选择权；核心课程模式自由度相对受限，如哥伦比亚大学的核心课程项目历史悠久，在写作、外语与体育之外，课程覆盖历史、哲学、科学、音乐和艺术等各领域，但除了科学与全球文明两个领域可以限定选修以外，其他课程如文学、现代文明、音乐、艺术、科学前沿都为固定必修课程，大多课程由讲座教授牵头，众多教师分设小班授课。具有理工特色的麻省理工学院与加州理工学院的核心课程主要为理科类必修科目。分布选修模式之所以最为普遍，如上所述，它以折中方式可以兼顾各方需求，既满足了校方跨领域的宽泛要求，又能发挥教师在不同学科领域与方向的长处，还能尊重学生的自由选择需要，以期达到一举三得的效果。

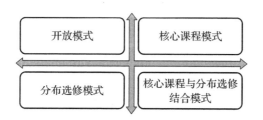

图4-3 美国大学通识教育的四种模式

美国大学本科教育的通与专，其实不仅体现在通识的宽度与专业的深度之间的关系上，而且还表现为专业教育领域选择的自由度。无论开放还是分布选修模式，通常美国大学学士学位要求的专业课程比重大致在四分之一到

---

① Princeton University. Report of the Task Force on General Education［R/OL］. https://strategicplan.princeton.edu/sites/strategicplan/files/task-force-report-on-general-education.pdf.

三分之一，远低于欧洲与我国大学，这就为学生的多重选择留有足够的空间，譬如，学有余力的学生可选择难度更高的荣誉学位以及双学位，可以选择同一专业大类中多个方向，有多重偏好的可以另外选择一个或以上的辅修专业。当然，学生还可以选择有关院系或中心开设的职业证书课程，如工程师、教师和护理师等。简而言之，即使在专业教育阶段，轨道与路径也带有多样化特征。究竟倾向于相对宽泛还是更为精深的专业训练，也在一定程度上取决于学生的自主选择。

至于欧洲各国大学，严格而言，并不存在美国大学的通识教育概念。因此，也就无所谓通与专的问题，充其量表现为专业教育课程结构上口径的宽与窄取向。通常，大学专业教育口径的宽窄，主要由专业本身的性质决定。以柏林自由大学为例，其本科学位包括两种类型：单一学士学位与联合学士学位。[①] 前者必须完成所有专业模块学习，课程结构大致体现了由基础到专精和由理论到应用各个环节紧密扣合的逻辑；后者往往跨两个专业，两个专业模块之间的比例可以各自为 50%（总学分 180，各自为 90 学分），也可以为一个主修，一个辅修，各自比例由学校根据专业性质决定。但是，联合学位的两个专业之间往往具有相邻学科的相互交叉或综合特点，因此课程模块之间存在高度的有机关联。故而，无论单一还是联合学士学位课程，在本质上都体现了相对严格的专业训练特征，学生拥有一定的学习选择权，但仅限于在已经设定领域内部中对不同模块的选择。此外，由于专业性质存在差异，通常理工科类可提供的课程模块选择数量相对少于人文社会科学专业。英国大学本科课程结构的情形与德国相似，强调专业训练，在专业口径上根据知识属性差异而注重内部的学科交叉，理工科类专业相对收敛，而人文与社会科学如历史专业，则允许学生在规定领域内根据主题需要选择相关课程。

---

① Freie Universität Berlin. Politikwissenschaft［EB/OL］. https://www.fu-berlin.de/studium/studienangebot/grundstaendige/politik_mono/index.html.

为更清晰地呈现不同国家本科课程结构特征，在此不妨分别选择中、美、德、英四所高校同类文理科专业略做比较（表4-1），从中或许可以获得相关启发。不过需要特别说明的是，因为美国不同高校间存在较大差异性，故而选择案例并不代表美国所有高校。由于各国不同大学课程学期安排不同，表4-1中的课程仅代表主体科目，不完全代表具体课程门数和课程时数，但从中依旧大致可窥见各自间差异与共性。加州大学伯克利分校的部分基础理科课程，实际上被列入宽泛的通识课目中，它表明在美国通识教育模式中，大多理工类专业总体口径偏窄，其数理与专业课程组合，与其他各国大学间具有一定的相似性，且尤为重视数理基础。清华大学与加州大学伯克利分校都有共同的文化素养课程要求，尽管课程内容不同，但存在结构相似性。此外，总体上，海德堡大学与牛津大学非常强调专业化训练，在与中美高校同样重视实验的同时，整个学习过程都特别关注本科生的研究与研究论文等成果考核。

表4-1 中外四所大学化学本科专业课程组合

	清华大学（主体科目）	加州大学伯克利分校（化学学院建议课程）	海德堡大学（主体科目）	牛津大学（学年科目）
专业课程	多模块课程 高分子化学 物理化学 有机化学 分析化学 仪器分析 无机化学 化学原理	实验室物理化学 实验室化学 高等化学B 高等化学A 高级化学选修课程 化学相关科目（4门） 有机化学（2门） 无机化学（2门）	安全和危险的材料 自选模块 光谱学 物理化学 生物化学 分子化学 无机化学 有机化学	不同方向选择 理论化学 生物化学 分子光谱学 合成化学 无机化学 有机化学
基础理科课程	数学 物理 计算机	化学（一般/定量分析，2门）；普通物理（2门）；数学（微积分、多变量微积分、线性代数、微分方程，4门）	数学 物理	物理化学 化学数学

续　表

	清华大学 （主体科目）	加州大学伯克利分校 （化学学院建议课程）	海德堡大学 （主体科目）	牛津大学 （学年科目）
通识与 文化课程	外语、思想政治及文化素质课程	加州大学总校要求的写作入门课、美国制度与历史；分校要求的美国文化课程；学院要求的宽泛课程（外语、阅读写作，其他人文社会科学课程）	无课程要求	无课程要求
学习要求	学制四年，总学分 170，专业总学分 116	学制四年，总学分 120（unit），专业有计算化学、材料化学两个方向，差别在"相关科目"	学制三年，总学分 180 以上（ECTS）	学制三年，按要求修完每年科目，每个科目覆盖众多主题

注：以上信息皆来自各校网站。

相对于理工科，文科因为学科属性特殊，课程组合存在一定的差异。表4-2列举了中外四所大学哲学专业课程组合情况（考虑到牛津大学的哲学专业带有跨学科性质，在此补充剑桥大学作为比较对象），从中可以发现：剑桥大学的哲学专业最具系统性和专门化训练特点，三年课程覆盖哲学所有领域，且重视研究论文评价；海德堡大学哲学本科课程面向三种轨道的联合学士学位，其中 75％类型的专业化训练程度最高，也就意味着该专业可选择25％的其他学科课程，口径略宽，其他两个类型哲学课程比例为 50％和 25％，具有跨学科和跨专业性质，25％课程组合其实相当于作为其他专业的辅修项目；清华大学的专业口径宽于海德堡大学，但比加州大学伯克利分校偏窄，后者专业课程估算应在 50％左右，其他则为总校、分校以及学校要求的宽泛课程以及学生根据需求的自选课程。

表 4 - 2　中外四所大学哲学本科专业课程组合

	清华大学（主要科目）	加州大学伯克利分校（主要课程）	海德堡大学（课程模块）	剑桥大学（学年科目）
专业课程	必修课:中国经典研读、西方经典研读、古代汉语、人文学科文献检索及学术论文写作、文史哲学术入门;哲学导论、马克思主义哲学、中国哲学史、西方哲学史、伦理学原理、逻辑学、美学原理、宗教学原理、科学技术哲学; 选修课:应用伦理学、古希腊哲学、先秦哲学、宋明理学、西方马克思主义、现代西方哲学、中国现代哲学、一阶逻辑、价值哲学、艺术史导论等	逻辑学;远古考察;现代考察;方法;伦理学（5选1）;历史 2 门（数十门中选 2）;认识论/形而上学 2 门（四组课程中选 2）;哲学类选修课 3 门	哲学导论,P1（必修）;逻辑导论,P2（必修）;系统哲学,SP1（必修）;系统哲学模块,SP2 - 4（选修）;哲学史,GP1（必修）;哲学史模块,GP2-4(选修）;哲学,PW1 - 12(理论哲学问题如认识论、思想哲学、语言哲学、形而上学、本体论、语义学,实践哲学问题如行动理论、正义理论、政治哲学等），共 12 个模块（选修）;古典文本（希腊语、拉丁文等），FW1 - 4（选修）;跨学科模块,K1 - 5,为其他学科（选修）	形而上学;伦理学与政治哲学意味;形式方法;古典文本(如柏拉图、笛卡尔）;分析哲学史;伦理学;古希腊与罗马哲学;现代早期哲学;科学认识论与本体论;政治哲学;实验哲学;精神哲学;康德以来的欧洲哲学;数理逻辑;哲学逻辑;美学;中世纪哲学
通识与文化课程	外语、计算机、思想政治以及其他文化素质必修课程;在文、史两专业课程中选修15学分以上课程	加州大学总校要求的写作入门课、美国制度与历史;分校要求的美国文化课程;在文理学院四大领域选修 7 门宽泛课程	无课程要求	无课程要求

续　表

	清华大学（主要科目）	加州大学伯克利分校（主要课程）	海德堡大学（课程模块）	剑桥大学（学年科目）
学习要求	学制四年，总学分170	学制四年，总学分120（unit）	学制三年，三种联合学位，哲学类课程分别占75%、50%、25%，在选修模块选择	学制三年，按要求修完每年科目，每个科目覆盖众多主题

注：以上信息皆来自各校网站。

上述案例呈现未必能够反映各国之间的总体特征差异，但可以大致获得如下结论：就大多理工科学士学位课程组合而言，各国都偏重专业训练的系统性。相对而言，美国大学的部分理科与大部分文科类专业，课程结构极具多样性与灵活性，学生选择自由度大，可以根据个人兴趣或未来职业意向更换专业、选择不同专业轨道、选修双学位或辅修课程，很多大学如加州大学伯利克分校的理科院系，甚至会提供文科学士学位课程研修项目，专业课程数量和难度虽然低于科学学士学位项目，但至少为有志于跨越文理两大领域的学生提供了机会；英国大学中，学生虽然在有所限定的不同模块中拥有一定的选择权，但更注重专业学术训练的完整性；德国大学在单一学位之外设置的联合学位，为学生的跨专业学习提供了机会，但对模块组合有相对严格的限定，学生课程自由选择空间不大。至于我国大学的本科教育课程结构，大致介于欧洲与美国之间，专业口径较之美国略显狭窄，较之欧洲则显宽泛，不同课程之间在内容关联和难度要求梯度方面，有机程度略低。

当然，以上所涉及的主要是指常规意义的课程，即使课程结构甚至内容大致相似，但因为学习要求不同结果则可能殊异。譬如，美国大学重视学生自主阅读和学习，并开设相关研讨课、研究型课程和顶级课程；在常规考试之外，德国与英国大学关注学生专业文献阅读或实验能力的考查，对学业论文有较高的要求,因而凸显课程的探究性取向;中国大学则较为重视课程考试成绩,并通过毕业设计与论文答辩,考查学生综合学习成果与能力水平。

至于各国学位要求与专业课程要求的总量差异,这是一个比较复杂的议题。我国与美国两学期制的学分都以课堂教学时间为单位,如 1 学分代表 16—18 课时(美国的三、四学期制学分有另外计分方式),而欧洲国家的计分则覆盖了课下学习时间,欧盟与英国计算方式也不同,欧盟国家通常三年要求 180 学分(ECTS)左右,英国三年则为 360 学分(credit)(包括课上课下所有时间),彼此之间的转换折算和比较极为困难。总体上,我国正式课程总学分要求高于其他国家,大致在 140—200 学分之间,而美国按一学年两学期制(与我国主流模式相同)测算的总学分一般在 120 学分左右。通常,我国专业课程要求学分数低于欧洲但高于美国。粗略估算,欧洲专业教育课程大概在 50％—80％之间,我国大约在 50％,而美国在 30％左右。如格皮(N. Guppy)等人对 20 世纪 90 年代美国与加拿大大学的社会学课程组合做了比较系统的比较,36 所美国大学社会学专业课程总学分均值为 32.1(最大值为 54,最小值为 21,约占总学分的 30％),38 所加拿大大学社会学专业课程总学分均值为 49.6(最大值为 66,最小值为 36)。[①] 至于中国,我们在此仅以上海两所综合性大学的社会学本科专业为例,一所社会工作本科专业的总学分要求为 149 学分,其中专业课程要求总学分为 66 学分(含实习与毕业论文 12 学分),另一所社会学本科专业总学分为 153 学分,其中专业课程总学分为 73 学分(含社会学研究实践 11 学分),都接近总学分的 50％。

五、关于本科课程组合与结构模式的反思与评价

任何对欧美大学课程模式优劣势做比较研究的尝试,或许都可能存在极

---

① Neil Guppy, A. Bruce Arai. Teaching Sociology: Comparing Undergraduate Curricula in the United States and in English Canada[J]. Teaching Sociology, 1994, 22(3): 217 - 230.

大的风险,它甚至根本不具有可比较性。即使某些反映国家实力的宏观指标差异,也未必能够成为不同模式下本科人才培养质量的证据,譬如我们通常认为美国国家科技与人才实力明显优于其他国家,但这种实力优势更多是国家制度、科技政策、产业制度以及高等教育等各方面因素综合作用的结果。2011 年美国联邦教育部的数据分析结果表明,美国 25—64 岁接受高等教育人口的就业率为 81%,而德国与法国相同年龄段的就业率分别为 88% 与 83%。[①] 就业率很可能更多与经济水平、产业结构、经济周期、就业制度、退休政策以及人口结构有关,也未必反映不同模式下人才培养质量的差异。至于毕业生的就业能力,2021 年夸夸雷利·西蒙兹公司(QS)倒是做了一个世界前 550 名大学的排行榜,美国入榜 90 所,整个欧洲地区 196 所(其中英国 54 所、德国 14 所、法国 11 所),中国 22 所。[②] 对于这种排行的指标结构是否科学以及采集的数据是否真实姑且不论,各国人口基数、大学数量以及经济水平等各方面因素,都是影响其可信度的难以控制变量,因此简单地以其作为不同教育与课程模式的质量比较依据,更不足信。故而,迄今对于欧美大学各自立足课程建构的不同本科教育模式的长短,人们多为直观感受与经验之谈。在此笔者尝试从几个维度,仅对美国、欧洲与中国几种典型模式的有关特征做概括性的梳理和呈现(表 4 - 3)。

表 4 - 3　美国、欧洲与中国大学本科课程组合特征

	美国模式	欧洲模式	中国部分大学模式
学位类型选择	单一学位,双学位,双专业、辅修专业	单一学位,联合(混合)学位,双学位,辅修专业	单一学位,双学位,辅修专业

①　Maria Stephens, Laura K. Warren, Ariana L. Harner. Comparative Indicators of Education in the United States and Other G-20 Countries: 2015[R]. Washington: U.S. Department of Education, 2015: 86.

②　QS. QS Graduate Employability Rankings 2022[EB/OL]. https://www.topuniversities.com/university-rankings/employability-rankings/2022.

续 表

	美国模式	欧洲模式	中国部分大学模式
课程体系理念	宽泛与专深结合,社会责任、人文情趣与专业能力兼顾,重视批判性思考能力培养,尊重个体选择,体现多样性	专深取向,着重学术能力培养,强调专业知识体系的条理性与完整性	基础与专深结合,重视价值观、外语沟通能力、学科基础与专业能力培养,强调专业知识覆盖面
课程整体结构	通识课程体系＋专业课程体系	专业课程体系	公共必修课＋通识课程＋专业(大类)基础课＋专业课程
通识教育	比较典型的四种模式:开放模式,如布朗大学、阿默斯特学院;核心课程模式,如麻省理工学院;分布选修模式,如哈佛和耶鲁;核心课程与分布选修结合模式,如卡内基-梅隆大学;另外还有特殊的个案,如圣约翰学院的名著课程,全部必修,无专业课程	—	公共必修课,以思想品德、外语与计算机等为主,理工类高校还设置数理化类基础课;通识课程,一般采取分布选修,覆盖人文、社会、自然等领域。也有高校把公共必修课整合到通识教育课程之中
课程开放性	通识教育比较典型模式:核心课程模式,大多必修;分布选修模式,在限定领域选修 专业课程比较典型模式:必修模块＋限定选修模块＋自由选修课程	专业课程:必修课程＋限定选修模块,极少量自由选修课程	所有课程以必修课与限定选修课为主,自由选修课程数量相对较少
课程设置主体	州立大学典型模式:学校层次、学院层次与学系层次 私立大学典型模式:文理学院层次、学系层次	主要由学部或学院内部学系开设	学校层次设公共必修课与通识课程,学院或学部层次设专业(大类)基础课程,学系设专业课程

至于各自的优劣势,事实上,无论是欧洲还是美国大学,对其主流模式都不乏争议,反映了在通与专、宽与窄之间始终存在的张力。正如前文所提及的美国学院与大学协会,虽然它一向对美国注重宽泛的自由教育理念给予高度赞誉,但认为课程组织与实施具体层面始终不尽如人意。比瑟斯(M. Bisesi)对美国自 20 世纪初以来的通识教育与核心课程改革历程做了全面回顾,他认为无论是早期哥伦比亚大学的现代文明、芝加哥大学的百卷名著(后

为圣约翰学院采纳延续至今)课程,还是二战后的哈佛"红皮书"以及20世纪80年代的核心课程计划,其实施过程都不顺利,效果也不及预期甚至完全落空。这不仅仅是因为知识高度碎片化的趋势使然,关键是对学科有着更高认同的教师以及更关注学科专深取向的学系对此持有相对消极的态度。除此之外,通识教育中关于文化与共同价值的理解、课程设置、通识与专业教育课程之间的比例调整,都是自始至终持续引发争论的老话题。① 作为美国大学通识教育最重要的缔造者和改革先锋,哈佛大学如今的通识教育课程计划也频现危机。2015年由哈佛大学凯利(S.D. Kelly)所领导的七人委员会的调查和评估表明:哈佛通识教育固然确立了相关规则,阐明了其教育哲学主张,但是,通识教育的课程实际上"根本无法体现甚至认同这些规则与哲学主张"。调查揭示了哈佛通识教育的诸多具体问题,如师生对指导原则感到模糊、财政支持力度不足以及课堂规模过大等。在课程方面的不足主要表现为:大量课程特别是由学系开设的课目几乎都无法满足要求,学生在通识课程上出勤率与投入远低于其他课程,态度不够积极,"希望以更低投入获得更高的分数",人文社会科学领域教师也往往放低要求以满足学生需要,而自然科学领域教师在开设通识课程上则明显动力不足。② 除此之外,通识课程是偏于导论还是专题性质,是强调相互间的有机关联还是自由散漫,都争议颇多。导论性课程止于介绍而难免流于肤浅,重视课程之间的有机关联又会限制学生的选择自由,这些都是似乎永远无法调和的矛盾。

以上无非表明,承续于古典教育精神又被赋予现代理念的通识教育,在精神理念与意义价值层面的建构可以很完满,但在课程设计与具体实施中却始终面临重重困境。如上文普林斯顿大学概括的四种模式,都各有长短但又难以各自取长补短,更何况它还面临着与不同主修专业内容是否需要存在连

---

① Michael Bisesi. Historical Developments in American Undergraduate Education：General Education and the Core Curriculum[J]. British Journal of Educational Studies,1982,30(2):199-212.

② Harvard University. General Education Review Committee Interim Report[EB/OL]. https://www.harvardmagazine.com/sites/default/files/fas_gen_ed_interim_review.pdf.

续性和有机关联的问题。

　　不过,在欧洲,近些年来也同样出现了一种对过早专业化的本科教育反思的趋向。范德文德(Marijk van der Wende)认为,博雅教育传统本源于欧洲,但受法国专门学校(大学校)的拿破仑模式以及德国研究型大学的洪堡模式影响,它在 19 世纪逐渐为专业(profession)与学科(discipline)性质的训练所取代。随着众多美国大学欧洲分校或校区的设立,同时也考虑到大众化乃至普及化背景下社会对毕业生通用性就业能力的诉求,欧洲有关人士对传统模式提出了质疑。如伦敦大学有学者认为,英国持续聚焦于越来越狭隘的教育,无法满足培养全球公民的需求。欧盟委员会对欧洲大学注重单一学科的僵化训练也表示不满,认为提升毕业生就业能力的出路在于强化通用性技艺训练,增加课程的弹性与跨学科性。[①] 颠覆古典传统到重塑现代传统,再到当代反思性地重建传统,既要重视专深学术训练,又要兼顾综合素质与职业能力,实现这一变革的过程并不容易,它不仅牵涉到制度的惯性与人们的观念和习性,而且关联到各国不同学段之间的衔接以及学制的调整。因此,至少就目前情况而言,美国的通识教育模式不大可能在欧洲得以全面推广,但是,我们大致可以确信:为拓展学生自主选择空间,对既有专业培养方案与课程体系予以调整,加强学科之间的交叉乃至开发跨学科本科专业项目,将成为欧洲大学应对传统模式缺陷的主流变革趋势。

　　在宽泛与专深之间,其实欧美模式都存在一个同样的困境,即不同学科与专业之间的差异问题。对于人文与社会科学专业而言,注重宽泛与学科交叉教育是欧美大学共识,只是在课程组合形式上有别而已。如美国是将通识教育渗透到学校与院系各个层次,而欧洲大学更强调通过设立学科交叉专业的方式,如牛津大学的"哲学、政治学、经济学"(PPE)项目,或联合(混合)学位项目的方式,如洪堡大学的核心科目与第二科目,拓展学生的知识结构与视

---

　　① Marijk van der Wende. The Emergence of Liberal Arts and Sciences Education in Europe: A Comparative Perspective[J]. Higher Education Policy, 2011, 24(2): 233 - 253.

野。然而，在理工科专业领域，宽泛与专深之间的矛盾始终难以解决。这也是美国理工类院校通识教育往往采取核心课程模式、德国大学的理工科专业多为单一学位的原因所在。上述情况也表明，在如今美国通识教育理念日益流行且为中外众多大学推崇与借鉴的过程中，不考虑到学科与专业性质的差异，对所有学生都提出简单化的齐整与统一要求，很可能事与愿违，这尤其需要引起我国高校的警惕。

目前我国大多高校正在探索通识教育的改革，与美国模式有所不同，中国高校的通识教育其实是在传统公共必修课基础上新设的类别（也有高校不做区分），且大多采取分布选修方式。传统公共必修课各校学分总数大致相似，约在 30 学分，而通识课程要求差别较大，少则 10 学分，多达 30 学分，但两者相加总和几乎都接近甚至超过了学位总要求的 30%，有的专业甚至接近 50%。如北京大学的天文学本科专业，全校公共必修课为 30 学分，覆盖所有人文社会科学的本科素质教育通识课程要求为 38 学分，两者累计占总学分（140 学分）的 49%。[①] 如果把公共必修课也理解为带有通识取向的类别，至少在表象上，中国大学通识教育的整体结构更类似于美国非主流的核心课程与分布选修结合模式，其中核心课程比例大，并主要集中在外语与思想品德课程领域。故而，学生可以自主选择的余地不大。如何根据各个高校学科结构特点，将两者予以统合，并做内部结构性的调整，同时兼顾学生未来专业选择，可能是值得进一步探索的议题。譬如，公共外语是否可根据学生不同情况，将有关部分剥离开来，纳入全外语类的文化课程与专业课程系列？是否可根据学生选择专业的要求，将计算机类课程按需要设置系列，体现类别与水平差别？此外，通识课程的设计是否需要考虑到校际乃至同一学校内部不同专业之间的差异，体现灵活性与多样性？由校方简单提出统一性和均质性要求，不仅漠视了基层自主权，而且有可能陷入对通识教育理解的误区。

---

① 北京大学物理学院天文学本科专业培养方案［EB/OL］. https://www.phy.pku.edu.cn/info/1262/3383.htm.

　　至于专业训练阶段，就总体而言，我国大学目前以多模块或多轨道方式为学生提供多重选择的机会相对少于美国。由于课程总量要求较高，课业负担重，虽然大多学校也设立了双学位与辅修专业，但真正学有余力能够参与的比例并不大。张良等人通过对美国本科毕业生的大样本分析发现，不考虑双专业的组合方式，双专业并不能对收入与就业带来显著优势。[①] 如果单纯从收入角度考虑，不同专业在就业市场中对应的职业收入差距的确具有一定的稳定性，而大学人才培养并不能完全根据市场薪资行情来设置专业，譬如公务员、新闻出版、文秘以及教师等，即使薪资不高，也总需要有持续的人力资源补充。更何况，学生对职业的选择还具有安全稳定以及情趣等方面的偏好，无法以收入高低来衡量。其实反过来看，正是因为有双学位与辅修，才可能为有高收入回报的如数学专业，通过辅修计算机、金融、管理、外语或文学等，获得更高经济回报或精神回报的机会，也为低收入回报的如社会学专业，通过辅修生物、会计、金融等，获得高回报的机会。更何况，这种不同专业之间的交流，更可能为其进一步深造夯实学科交叉的基础。因此，在当前就业市场变动不居的整体环境中，压缩课时或学分总量，结合不同专业特点，适当增加学生的选择性应该是利大于弊。当然，无论是通识教育还是专业教育中的选择性增加，都需要有一个基本前提条件作为保障，即以更加透明的信息开放机制与学生学业指导制度，提高学生的理性选择能力。

---

　　① 张良,朱琼,傅添.双专业对于提高收入有用吗——基于 2009—2014 年美国社区调查的研究[J].北京大学教育评论,2019,17(3):45-68.

第五章 理解本科教与学:经验与理论

　　自中世纪巴黎大学确立师生关系中以师者为尊之后,作为学生主导大学的代表,博洛尼亚模式也随后成了历史中早已散尽的烟云。然而,近年来偏好理论取向的教学学术(scholarship of teaching and learning)概念流行,以学习者为中心的教学(learner-centered instruction)风潮兴起,虽然并没有在根本上颠覆教学过程中教师作为主导者的角色与地位,但它委实为教师的日常教学实践乃至生活方式带来了诸多困惑,甚至为教师的职业认同带来合法性危机。因此,重新审视大学中的教与学过程,再提有效性教与学的话题,不仅是回应当下人们对本科教学状态忧心忡忡的迫切现实需求,而且也是应对未来可能发生变革的必要之虞。下文尝试围绕如下两个问题略加以展开分析:第一,大学教学究竟是靠理论还是靠经验? 第二,如何理性地认识以学习者为中心前提下的有效性教学? 目的在于以历史观照现实的视角,理性地审视大学教学这个如今不断趋热的主题。

一、大学教学活动需要理论还是经验支撑

　　在基础教育领域,早期卢梭的自然主义、杜威的儿童中心主义以及后来受后结构主义影响的建构主义,无论是强调回归自然与本心还是回归学生个

体生活与经验,都多少体现了以学生为中心或以学生为本的教育观。因此,以学生为中心从来就不是一个新语汇或新提法,相关的哲学思考、理论的建构乃至实践尝试,自19世纪以来在一波波的思潮纷涌和话语纷呈的语境中不断翻新并趋于多样化,进而促成了基础教育领域课程与教学理论以及方法(pedagogy)研究的持续繁荣。然而,略带有讽刺意味的现实是:在具有特定教育文化与制度的社会中,这种理论与话语繁荣乃至带着各种标识的实践甚至改革,似乎很难在根本上动摇基础教育领域现实中由教师、教材、教室甚至家庭作业主导的局面。由此可见,教与学理论及其变革从来就不是一个微观环境中简单的师生关系、各自角色地位以及方法与技术议题,它背后有着极为复杂的文化与制度关联。这里权且留作一个伏笔,待后文分析。

在高等教育领域,尽管关于人才的培养取向和模式、专业与课程体系建构等问题历来都是研究的热点,譬如:人才培养目标究竟是满足经济社会发展与个体谋生需求还是注重精神训练与情操陶冶? 培养环节究竟应该是通还是专、是宽松灵活还是严紧规范? 围绕这些问题的一系列关系范畴如自由教育与职业教育、通识教育与专业教育、人文教育与科学教育、学年制与学分制、必修与选修等等,从来都是不乏争议且历久弥新的话题。但是,对于大学中教与学过程长期以来少有人关心,尤其是在基础教育领域讨论热烈的教学与课程理论。不过,高等教育领域对此议题研究的兴趣寡淡,既不意味着大学有教无法,更不能想当然地认为它历来就缺乏研究。事实上,如今中小学中广为盛行的教学方法不少便滥觞于早期的大学。譬如关于讨论与论辩,中世纪大学的经院哲学很早便形成了根据亚里士多德的三段论逻辑进行口头论辩的传统;[①]现代学校中的现场或实践教学,缘起于文艺复兴时期的维萨里(A. Vesalius),他第一次在意大利的帕多瓦大学以尸体解剖的方式,现场向学

---

① 希尔德·德·里德-西蒙斯.欧洲大学史(第一卷):中世纪大学[M].张斌贤,程玉红,和震,等译.石家庄:河北大学出版社,2008:46.

生演示人体内部的结构;^①到 17 世纪,许多大学中即使某些抽象理论的讲授也越来越多地与现实生活和应用相结合,如 17 世纪后期瑞典乌普萨拉大学的著名学者鲁德贝克(O. Rudbeck),把数学理论的讲解与相关技术应用如测量、水供应与下水道设施建筑、火炮、防御工事、房屋建筑、机械以及地理等结合于一起,甚至把学生带到他自己创建的车间,让学生在观察以及与匠人的互动中来理解数学以及机械理论。^② 如今教育领域广为盛行的习明纳(seminar),最早来自 18 世纪德国大学的探索并逐渐演变为一种制度化的教与学方式。19 世纪 30 年代柏林大学著名史学家兰克(L. von Ranke)的史学习明纳,一度成为史学高端人才培养模式的典范,造就了 30 多位在学术界闻名遐迩的学者,并促成了兰克学派在欧美学术界的迅速崛起。^③ 概而言之,无论是过去还是当下,大学之中从来就不缺教法,真实的情形反而是因为存在学科的差异性与教师风格的个性化,大学中的教学形式与方法远比中小学更为多样化,以至于有些驳杂和纷乱。当然,认为大学之中缺乏教法探究就更是有失公允,如上文所提到的历史案例便足可佐证。即使在当下大学日常教学中,一门课要达到什么目的,选择什么内容,内容以什么方式呈现,利用什么手段和怎样的考查方式,无论是对于有经验的老师还是初出茅庐的新手,都会有一个思虑再三的过程,这种更多基于个体直觉或者经验意义上的尝试与探索实践过程,本身就带有自主探究取向。

大学中这些关于教法的探索,它们或许的确因为带有教师个体经验色彩,而充其量可以称为"teaching method",未必具有"pedagogy"所隐含的理论品质,但如果将之简单地统统归为教师我行我素、自导自演的独角戏,视学生为完全被动甚至缺席的存在,则不免有枉顾历史与当下现实的嫌疑,而且

---

① 顾凡及.近代解剖学之父——维萨里[J].自然杂志,2016(6):461-466.

② Maija Kallinen. Lectures and Practices: The Variety of Mathematical and Mechanical Teaching at the University of Uppsala in the 17th Century[M]//Mordechai Feingold, Victor Navarro-Brotons. Universities and Science in the Early Modern Period. Dordrecht: Springer,2006:119-121.

③ 易兰.兰克史学在中国的早期传播与影响[J].史学理论与史学史学刊,2008,6:305-324.

有违基本的常识。譬如即使最为传统的课堂讲授法,也历来有课前预习、课后复习及其他拓展性自主学习的要求,更何况传统大学中也从来不乏与学生之间各种形式的互动和反馈,最典型的莫过于具有悠久历史的牛津本科导师制,它作为一种师生之间保持频繁互动的有效学习制度,曾一度为各国大学模仿和采用,并形成了众多版本。即使在今天众多的西方著名高校中,它依旧得以延续并表现出持久的生命力。

但是,如今在很多人看来,导师制不过是手工业时代师傅带徒弟的匠人传统而已,而大学中教师各种带有个人风格及效果取向的多样化探索与实践,似乎不仅过于凌乱和毫无章法,而且没有体现出学术性教学所应有的理论研究品质。它的高度个人化(往往被视为教师教学的自主与特权)反而被人们贴上过于随意的标签,基于个人自觉与经验而形成的教学习惯有时反而被视为积习与惯性,缺乏活力与创造性,这大概就是20世纪90年代卡耐基教学促进会的博耶提出"教的学术"(scholarship of teaching)的缘由之一,也是博耶之后的舒尔曼(L.S. Shulman)不遗余力促成大学教学研究理论化的主要动因。因为在博耶与舒尔曼看来,不能提升到与"发现的学术"(scholarship of discovery)相等同的地位,教学研究就难以得到教师的重视,无法生成反映教学过程中规律的理论或可共享的知识,教师的教学实践就缺乏相关的理论通则来予以指导乃至规范。

舒尔曼原本是斯坦福大学专注于基础教育领域研究的著名教育心理学家。20世纪80年代以来,他围绕中小学教师所应该具备的知识提出了一系列具有深远影响的主张。1986年,他在《教育研究者》(*Educational Researcher*)发文指出,教师应该具备三类知识,包括科目内容知识(subject matter content knowledge),教与学内容知识(pedagogical content knowledge,简称PCK)和课程知识(curricular knowledge)。[①] 1987年,他在《哈佛教育评论》

① Lee S. Shulman. Those Who Understand: Knowledge Growth in Teaching[J]. Educational Researcher, 1986, 15(2): 4-14.

上发文将此进一步细化,并提出教师至少需要具备如下类型的知识基础:科目知识(content knowledge);一般教与学知识(general pedagogical knowledge);课程知识(curriculum knowledge);教与学内容知识(pedagogical content knowledge);关于学习者及其特征的知识(knowledge of learners and their characteristics);教育情境知识(knowledge of educational contexts);教育目的、意图、价值及其哲学与历史根基的知识(knowledge of educational ends, purposes, and values, and their philosophical and historical grounds)。[1] 除了科目知识有其特定的理论逻辑与结构之外,舒尔曼认为,其他知识也并非各行其是、不可复制的个体经验,而是有着其心理学、伦理学和哲学理论基础,譬如皮亚杰、马斯洛、埃里克森和布鲁姆等的理论便为有效性教学提供了一般原理与原则。即使是基于个体自觉和难以编码的实践性智慧(wisdom of practice),也可以通过对有能力教师的经验加以抽象提升而将其编码为一般性的原则与程序。[2]

正是秉持这种在基础教育领域建立起来的观念与信念,1997年在被聘为卡耐基教学促进会的主席后,舒尔曼创立了卡耐基教与学的学术研究院(Carnegie Academy for the Scholarship of Teaching and Learning,简称CASTL),尝试在高等教育领域来全面推动他的主张。与博耶略为不同,舒尔曼与他的两位重要合作者胡贝尔(M. T. Huber)和赫钦斯(P. Hutchings),不仅强调"教(teaching)",而且更重视学生的学习,这也是他将博耶的"教的学术"改为"教学学术"(scholarship of teaching and learning,简称SoTL)的主要动因。正如赫钦斯与舒尔曼对此的解释:教学学术应具有公共性、对批评持开放态度和可评价等特征,它所涉及的所有问题的探究都需要"围绕学生学习的议题",研究的"不仅仅是教师的实践,而且是由这种实践所带来的学生

---

① Lee S. Shulman. Knowledge and Teaching: Foundations of the New Reform[J]. Harvard Educational Review, 1987, 57(1): 1-22.

② Lee S. Shulman. Knowledge and Teaching: Foundations of the New Reform[J]. Harvard Educational Review, 1987, 57(1): 1-22.

学习表现特征与深度"。教学学术不等于卓越教学，它必须与学生的学习发生关联，既要服务于教师，让所有教师的教学不再随性而为（seat-of-the-pants），还要让学生受益。①

所谓不再随性而为，就是大学教师的教学不能单凭个人感觉、直觉、经验和习惯，而是要遵循某些基本原则或者符合某些基本原理，即体现"教学学术"的公共性或可共享属性。这种属性不仅表现为价值层面共同的基本伦理乃至社会关怀，如人的尊严和社会公正，更重要的是在认知层面上能够实现学科知识内在逻辑、学生的心理发展特征与规律和特定情境的三者兼顾。如何能够做到三者兼顾，舒尔曼提出，所有知识当中的教与学内容知识（PCK），在高等教育领域最为人所推重，甚至成为大学教学实践与研究中的热词。泽普克（N. Zepke）认为，PCK 是学科知识和教与学知识的交集，是关于教师根据学习者的视角所开展的内容以及学习环境设计的知识。② 格罗斯曼（Pamela L. Grossman）把 PCK 视为联结学科知识、教与学知识和情境知识的中介构成部分，是实现有效教与学的核心环节，而对学习者和学习过程的关注，即对有关学生需求、能力、结构与水平理解的知识，又是 PCK 的首要构成要素。③

概而言之，PCK 要求大学教师不仅是学科领域的专家（如学者或科学家），最好也是能够明察学生心理需求、能力水平和知识结构，研习并掌握各种教学理论、方法、工具与技术的教学专家，前者即舒尔曼所提及的专业主义（professionalism），后者则为他力推的原则性实用主义（pragmatism）的实践

---

① Pat Hutchings, Lee S. Shulman. The Scholarship of Teaching：New Elaborations, New Developments[J]. Change, 1999, 31(5)：10 - 15.

② Nick Zepke. Threshold Concepts and Student Engagement：Revisiting Pedagogical Content Knowledge[J]. Active Learning in Higher Education, 2013, 14(2)：1 - 11.

③ Sharon P. Fraser. Pedagogical Content Knowledge (PCK)：Exploring Its Usefulness for Science Lecturers in Higher Education[J]. Research in Science Education, 2016, 46(1)：141 - 161.

取向。① 尽管他的这些主张以及他领导的卡耐基教学促进会所开展的工作受到不少非议,如他在自述中提到,在教育学科领域,有同行指责他鼓吹缺乏教育与社会科学背景的人来开展教与学的学术研究,是在繁殖品质低劣的私生子;在其他学科领域,则有学者谴责他以此蛊惑非教育出身学者来参与教学学术研究,不仅分散了精力而且不切实际,"就像一个教育原理的专家不可能精通非欧几何的教学,一个天才的数学家并不必然地对数学教与学有深刻的理解"②。但确实不容否认的是:进入 21 世纪后,借助卡耐基教学促进会的巨大影响力,对教学学术的研究与实践在北美乃至全球大学中开始风行。虽然舒尔曼很少提以学习者为中心的概念,但在 21 世纪特殊的技术与信息环境中,他对学习者与学习过程的关注在大学教学培训以及教师的研究与实践中被逐渐放大,如在美国德保大学教师训练项目中,明确将教学学术界定为:教学学术就是严谨的学生学习研究,其目的是以可度量的学生学习提升来探索新的教学方法与实践,研究成果可通过学术会议以及期刊得以公开发表。③

对学生及其学习的关注,也的确在一定程度上推动了教与学研究的理论化。例如基础教育领域的建构主义与批判教育研究等理论与思潮,诺尔斯(M. Knowles)的成人学习理论(具有更强的自主性、知识储备、问题关注、更强的内在动机等)、科尔布(D.A. Kolb)等人的体验学习理论(由具体经验、反思观察、抽象概念、探索试验组成的一个循环)、比格斯(J. Biggs)基于对大学生观察提出的深度学习与学习成果评价理论、沃尔夫(D.M. Wolf)等的学习

---

① Lee S. Shulman. From Minsk To Pinsk：Why A Scholarship of Teaching and Learning? The Journal of Scholarship of Teaching and Learning (JoSoTL)[J]. 2000，1(1)：48 - 53.

② Lee S. Shulman. The Scholarship of Teaching and Learning：A Personal Account and Reflection[J]. International Journal for the Scholarship of Teaching and Learning，2011，5(1)：1 - 7.

③ DEPAUL. Scholarship of Teaching and Learning［OL］. https：//resources. depaul. edu/teaching-commons/teaching-guides/scholarship/Pages/default.aspx.

风格理论等,逐渐开始为人们所关注。^① 赵炬明教授则认为,近年来脑科学、认知心理学、认知科学、学习心理学和学习科学等领域理论及其进展,为大学以学生为中心教与学提供了重要的科学基础。^② 不过,具备这些理论化研究偏好的主要还是高校教育、心理学科领域的专业人员,而不是其他学科的教师,具有教育研究背景学者的理论偏好与其他学科教师的实践取向之间依旧存在疏离甚至隔膜。在绝大多数教师中存在的一个共识是:学术实力与水平、对学科知识内容的精熟,依旧是上好课的基础与前提,其他则更多在于自我领会与经验。

二、大学教学是"学"还是"术"

在赫尔巴特(J.F.Herbart)之前,其实东西方社会都不乏教育哲学与教学方法,前者为思想理念或观念,其往往源自东西方先哲、宗教学者以及众多世俗人文主义者对自然世界、生活世界以及人类自身的思考而不是教育本身,后者则多表现为一种"术",即所谓教法,有教自然有法,它与教育现象和活动发展相伴而生,更多源自人类的直觉或经验,并无一定之规。尽管今人依旧对古代如苏格拉底的"产婆术"和孔子的"因材施教"等津津乐道,但它也仅是"术"而少有人会视其为严格意义上的学问。因此,莫说在中世纪的大学,就是在其他教育领域,很长时期教学也难称得上是学问。

在现代高等教育机构的肇始——西欧中世纪大学中,长期由经院哲学主导的教学形式与方法尽管多少延续了古希腊与古罗马时期雄辩术的论辩传统,如当时的三科(文法、修辞、逻辑)不仅是作为核心的教学内容,而且也是

---

① Heather Fry, Steve Ketteridge, Stephanie Marshall. Understanding Student Learning[M]// A Handbook for Teaching & Learning in Higher Education. London: Kogan Page Limited, 2003: 9 - 23.

② 赵炬明.打开黑箱:学习与发展的科学基础(上、下)——美国"以学生为中心"的本科教学改革研究之二[J].高等工程教育研究,2017(3-4): 31-52,30-46.

师生参与课堂论辩所必备的技艺，但更为广泛盛行的则是讲授法。弗里森（N. Friesen）指出：讲授（lecture）的本义是口头朗读，中世纪大学一度最为通行的讲授法就是教师逐字逐句朗读与学生记笔记，它之所以长期主导中世纪大学教学，不仅是由于当时学习书籍与材料极为稀缺，口头讲授无疑是最为经济有效的方法，而且还有宗教虔信的原因，因为只有忠实于文本的朗读才能最大限度上避免学生对权威经典的曲解或误读。但是，西方社会古登堡印刷革命之后，即使书籍不再是稀缺品，大学中讲授主导的局面也并没有发生根本的动摇，只是内容与形式出现了变化。如到 17 世纪中期，大学的课堂讲授可以一半时间是对照文本的朗读，另一半则是注解性的说明与评论，相对于过去，讲授具有了一定的自由度；到 18 世纪末，在逐渐摆脱宗教控制的德国大学中，如费希特（J.G. Fichte）等大学学者干脆脱离权威文本，自由宣讲自己的思想成果，由此开始，教师个人的权威逐渐取代了经典文本的权威。但是，此时讲授法或者说口头表达依旧是主要教学形式，它不仅几乎等同于教学法（pedagogy），甚至可以说其本身就是现代教学理论生发与演变的源头。① 但讲授法毕竟是"术"而不是"学"，因此，在相当长的历史时期甚至迨及当下，有术无学基本构成大学教学活动的常态，学问只在于其讲授内容而不在于如何讲。

如今教学研究的理论化和科学化——教育学学科知识体系的形成，主要归功于 19 世纪初的赫尔巴特，他的学科知识与理论体系建构既得益于当时德国国民教育体系发展的需要，更源于当时心理学学科发展所提供的认知基础。但是，赫尔巴特的教育学所关注的是基础教育与儿童，随后几乎所有教育原理、课程与教学理论等流派的兴起、演绎与流变也基本上仅止于基础教育。不过，近代以来基础教育领域教学研究理论化与学科化的繁荣景象，甚至教育学科及其院系组织建制在众多大学的创设，似乎很少为大学内部教师

---

① Norm Friesen. The Lecture as A Transmedial Pedagogical Form：A Historical Analysis[J]. Educational Researcher，2011，40(3)：95 - 102.

及其教学行为带来些许改变。最具有反讽意味的是，这种教学研究的学理（或学科化）取向，即使对教育学科内部的大学教师的行动也影响甚微。以至于在今天，如有美国学者提到：在斯坦福大学教育学院，某教授尝试在该院资深同事中推动并创建重教传统，他把大量思想性的教学法素材纳入个人的评议过程，希望同行仿效，他的同事们尽管大都参与了基础教育领域的教师教育实践变革，但没有人愿意追随他并把教学研究融入自己的课程教学实践之中。①

　　教学研究的学理化为何止步于基础教育领域，或者说为何大学教师对自身教学过程的研究表现相对漠然，以至于在 20 世纪 90 年代卡耐基教学促进会的主席博耶不得不专门精心构建了一个概念——"教的学术"，并企望引起大学及其教师的关注。显然，至少在凡常意义上，我们无法完全否认大学教学与中小学所存在的某些相似性，譬如仅就活动过程的要素而言，大学教学也无非涉及如教师与学生等活动的主体，教材和教法等活动的内容、方法与形式，甚至在有关课程与教学改革和培养理念的提法上也具有高度的相似性，如以学生为中心，培养学生逻辑思维、批判性思考、创新与创造能力等。正如博耶所认为：大学的教学也涉及一个通过类比、比喻和想象等形式在教师的理解与学生的学习之间架起桥梁的过程，它需要通过审慎的设计与规划、持续的检视与研究形成可共享的知识，从而为大学及其教师实现智性的承诺扎下共同的根基。② 博耶之后，在美国高等教育界，高校教学学术曾一度成为人们关注与研究的热点，但究竟如何理解它在大学情境中所特有的内涵，不仅学术界难以形成共识，在教师当中要获得认同则更为艰难。

　　1997 年，舒尔曼接替博耶继任卡耐基教学促进会主席。拥有心理与教育

　　①　Michele Marincovich. Teachingand Learningina Research-Intensive University[M]//Raymond P. Perry, John C. Smart.The Scholarship of Teaching and Learning in Higher Education：An Evidence-Based Perspective. Netherland：Springer，2007：28，34－35.

　　②　Ernest L. Boyer. Scholarship Reconsidered：Priorities of the Professoriate[M]. New York：The Carnegie Foundation for the Advancement of Teaching，1990：24－25，xii.

学科背景以及斯坦福大学教育学院工作经历的舒尔曼，对大学教学研究的学理化自然情有独钟。尽管他不是简单地把基础教育领域的学科话语、逻辑和范式简单搬用或套用于大学情境之中，但他明确主张高校的教学应该超越传统的技艺（technique）即"术"的层面，将其上升到与发现的学问相似的学理层面：它要具备可公开，可为共同体批判、审视、评议、理解、应用和共享的特征。高校教学学术要求教师开展与学生学习相关的系统研究，但它不仅仅是指向课堂实践的改善，而且还是超越于实践的元研究。① 显然，在舒尔曼看来，大学的教学活动与基础教育领域应该存在相似性，它具有某种可解释的内在逻辑、机理和通则，不是完全基于个人直觉与经验的"术"或者个性化风格，而是与学习者心理以及流行于教室与大学之中的各种病理现象有关的知识与理论，这种知识与理论经得起批判、质疑与检验，是对其他人也有效的共同体内部财富。②

在 20 世纪 90 年代整个美国社会对本科教育质量忧心忡忡的背景下，博耶与舒尔曼的主张引起了众多高校管理者以及学者的呼应，随后关于以教学学术为主题的研究文献大量涌现，但是，对于究竟什么是教学学术，人们的观点纷乱杂陈，争议远多于共识。例如，赫钦斯等人通过简单的梳理发现，关于教学学术定义至少有十几种，有人强调它是反思性的教学实践或者为教室中的集体性实践智慧，有人认为它是基于教室情境的设计与研究，有人把它视为一个具有多学科属性的领域，还有人则用其指称教育学或心理学的学科知识……③至于这种学问在教师素质要求上的体现——大学教师胜任力，各种有关其要素构成的分析则更是让人眼花缭乱。譬如学科知识掌握能力、环境

---

① Pat Hutchings, Lee S. Shulman. The Scholarship of Teaching: New Elaborations, New Developments[J]. Change, 1999, 31(5): 10 - 15.

② Lee S. Shulman. Taking Learning Seriously[J]. Change, 1999, 31(4): 10 - 17.

③ Pat Hutchings, Chris Bjork, Marcia Babb. The Scholarship of Teaching and Learning in Higher Education: An Annotated Bibliography[J]. Political Science and Politics, 2002, 35(2): 233 - 236.

创设能力、课堂组织能力和实践创新能力,品行引导、专业指导、课程开发、学习咨询、学业评估、教学组织和终身学习等能力,专业能力、沟通能力、合作能力、多样性文化理解能力、临床或特殊情境问题解决能力、批判性思考与创造能力、基于证据推理能力等,各种言说与见解无所不包又极为繁乱,让人茫然和无所适从。不过,凌乱与争议并不影响它在高等教育领域的研究热度。在卡耐基教学促进会的强力推动下,本德尔(E.T. Bender)认为,进入 20 世纪 90年代后,由博耶与舒尔曼发起和倡导的"教学学术"可称得上是美国高等教育领域中的一场运动。[①] 各类高等教育领域的协会与学会相继介入,一些学者甚至成立了国际性的专业组织——"国际教学学术协会"(ISSoTL),创办了众多教学学术专门性学术期刊,如 $ijSoTL$、$CJSoTL$、$JoSoTL$ 等,相关论文与著述更是层出不穷,参与的研究者规模也在不断壮大。

关于上述争议姑且不议,但有两个最为基本的问题或许需要去厘清:其一,大学的教学研究是否能够成为一种与学术研究类似并为共同体内部认可的学问? 其二,即使它能够成为一种经得起检验的学术,那么它究竟是教育专业研究者的理论与偏好,还是为大学内部所有学科教师认可并用以指导实践的理论与原则? 如胡贝尔等极力倡导教学学术公共性的学者也不得不承认,高校教学对大多数教师而言,长期以来属于私人领地和行为,是对他人甚至同事秘而不宣的活动。[②] 大多高校教师更倾向于或习惯于把教学视为一种与其学科相关的艺术与技艺,而不是一种可以与一般学术研究相媲美的学问。即使它达到了博耶与舒尔曼的最初预期,如拥有与发现的学问同等的学术地位,形成独属的研究领域以及共同体,有同行评议的学术期刊,却如阿特金森(M.P. Atkinson)尖锐指出的那样:它恐怕也仅为由同行评议期刊所操弄的学术,是迎合少数人理论偏好的研究领域,对于普通教师的教学实践与学

①　Eileen T. Bender. CASTLs in the Air: The SOTL "Movement" in Mid-Flight[J]. Change, 2005, 37(5): 40 - 49.

②　Mary Taylor Huber, Pat Hutchings. Building the Teaching Commons[J]. Change, 2006, 38(3): 24 - 31.

生学习恐怕难以产生显著影响。阿特金森甚至对教学学术的公共性与可共享性提出质疑，认为出色的教师往往未必就有教学研究成果发表，为此他提起在某次会议后一个关于教学学术 16 个题项的问卷调查中，"对于教学学术两个基本构成因素之一的题项——'经由发表而公开与共享'，竟然没有一个人认同"①。显然，高校的教学过程及其研究要真正成为一种学术，并非因为它之于实践的迫切性就自然而然可以得到认可，而要让大多高校教师接纳则更非易事。

三、教学学术究竟是谁的学术

大学教学研究能否学理化，或者说它是否能够成为一种学术，首先值得去思考该主张所产生的语境。1990 年博耶之所以提出"教的学术"，是鉴于他对当时美国高校本科教学质量下滑境况的反思。博耶把问题的主因归咎于教师重研究轻教学的偏好与取向，如他指出："高校教师正在沦落，研究与发表已经成为大多教授获得学术地位的主要途径。"②为此，他认为唯有将教师教的活动提升到与原创研究活动相似的品质与地位，才会从根本上强化教师的教学使命感和解决精力投入不足的问题。这也是他最为有影响的高校内部"发现的学术"、"应用的学术"、"综合的学术"和"教的学术"四分类提法的主要缘由。

作为教育心理学科领域的资深专家，舒尔曼等人最初推动学术化取向的意图自然难免带有拼接乃至嫁接基础教育领域学科化的痕迹。譬如，在博耶"教的学术"基础上，舒尔曼等人不仅关注"教"，而且更关注"学"以及教与学的互动过程，因为毕竟"教"的行为主体是教师，而"学"则不仅涉及教学过程

---

① Maxine P. Atkinson. The Scholarship of Teaching and Learning：Reconceptualizing Scholarship and Transforming the Academy[J]. Social Forces, 2001, 79(4)：1217-1229.

② Ernest L. Boyer. Scholarship Reconsidered：Priorities of the Professoriate[M]. New York：The Carnegie Foundation for the Advancement of Teaching, 1990：24-25, xii.

中学生的行为,还是评价、判别"教"的效应的依据所在。事实上,也主要是经由后者,即由于它关联到学习者的认知、意志与情感等心理特征,教学主体之间的互动机制以及教学有效性与学习成果测量的科学证据,高校教学研究与实践才可能具备学问所需要的潜在理论品质及其可共享的知识属性。

应该说,借助卡耐基教学促进会的全力支持,舒尔曼等人在推动高校教学研究学理化路向的进展上也颇有成效,其成就至少表现为两个方面:第一,从前人们极少关注的高校教学"有术无学"常态,逐渐入得众多教育学、心理学以及有关学科教育等专业研究者的法眼,并有成为一个独特研究领域的趋势,例如上文所提到的众多学术期刊论文作者身份大多为教育与心理学科领域的专业人员。再随举一例,2007 年佩里(R.P. Perry)与斯玛特(J.C. Smart)编写的《高等教育领域教学学术:基于证据的视角》(*The Scholarship of Teaching and Learning in Higher Education:An Evidence-Based Perspective*)一书,集萃了大量关于高校教学中诸如教师行为、班级规模、学生评教、学生激情与动机等因素与教学效果、学生学业成绩间关系的实证研究成果,近 30 位作者中除极个别外几乎都是教育和心理学领域的学者。① 第二,提倡教学学术,不仅在全美引起了公众乃至政府对高校教学的关注,而且在高校内部引起了众多领导与管理者相较于往常少有的重视。自 20 世纪 90 年代中期以来,全美众多大学纷纷成立类似教师发展或教学咨询中心的组织与机构,尝试通过开展专门培训与研讨等方式提高教师教学能力与水平。也正是基于上述变化与趋势,本德尔才信心满满地把这种趋势称为"一个正处于腾飞中的教学学术运动",是卡耐基教学促进会最具雄心并将为美国高等教育领域整个学习环境带来彻底变革的事业。②

然而,如果稍带有一种理性态度来审视,人们或许不禁要问:这种教学实

---

① Raymond P. Perry, John C. Smart. The Scholarship of Teaching and Learning in Higher Education:An Evidence-Based Perspective[M]. Netherland:Springer, 2007.

② Eileen T. Bender. CASTLs in the Air:The SOTL "Movement" in Mid-Flight[J]. Change, 2005, 37(5):40-49.

践与研究的学理化取向是否就是博耶最初所提倡的学术的本义？大批训练有素的教育与心理学科领域学者介入，无疑是促成它由"术"向"学"转换的动力因素，但这种带有跑马圈地嫌疑的学理探究与高校现实教学实践尤其是与基层教师之间究竟存在多少关联？显然，这种学术很可能并非完全合乎博耶的初衷，因为博耶所关心的是高校每一位学者和教师的教学研究与实践能力，如他指出："在今天，我们迫切需要持有一种更具包容性的视角：作为一位学者，他得到认可的知识是通过研究、综合、实践和教学过程而获得的，所谓发现、应用、综合与教学的学问，仅是一种理智意义上的功能划分，但它们彼此之间不可剥离地密切结合于一起。"①概言之，博耶所倡导的"教的学术"是各有学科归属的教师的学术，而未必是与心理和教育学科相关专业人士的理论探究性学术。博耶对"教的学术"的诉求，不仅仅关联到高校教学活动与过程中教育学和心理学知识、理论与技术，即属于教育学的问题，他其实更为在意的是如何通过教师学术认可标准的重塑来扭转本科教学水平下滑的局面，后者涉及学术界与高校内部的习性、规则、制度环境与文化氛围及其对人的心理与行为的影响，它更偏向于社会学问题。

这其实也意味着：教学学术虽然也需要心理和教育专业研究者的介入，但该群体的研究不能完全替代高校教学者的自我探究，心理学与教育学意义上的学术不能替代教学者立足自身学科研究与教学实践的直观、经验或知性的理解与探索。相对于基础教育领域，高校教学活动更为复杂，不同学科知识的内在逻辑、再现方式和话语风格各异，遑论不同学科，有时同一课程不同教师的教学内容之间也存在极为悬殊的差异性，很多课程没有统一规范的大纲与教材；相对于基础教育对教师素养要求的"通"与"宽"，高校教师更偏向于"专"与"深"，其教学风格往往受个体研究专门化影响而具有高度自主性与个性化特征，而大学内部所特有的看似散漫又不可或缺的研究与教学自由传

---

① Ernest L. Boyer. Scholarship Reconsidered：Priorities of the Professoriate[M]. New York：The Carnegie Foundation for the Advancement of Teaching，1990：24－25，xii.

统、氛围与土壤,又很大程度上助长了这种个性化风格的恣意蔓延;此外,相对于基础教育阶段的学生,大学生的心理特征更趋于成熟,因为介于少年与成年之间,行为表现特征也更趋于自我控制,基于大学生发展特征的教学理论既不完全是传统的"pedagogy"(不妨称之为中小学教育学,其假设为学习者缺乏完全的独立性,教师主导,强调既有规范知识传授与获取),也不是完全的"andragogy"(可称之为成年人教育学,其预设为学习者具有高度自主性,学生主导,更倾向于基于自我需要和经验的试验、问题解决、讨论等方式学习,强调通过自主学习挖掘自身潜力),①而是介入两者之间。以上种种表明,以基础教育阶段的教育学与心理学等学科的逻辑和研究范式来理解高校教学过程难免存在局限性,甚至有可能陷入误区。

因此,尽管我们不能否认高校教学的学术理论化甚至学科化的意义,但如果过于强调教育专业研究者的学理探究取向,它不仅面临现实问题多样性与复杂性的困境,而且未必真正能够为众多教师所接纳与认可,更难以成为教学实践改善的利器。事实上,卡耐基教学促进会也注意到这种取向所存在的争议及其局限性,如基金会副主席赫钦斯和资深学者胡贝尔——该项目与运动的主要推动者,在强调教学学术的公开性与共享性时,越来越倾向于利用信息技术手段,鼓励教师对外公开自己的教案、教学策略、方法、技术和评估工具,促进同行之间交流、合作、研讨与经验分享,而不唯学术意义上的发表和同行认可是重。② 阿特金森认为,教学学术所认可的成果应该扩及"课程开发、项目资助、项目建设、网站、教学实践评估、各类素材、理论、教学技术、学生评估工具、传媒作品、软件、课程材料、模拟与演练等"③。显然,这些全方

---

① Malcolm S. Knowles. The Modern Practice of Adult Education: From Pedagogy to Andragogy[M]. New York: Cambridge, 1970: 43 - 44.

② Mary Taylor Huber, Pat Hutchings. Building the Teaching Commons[J]. Change, 2006, 38(3): 24 - 31.

③ Maxine P. Atkinson. The Scholarship of Teaching and Learning: Reconceptualizing Scholarship and Transforming the Academy[J]. Social Forces, 2001, 79(4): 1217 - 1229.

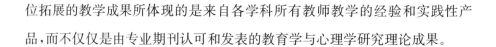

位拓展的教学成果所体现的是来自各学科所有教师教学的经验和实践性产品，而不仅仅是由专业期刊认可和发表的教育学与心理学研究理论成果。

四、教学学术能否让大学走出教学困境

教学学术概念缘起于美国，风行于北美地区，就总体而言，它在其他如传统的欧洲地区虽有一定影响但并没有引起太多的关注。任何概念与话语的生成都有其特定的语境与制度归因，在欧洲如德国的大学中，传统上少有人视大学教学为学问的原因可能在于两方面：其一，早在研究生就读期间，博士生就开始接受相关教学训练并承担一定的教学任务。入职之后，在获得讲座教授资格之前，德国的助教和初级教授不仅必须承担大量教学任务，而且要有良好的教学业绩表现。其二，早期洪堡所倡导的科学研究与人才培养相结合传统，一定程度上塑造了教师教学与科研不分的观念。但是在北美地区，无论是早期的博士生训练还是入职阶段，相对而言，学术体制的规训更倾向于学者而不是教师的角色与认同。因此，所谓教学学术一说，只有在教学与科研以及其他事项之间有所游离且存在被边缘化倾向的境遇下，它才有其可言说、可诠释与可演绎的空间，这也正是北美甚至近年来我国高校该概念颇为流行的缘由。

然而，如上所述，即使教学能够称得上为学术，显然它也不是独属于教育学和心理学领域的学术，脱离了教师学科、领域、教学内容和具体情境，这种学术充其量也就是"屠龙之术"（通则性理论）。至于现实中某种对基础教育领域教师培训、教学模式仿效甚至移植的取向，则不仅有将大学教学幼稚化的嫌疑，而且很可能因为其过于强调所谓的科学化、规范化和技术化，最终反而限制了教师教学自由与自主探索的空间。故而，基于上述分析，针对教学学术可能存在的理解偏差有必要再次澄清如下认识。

第一，博耶、舒尔曼等人是为了凸显大学教学的地位才提出了发现、应

用、整合和教学四种类型的学术,但四种学术之间并不存在并列乃至排斥关系。通常而言,大学的教学不仅是一个特定科目既有理论与知识体系生成与演变过程的再现、批判性审视和理性质疑过程,而且也是以问题发现、研究方法与规范训练来启发学生对各种未解待解问题予以关注、思考和自主探索的过程。因此,大学的教学过程本身就具有师生围绕特定学科问题共同探讨的互动、开放和探究性品质,正是这种品质才赋予大学相对于中小学教学更突出的智力挑战性。换言之,如果说教学成为学术,构成该学术的底色也更多源自学科的理论逻辑、知识应用等专深属性,如魏格纳(T. Wagenaar)所认为的,大学教学从来不是一个独立的事项,而是发现、综合和应用学术的交集。①

第二,现实中关于教师重研究轻教学困境的主要根源在于制度、环境与文化,而并非学术研究与课程教学活动间存在本质上的不可通约或功能上的相互排斥。众多实证研究表明,尽管大学教师的教学与科研时间投入之间存在挤占效应,但没有足够证据表明教师的研究与教学业绩之间存在必然的负相关。阿诺德(Ivo J. M. Arnold)的一项细微研究结论或许有一定的启发性,他发现:大学教师的科研产出与教学业绩之间的关联度和教师承担的课程性质、学生接受能力之间存在相关。在一年级的基础课程层次,不同科研表现的教师教学业绩之间没有显著差异,但在高年级课程层次,教师的教学业绩与科研表现之间存在显著正相关。② 具有专深的研究素养、能力和经验是大学学者型(或开发型)教师的必备资质与条件,甚至它本身也是教师教学素养与能力的基本构成部分。易言之,教学学术固然不等同于发现和应用的学术,但后者即使不是构成前者的核心内容也至少是必要条件。在大学的课程教学过程中,我们很难想象一个缺乏研究经验与成果积累的教学者能成为出色的教师。

---

① Maxine P. Atkinson. The Scholarship of Teaching and Learning: Reconceptualizing Scholarship and Transforming the Academy[J]. Social Forces, 2001, 79(4): 1217 - 1229.

② Ivo J. M. Arnold. Course Level and the Relationship between Research Productivity and Teaching Effectiveness[J]. The Journal of Economic Education, 2008, 39(4): 307 - 321.

第三,相对于基础教育阶段,大学教学过程更重视学生的自主性学习,自主性学习实际上也是一种在教师的引导下自我探究性的学习。大学教学的确也要重视课堂质量,但课堂教学功能充其量是提纲挈领的总结、提出问题、讨论、答疑与评价,课程教学的更多功夫是在课堂之外,是学生的自主探索与学习,这迥异于中小学。不仅如此,大学的正式课程并非教学的全部,在教师指导下开展研究和实践活动越来越成为大学本科教育不可或缺的环节。众多迹象表明,本科生课程内容难易及其探究性程度的高低、参与或独立开展科学研究的机会与资源多寡,往往更能反映不同大学之间教育质量与水平的高低。科研实践虽然不同于课堂教学,但如有美国学者指出:自 20 世纪 90 年代中期以来,斯坦福大学本科教育最令人瞩目的改革便是本科生科研机会的大幅增加,学生参与研究甚至独立设计、教师指导与点化是实现研究型大学中教学与研究有机结合的最有效途径。[①] 这种由教向学、由教师向学生、由课堂内到课堂外的重心转移过程表明,大学教学内容、过程与形式都有其极为特殊的复杂性和多样性,素常意义的教育理论、教法与技术等恐怕都不敷应对。

鉴于此,我们认为教学学术从来就不是一个严格的概念,毋宁说它不过是为扭转高校内部所存在的本科教学被忽视的倾向,由卡耐基教学促进会所提出的一种具有天然合道义性和政治正确意味的主张与行动策略。但是,把教学过程与实践上升到学术层面的刻意,又恰恰反证了在现实中导致该问题产生原因的高度复杂性和问题破解的难度。它试图赋予教学以学问品质来重申高校重教制度的合法性,并唤起教师的教学投入激情,但是,这种学理化取向恐怕不足以能够真正解决现实情境中各种具体和复杂的问题,更何况教学的成效究竟如何也未必全取决于教师的认可与行动。桑托罗(D. A.

---

① Michele Marincovich. Teachingand Learningina Research-intensive University[M]//Raymond P. Perry, John C. Smart. The Scholarship of Teaching and Learning in Higher Education: An Evidence-Based Perspective. Netherland: Springer, 2007: 28, 34 - 35.

Santoro)认为,教学过程的复杂性在于:好老师不等同于好的教学,有些方面教师可把握,但更多方面却无法由教师所掌控。教学过程有四轴:第一,好的"教",的确更多依靠教师;第二,教与学的机会,例如班级规模大小,教师仅能产生部分影响;第三,环境支持,教师的影响非常有限;第四,学生的意愿与努力,教师仅能发挥部分和有限的影响。① 由于大学教师所承担的角色具有特殊性与复杂性,如他既是专业研究者又是课程教学者,且两者之间难以剥离,前者又和后者所具备的资质与水平高度关联,因此,他不仅要承受基础教育领域教师少有的内在角色冲突与精神压力,而且还要面对更多来自环境与学生方面自身无法掌控的条件与变量。

威尔克(P.K. Wilke)等学者对大学教师群体的压力机制研究表明:无论是教师的科研产出还是教学业绩,都与压力(工作负担以及角色冲突所引起的精神压力)之间呈现一种倒 U 形曲线关系。压力过低或过高,业绩表现都一般,唯有在压力适度的状态下,教师业绩表现最好。② 倡导教学学术,就舒尔曼等人的理想预期而言,无疑希望大学教师既要成为学科领域的学者,还要成为专业意义上的教研专家,如发表同行认可的教学成果,这对于注定必须承担多重角色且工作已经处于超负荷的教师而言,不仅会导致时间与精力的分散,也很可能带来更大的压力并引发倦怠等负效应。此外,在如今社会环境中,高校教学质量滑坡还有很多客观原因,譬如扩招引发的班级规模过大,教学与研究资源支持不足,学生学习基础薄弱和动力不足,等等。因此,教学学术不是包治百病的一剂灵药,如果缺乏这种清醒的认识,很可能无限放大教师责任,反而于事无补。

① Doris A. Santoro. Good Teaching in Difficult Times: Demoralization in the Pursuit of Good Work[J]. American Journal of Education, 2011, 118(1): 1 - 23.

② Phyllis Kay Wilke, Walter H. Gmelch, Nicholas P. Lovrich. Stress and Productivity: Evidence of the Inverted U Function[J]. Public Productivity Review, 1985, 9(4): 342 - 356.

五、理性评价大学教学学术"运动"的效应

在长达几百年的历史中,大学的教学过程似乎极少会成为一个值得人们去关注的问题,更不要说将其提升到学问层次。博耶之后,教学学术在北美乃至欧洲迅速升温,如上所述,其动因在于二战之后欧美特别是美国研究型大学开始进入一个研究至上、发表为王的时代。在知识分工日益细密、学术交流愈加频繁,由各学科共同体即无形学院所主导的知识生产与分享的国际环境中,原创研究成果不仅成为大学获得国际声誉的重要观测指标,而且也是个体获得学术认可、提高自身显示度和声誉地位的"硬通货"。出于声誉、地位和资源竞争的需要,一些世界知名大学在教师聘任、考核等核心制度设计中有意或无意表露的倾向性,不仅影响了教师的行为选择偏好,而且形塑了其学术志向、职业信念与精神追求。由于知名大学处于生态链顶端,其偏好与行为往往具有标杆意义,因而难免对其他机构带来连锁反应,进而通过制度仿效在整个系统内部形成一种异体同构和"学术漂移"现象,如此,跨机构乃至跨国间的学术人才竞争与流动加剧,具有高显示度的研究而不是教学业绩的资本价值进一步放大和凸显,这无疑又在客观上导致个体更倾向于以学术研究成果来获得共同体的认同,淡化甚至漠视作为组织内部教学者所需要承担的责任。

事实上,正是上述问题才是博耶以"认真对待教"(take teaching seriously)为标识的美国教学学术运动兴起的初始动因。所谓认真对待教,其第一要义是需要探索和解决高校内部教师有关教学的态度和责任问题,而如何通过制度变革重塑教师的学术信念与职业追求则是破解这一困境的基本路径。费尔韦瑟(J.S. Fairweather)等人基于 1988 年美国国家教育统计中心对全美高校教师调查数据分析发现:教师是否愿意为本科教学投入时间和精力,主要影响因素一是晋升标准,晋升标准越是强调发表,教学投入就越少;二是研究与

教学的收入回报,研究回报越高,教学投入越少;三是机构类型,越是研究取向的大学,其教师教学投入越低。此外,与学生相处的满意度、性别、职级等等,也都与投入存在相关。① 可见,如何调整内部相关核心制度设计的价值导向,尤其是理顺教学与研究间的关系,是转变教师教学态度、强化教师教学自律和责任意识的关键环节,甚而至于是教学研究能够成为学术并走向实践的前置条件。

舒尔曼关于教学学术的标志性口号是"认真对待学"(take learning seriously)。他关注的行动主体不仅仅是教学过程的教师,而且更关注"学"的主体——学生的反应。在他看来,以严谨的学理性研究来探索高校教学发生机理及其彼此间的互动机制,才是教学研究作为学问的核心内容。尽管舒尔曼本人有将高校教学的研究学理化的偏好,但不可否认,他的主张的确在间接意义上促成了人们对高校教学全过程的关注,也一定程度上为教师的反思性教学与基于问题解决的行动研究打开了局面。例如,如何增加学生在学习过程中的投入,如何启发学生的自主性学习,如何增进学生对内容的理解深度,如何改善学生的学习成绩,如何提升学业评定方法与工具的质量并及时予以反馈,如何提高学生学习满意度等。② 诸如此类带有理论与实践探索意义的问题,构成教学学术的研究议题。由此,不难发现,博耶的主张目的在于制度重构,即如何以学术晋升、考核与薪酬制度的调整改变教学被忽视的状态;舒尔曼以及后来众多倡导者的努力则是以过程关注来建构理论并变革教学实践,希望推动教师告别匠术传统,在教学研究与实践过程中也能够真正体会到一种近似于原创研究所具有的理论品质、智慧意义的精神愉悦和学术成就感。相对于博耶,舒尔曼更强调教师教学研究的理论旨趣,并颇为其后

① James S. Fairweather, Robert A. Rhoads. Teaching and the Faculty Role: Enhancing the Commitment to Instruction in American Colleges and Universities[J]. Educational Evaluation and Policy Analysis, 1995, 17(2): 179 - 194.

② J. D. Walker, Paul Baepler, Brad Cohen. The Scholarship of Teaching and Learning Paradox: Result without Reward[J]. College Teaching, 2008, 56(3): 183 - 189.

的教学学术的倡导者们所推崇。

卡耐基教学促进会对这场所谓运动的效果评价自视甚高，它对美国高校教学改革带来积极影响也的确不容否认，但是，正如魏特曼（P.D. Witman）等人 2007 年对北美众多学术专业期刊、专业学会以及会议资料数据分析发现，在人文学科领域，大多主流期刊很少关注教学学术；在自然科学领域，权威专业期刊几乎不涉及该议题；在诸如法律、管理、医学和护理等专业领域，有少许相关文献，但多为教学技巧（tip）与技能（technique）而不是学问；在其他社会科学领域，除了心理、教育和社会学等部分学科外，关注度也不高。① 这足以表明，作为学术的教学探索和研究，在现实之中的可接受度依旧有限。

因此，从现实的角度审视，对于高校内部教学困境或许我们更需要持有一种理性平和的心态。首先，通过制度完善建构一个研、教与学相融和相长的机制是前提；其次，在教学过程中，还是要强调回归教师的日常教学实践，尊重教师基于个人境遇与问题的自主研究。这种研究贯穿于教学实践过程之中，或者说它本身就是教学实践的有机构成部分，融合了教师的学科思维、研究结晶、个人经验、体悟与直觉以及对实践的反思，属于一种身临其境而又力所能及的研究。马丁（L. Martin）等学者称该取向为"学术性的教学"（scholarly teaching），它不同于教学学术对学理化以及同行评议成果发表的重视，而更多体现为一种实践的智慧，源于个人对教学经验与学术研究的反思，强调通过有效的课程自主开发与设计、过程观察、教案设计、方法选择和学生评价等来实现课程教学目标。② 学术性教学更偏好"术"而不是"学"，它可能演绎为一种同行共享的理论性教学成果，但它并不刻意与苛求，而是以过程有效性与目标实现为目的，是教学之"术"与学科之"理"的融合，也是情

---

① Paul D. Witman, Laurie Richlin. The Status of the Scholarship of Teaching and Learning in the Discipline[J]. International Journal for the Scholarship of Teaching and Learning, 2007, 1(1): 1 - 17.

② Lynn Martin. Defining the Scholarship of Teaching versus Scholarly Teaching[J]. Teaching and Learning in Higher Education, 2007, 46: 1 - 3.

与境的融合。它倾向于低重心且更符合客观条件、教师现实需要与兴趣,更有可能获得广泛的基层认同,更容易唤起教师实践探索的创造力与想象力。学术性教学不在意于以学理性成果发表作为共同体内部交流的形式,但重视教师相互之间基于具体实践与经验的交流、研讨、切磋与分享,如此可能更接地气和更有实效。

就总体而言,卡耐基教学促进会的教学学术运动,尽管对美国高校乃至学术共同体重研究、轻教学文化具有一定的纠偏作用,但它在概念上的牵强附会和理论上的似是而非,也注定它就是一场应时应景的运动。教学作为人才培养的基本环节,其在高校中所处的核心地位是毋庸置疑甚至是不言自明的,它更需要通过全方位的制度与文化建设来唤起教师关注教与学的一种实践意识或者说是惯习,而未必是一定要提升到一种发表意义上的学术。在特定的制度环境与文化中,对基层教师过于强调教学研究与实践的学理化导向,不仅有可能带来诸如去技艺化、去个性化等新的问题,而且还有可能出现把教学研究发表作为学术考核与评价依据的偏颇,至于是否会出现简单凑数的荒谬也未可知。

不过,换一个角度来审视,缘起于美国学术界困境的这场运动,虽然没有恐怕也难以唤起基层教师的全面认同和积极呼应,但它倒是的确启发了高等教育学科专业研究者的学术视域。教学学术理所当然地属于专业研究者的学术,大学的教学过程特征固然不同于基础教育,但它也应是高等教育学学科所关心的核心问题,也本应是高等教育研究者凸显自身研究学术与实践价值的重要领域。因此,通过开展田野观察、调查研究以及参与各学科教师的行动研究,立足于学科历史与文化诠释、实证性的解释来获取具有扎实证据支撑的经验与理论成果,不仅有助于为高等教育实践与政策服务,而且有利于真正提升学科自身的学术地位。

由此,我们不妨姑且得出一个这样的结论:立足经验层面,所谓大学传统教学中学习者的缺席并不符合历史常识,但人们对学习者在教学过程中的角色地位的确少有理论意义上的辨识与确认。教学学术通过对理论取向的实践研究倡导与政策推动,强化了人们对学习者的观照,从而使学习者由隐而不现的后台走上了前台,进而为一种新的风向——以学习者为中心做好了理论铺垫并开启了引流的闸门。但是,理论并非教师实践过程所必须遵循的通则,更不是抽象的教条,它的意义更在于促成人们一种理念与观念的革新甚至是体制与制度层面的变革。它不是要为现实中的个体实践确立一统江山的框架与程序,否定经验和抑制个体多样性的创造性发挥,而是以确立学习者在教学乃至教育过程中核心地位的理念来破除既有的相沿成习,以个人智慧性的探索实践与集体意义上的交流、互动和共享来全面提升教与学的效果。

第六章　理解课堂：讲授法的处境与出路

不同于基础教育领域的热闹，关于大学的教与学研究一直都不冷不热，甚至在 20 世纪 70 年代前，可以说它根本就不被视为有研究意义的议题。近些年来，它之所以受到关注甚至有趋热之势，主要在于：进入高等教育大众化乃至普及化阶段后，传统教学组织形式与教学方法越来越难以应对学生群体内部高度非均质化的学习能力以及学习需求。与此同时，外部持续增加的就业压力、社会各方关注以及政府不断强化的问责取向，使得教育质量与教学效果话题不断被放大，因而如何以改进教学的举措与行动来回应各方诉求，自然成为高校管理层所关心的议题。除此之外，信息技术在校园日常生活中的全面渗透也对传统教学带来一定的冲击，因而技术在教学活动中的介入及其效果评价也引起了人们的广泛关注。近年来，一系列新理念与新概念如教学学术、以学习者为中心等的流行，便是对上述环境变迁的回应。不过，它们究竟是对大学传统教学特别是课堂讲授形式的反思与纠偏，还是否定与颠覆？大学课堂的讲授是否已经过时？在此尝试围绕上述问题略微展开分析。

一、大学本科课堂讲授溯源

在大学的久远历史中,教与学一向被视为一种实践活动,被认为是一个无关乎理论甚至不值得研究的议题。中世纪大学的原生态——行会,师傅带徒弟,相沿成习并渐成传统。大学不同于外部手工业者行会之处仅在于:它是专事知识与文化生产的作坊,教师与学生不过是勒戈夫(J. Le Goff)所言的精神手工业者。① 大学中师生相授的方式,虽然不是工场里的"做中学",但以教师(师傅)为主导,你讲我听,偶尔伴有论辩,以此教会学生掌握修辞、语法与逻辑等技艺,这种教学形式和内容虽不是手工制作,但它与手工作坊师傅带徒弟的性质并无区别。讲授作为一种原始而素朴的集体教学方式,在大学中一直延续至今,且依旧没有失去其领地。至于它究竟效果如何,是否有什么规律或理论依据,在历史中这些似乎都是无关紧要的问题。因为它本就源于人们的行动与实践,是集体性的经验积累,沉淀久远也就相沿成习而为惯例。成了惯例就难免有简单模仿与代代相承,人们对其存在的弊病自然会缺乏有意识地反思。但无论如何,作为一种遗存和持续了 800 年之久的主流教学形式,以简单的过时或其他理由而对其随口否定,并不是那么容易。

讲授的确曾存在一种较为刻板的类型,即教师只负责讲授或吟诵,学生则忙于做笔记、背诵和记忆。这种主要与古典语言和文本相关的古老教学形式,尽管在大学史上如《耶鲁报告》的起草者们也曾对其一度推崇备至——在他们看来,生涩且远离现实生活的内容与强制性的记忆,反而更具训练学生心智和毅力的功效,但这种拘泥于经典的教学形式实际上是书籍相对匮乏、课程内容受到严格控制和限定时代的产物。在印刷革命与科学革命之后,随着印刷材料的不断丰富与新知识在大学中的渗透,它的效果也频受质疑。布

---

① 雅克·勒戈夫.中世纪的知识分子[M].张弘,译.北京:商务印书馆,1996.

鲁贝克(J.S. Brubacher)认为,到 19 世纪,在科学备受推崇的德国大学中,教师讲授已不再是为权威教条束缚的字斟句酌,而是关于不同领域最新学问与知识进展的自由讲解与评论。以学者身份自居的大学教师,讲授的目的不在于记忆,而是通过激发求知激情,引导学生自我搜集与组织信息,并把握一个领域的总体概貌。① 当然,在此过程中,学生也可以寻找到新的议题开展研究,以达到通过研究来实现教化的目的。科学独有的方法与知识属性,也赋予了传统以典籍为权威的讲授形式新的特征。布鲁贝克还指出,在 19 世纪的美国大学中,开始出现了结合实验演示的讲授形式。不同于传统讲授所遵循的"由简单到复杂"的线路,实验性讲授往往先阐明基本原理,然后以实验演示去证明,这种更为生动的讲授一度对人们构成了"磁石"般的吸引力。②

其实,不仅仅限于科学领地,在 19 世纪欧美大学的人文学科领域,尤其是在德国,逐渐走出经院传统而崇尚新知的学者们,也越来越多地把个人思考与研究心得融入教学过程,不唯经典或教科书,从而使得教师讲授不仅有更大的自由发挥余地,且具有个性化的演说风格,哲学家费希特大学课堂中脱稿演说便为典范。甚或,我们不妨认为,正是教师由传统经师到专业学者身份的转换,才为其讲授赋予了一定的自由裁量权。讲什么与如何讲,也逐渐成为学有所长的大学教师个体分内之事,即教学自由与专业自主权。如是,讲授也就很难说存在某种固有的形式,甚至称其为一种教学方法也有些牵强。而且,这种讲授自主并不意味着内容的随意、结构的散漫与组织的无序,事实上它往往被期之以更高的要求。即讲授不再仅仅局限于对学生记忆与技艺的训练,而是能够以视野拓展、思维训练与情感激发来引导学生自主学习与探究。换言之,课堂的讲授其实仅仅为学生学习过程的一个重要环节,而不是全部甚至未必是核心环节。如安德森(R.D. Anderson)认为,早在 18

① John S. Brubacher, Willis Rudy. Higher Education in Transition: A History of American Colleges and Universities[M]. New Brunswick: Transaction Publishers, 1996: 88 - 90.

② John S. Brubacher, Willis Rudy. Higher Education in Transition: A History of American Colleges and Universities[M]. New Brunswick: Transaction Publishers, 1996: 88 - 90.

世纪的德国、荷兰与苏格兰等新教地区的大学中，就出现了公开讲授辅之以私人指导、研讨与实验室工作的情形，到 19 世纪末，整个欧洲大学虽然大型课堂讲授现象还极为盛行，但学生课外阅读、习明纳、助教辅导、实验指导和学生作业批改与点评、考试等等，与课堂讲授共同构成了一个有机衔接的教学过程与体系。①

19 世纪末 20 世纪初，由于受德国研究型大学模式的影响，美国大学的本科教学也出现了一种新的改革趋势。无论是课程与专业选择还是学习过程，都越来越强调学生自我责任担当与独立学习。但是，独立学习就意味着要给学生更多的自主空间并辅之以更为严格的学业评定制度。因此，如何利用有限的课堂教学时间为学生更多的课后学习提供指引，对当时依旧盛行的课堂讲授提出了新的要求。布鲁贝克认为，为强化学生通过自我阅读掌握课程内容的责任，大学的讲授逐渐由过去的信息提供转向了不同信息之间的勾连与解释，同时，讲授过程穿插讨论与对话的方式也被广为采用。由此，传统的教师主讲与学生记笔记的教学形式逐渐被废弃。为激发学生的学习与探究兴趣，在 20 世纪上半叶，美国大学教学也出现了一种由关注教学内容到关注学生的转向。但其关注学生学习的做法大多还是比较传统的恩威并施方式，如以考勤、低分、停学等作为威胁手段，以某种期许作为激励手段，或者采取杜威的问题情境创设方式组织讲授内容与课堂活动，调动学生课堂内外主动探究的精神动机。②

总之，在 20 世纪中叶之前，大学本科教与学的主流形式就是教师主导的讲授，学生的学则是课堂听写、课后记忆与以复习加深理解。至于始于中世纪的论辩形式，鲍尔生认为，到 19 世纪就已不再是课堂教学采用的形式了，只

---

① R. D. Anderson. European Universities from the Enlightenment to 1914[M]. Oxford：Oxford University Press，2004：104 - 105.

② John S. Brubacher，Willis Rudy. Higher Education in Transition：A History of American Colleges and Universities[M]. New Brunswick：Transaction Publishers，1996：276 - 283.

在博士答辩仪式中尚留痕迹。① 19世纪后出现的一些新形式与方法,如研讨、实验和现场观摩等,也主要是作为课堂讲授的补充。在传统教师主导的讲授过程中,的确,学生的"学"总体上是缺位的。即使在德国研究型大学中,人们也并不非常关注学生应该学什么和如何学,以及他们是否具有内在的学习兴趣与需求。对大多不具内在驱动的学生而言,各种强制和规训如课堂纪律、作业、考试和毕业要求等,成为迫使其被动学习的基本手段。事实上,这种外在强制即使在今天的大学中依旧被广泛采用,认为它在一个以学生为中心的时代已经过时,充其量为一种情怀和理想的价值预期而不是事实判断。

二、大学课堂讲授的是与非

关于究竟什么是课堂讲授,在今天的大学教学中根本就没有一个严格的概念。因为讲授可以为一种教师个体演说行为,但讲什么和如何讲则可能千差万别。讲授也可以理解为课堂情境中的一种活动形式,但活动组织方式以及它所占的比重和所具有的功能,彼此之间可能大相径庭。故而,考尔(G. Kaur)认为,大学讲授至少可以罗列出如下几种类型:正式演讲(formal oral essay)、说明性讲授(expository lecture)、启发性讲授(provocative lecture)、附带少量讨论的讲授(lecture discussion)、与朗诵结合的讲授(lecture-recitation)、与实验结合的讲授(lecture laboratory)、与讨论结合的循环式讲授(lecture discussion cycle)。② 事实上,即使上述分类,恐怕也难以穷尽现实中更为纷繁复杂的样态,尤其在各种媒介如PPT、视频、实景模拟等不断进入与渗透到课堂的当下。由此,一个令人极为困惑的问题是:如今人们纷纷责

① Friedrich Paulsen. The German Universities: The Character and Historical Development[M]. New York: Macmillan and Co., 1895: 38.

② G. Kaur. Study and Analysis of Lecture Model of Teaching[J]. International Journal of Educational Planning & Administration, 2011, 1(1): 9 - 13.

难的课堂讲授，它的所指究竟是什么？

劳瑞兰德(D. Laurillard)对大学中传统讲授方式深恶痛绝，在她看来，这种以教师主讲、学生记笔记的方式，不仅无助于学生思考，而且在传递知识方面也极不可靠，讲授就如学术会议，"最有价值的往往是非正式环节"而不是会议正式报告。然而，她又不否认，正是意识到传统讲授的局限，教师越来越善于采取某些技巧如课堂提问方式，以改善课堂互动氛围。在现实中，传统讲授更类似于一个与其他方法比较的参照基准(baseline)。[①] 那么，课堂讲授过程穿插着提问乃至短时间的讨论，这是否为讲授？因为就常识而言，单纯的讲授即传统的照本宣科在现实中已经极为罕见，它充其量为一种人们直觉意义的意象或者说出自批判需要而树起的稻草人，故在经验层面，它的真实所指应该在有限的课堂时间以教师讲授为主或不妨称之为以讲授为本(lecture-based teaching)的方式。

讲授为主的确具有教师主导倾向，如霍南(J.P. Honan)等人认为，教师以特定领域的专家自居，扮演课堂中的信息提供者。讲授就是教师根据其对材料的理解，把信息传输给学生的过程，因而构成由材料到教师再到学生的一种单向关系。[②] 在这种单向传输过程中，学生只是一种被动的接受者，他们甚至被比喻为注水的容器乃至随意摆布的木偶。故而，在组织有序和表述清晰的前提下，尽管在信息传输上它大致上是有效的，但因为缺乏互动难以实现"高阶思维和深度理解的目标"。[③] 麦继奇(W.J. McKeachie)等人认为，讲授仅仅从知识获取角度而言是有效的，但是，从知识的长时记忆、知识应用的情境迁移和问题解决能力提升、思维与态度改变以及进一步学习动机角度审

---

① Diana Laurillard. Rethinking University Teaching: A Conversational Framework for the Effective Use of Learning Technologies[M]. London: Routledge Falmer, 2002: 92-93.

② James P. Honan, Cheryl Sternman Rule. Using Cases in Higher Education: A Guide for Faculty and Administrators[M]. San Francisco: John Wiley & Sons, Inc., 2002: 9.

③ Alenoush Saroyan, L. Chery. Rethinking Teaching in Higher Education: From A Course Design Workshop to A Faculty Development Framework[M]. Sterling: Stylus Publishing, LLC., 2004: 72.

视,它弱于讨论的形式。① 除此之外,也有激进的反对者从校园政治与文化角度指出,讲授制度是不平等的社会权力结构在大学校园中的缩影,它有碍于民主校园与学习共同体的建构。在20世纪下半叶,大学教育教学逐渐走向"学生中心"的背景下,应该说上述批判即使有些激进,也的确对反思传统课堂讲授不无启发与纠偏意义。不独于此,正是以之为靶子,在此起彼伏的批判声浪中,各种新方法的探索与实践风生水起,讲授也就成为各种实验研究的参照对象。如今,在建构主义、以学习者为中心以及技术主义各种思潮的推波助澜下,它甚至被贴上各种保守、陈腐、僵化和过时等标签。以至于在今天的大学校园,教师的教案设计如果还是以讲授为主,没有一些变式与新招,可能根本过不了关。

在此,对于上述批判是否公允暂且搁置不提,毕竟观念的颠覆、理论的建构与行动效果是两回事。任何教学形式与方法创新,最终总需要行动者接纳并对其效果予以检验。以讲授为主(并非单纯讲授)是否过时?2018年,斯坦(M. Stains)等以课堂观察方法发现,在北美的25所大学548位教师的709门STEM课程中,55%依旧采用最为传统的讲授为主方式(教师讲授时间超过80%),互动式讲授(讲座中穿插提问与小组讨论)占27%,体现学生中心即讨论与小组工作主导的比例仅为18%。② 2017年,美国加利福尼亚大学洛杉矶分校(UCLA)高等教育研究所(HERI)针对全美高校承担本科教学的教师调查显示,在"你全部或大部分课程使用方法"一项中,虽然课堂讨论和小组合作学习比例很高,分别为87%和69%,但是采用密集讲授的比例也有50%,其中州立大学比例最高,达到54%。上述比例差异也同时表明,在众多密集讲授中实际上穿插了部分讨论与小组学习,至于如今人们热捧的翻转课堂,

---

① W. J. McKeachie, P. R. Pintrich, Y. Lin, et al. Teaching and Learning in the College Classroom: A Review of the Research Literature[R]. Ann Arbor: University of Michigan, 1986: 69.

② M. Strains, J. Harshamnm, M. K. Barker, et al. Anatomy of STEM Teaching in North American Universities[J]. Science, 2018, 359(6383): 1468-1470.

使用比例很低,仅在 20％左右,课堂即时电子测验反馈则更低,仅在 15％左右。[①] 1996 年,英国针对大学本科药理学教师的调查显示,78％采用了讲授为主方式(chalk-and-talk),远高于问题解决(problem-based learning)(37％)、学生参与的讲授(lectures with active student participation)(33％)、计算机辅助[computer-aided learning (CAL) packages](23％)、学生主导的团队学习(student-led learning teams)(18％)、自我评估(self-assessment)(17％)以及同学相互评估(peer-assessment)(15％)。调查还发现,80％的教师并非对新方法缺乏意识,而是认为"它们不适合本科药理学教学"。[②] 颇有意味的是,有针对护理本科生与教师的调查显示,在直接教学诸多方法中,无论教师还是学生对讲授(lecture)予以强烈支持的比例都几乎最高,分别为 56％和 45％,至于互动性学习,双方都最认可的是讨论。[③] 2019 年,我们针对国内高校本科生的调查也表明,在讲授为主、讨论为主、小组项目、学生汇报展示与学生互评等诸多教学形式中,学生对讲授为主的效果评价远远高于其他形式。[④]

以上来自中外师生调查的结论,当然不能成为否定讲授之外教学形式与方法有效性的理由,人们也可以认为:以讲授为主的形式之所以依旧盛行,主要在于教师更精于此道,或观念守旧与教学行为的积习难改,以及学生既有的学习行为习惯与偏好等。但是,以此简单地否定讲授为主方式具有的合理性恐怕更不理智,理念推崇与理论建构者,无论其来自心理学与教育学的理论逻辑如何完美,如果它没有条件或能力转化为行动者的实践智慧,是否会

① Ellen Bara Stolzenberg, Kevin Eagan, Hilary B. Zimmerman, et al. Undergraduate Teaching Faculty：The HERI Faculty Survey 2016 - 2017[R]. Los Angeles：Higher Education Research Institute, UCLA, 2019：33.

② Tony Markham, Susan J. Jones, Ian Hughes, et al. Survey of Methods of Teaching and Learning in Undergraduate Pharmacology within UK Higher Education[J]. Trends in Pharmacological Sciences, 1998, 19(7)：257 - 262.

③ M.D. Noel, F.M. Daniels, P. Martins. The Future of Lecture Method as A Teaching Strategy in Community Nursing Education[J]. J Family Med Community Health, 2015(8)：1 - 4.

④ 阎光才.讲授与板书为代表的传统教学已经过时? ——不同方法与技术在本科课堂教学中的有效性评价[J].教育发展研究,2019(23)：1 - 9.

陷入完美的罪行与理性的悖论也未可知。

多年以来，关注讲授方式的效果研究从未间断。20 世纪 80 年代，哈特利（J. Hartley）对 39 项讲授与笔记方式的研究汇总发现，其中 21 项有利于学生学习，3 项存在负向效果，15 项在统计上没有显著差异。[①] 布朗（G. Brown）也对 60 年来一个流行话题即"讲授是否与其他方法一样有效"的研究文献做了梳理，多方证据表明，"讲授在提供与解释信息方面无疑最为有效，实践技艺的获得来自实验室，但讲授或许是掌握基本方法与理论最有效形式，小组项目的确对培养问题解决能力更有效，但它依赖于讨论或讲授的质量。……众多与其他方法的比较研究表明，讲授明显在高等教育中扮演了重要角色"。为此他援引早在 20 世纪 20 年代斯宾斯（R.B. Spence）的经典评论："对大规模使用讲授法的谴责或许不无道理，但对讲授法予以大规模的谴责则没有道理。"[②]如今几十年过去，讲授或许面临比过去更多更严厉的谴责，但大学中人们的教学行为与行动策略多少表明，这一评论对于当下的纷纷攘攘或许依旧中肯。在此仅列举费尔德曼（K.A. Feldman）对四十多年基于学生评价的有效教学研究文献梳理出的相关证据：关于影响大学有效教学最为显著的变量为教师准备与课程组织，相关系数为0.57，其次为教师表达的清晰与可理解性（0.56），教师的所作所为与课程目标的一致性程度（0.49），对课程教学结果的可感知度（0.46）；教师对学生的兴趣和动机激发、鼓励提问题与开放态度、乐于帮助和目标清晰度等，都为中度相关（0.4—0.5）；至于教师的激情、敏感性、公平性、个性化，课程智力挑战性，课程管理水平，反馈频次以及课堂氛围等，都仅为低度相关（0.2—0.3）。[③] 显然，上述证据虽然没有对讲授形式给予明确

① W.J. McKeachie, P. R. Pintrich, Y. Lin, et al. Teaching and Learning in the College Classroom: A Review of the Research Literature[R]. Ann Arbor: University of Michigan，1986：69.

② George Brown. Effective Teaching in Higher Education[M]. London: Methuen & Co. Ltd.，1988：11-12.

③ Kenneth A. Feldman. Identifying Exemplary Teachers and Teaching: Evidence from Student Rating[M]//Raymond P. Perry, John C. Smart. The Scholarship of Teaching and Learning in Higher Education: An Evidence-Based Perspective. Netherland: Springer，2007：103-104.

肯定,但至少也没有否定其合理性。

当然,理论上,由学生方面获得的经验证据也未必可信,或者不妨说,现实中教学实践极为复杂的样态以及研究者背景、立场和偏好,使得任何证据都难免存在局限性。正因为存在各种混淆,笔者在此期望跳开传统的视角,无意纠缠于不同方法与讲授之间的比较,而是尝试从彼此之间的关系角度展开分析。

三、讲授与其他教学方式的相容性

如上所述,现实中的讲授并不存在单一形式,故而以讲授为主或"讲授为本"(lecture-based)来指称更为贴切。讲授为主,大概可以从如下几个维度来理解:第一,时间维度,即在课堂中由教师主讲所占用的时间。上文中斯坦把教师主讲所占用的时间超过 80% 界定为讲授为主,但这里的困惑在于:其实一堂课究竟讲授多少,比例可能并不重要,关键是一门课程的总体设计是否都以讲授为主。譬如,大多课程的整体安排都可能会间隔安排相关的讨论课、小组项目、实验课和实习等,因此简单地以一堂课的观察作为依据,可能存在误判。第二,空间维度。教室并非讲授的唯一场合,特别是在如今信息技术得以广泛应用的环境中,不乏一些课程教学采取课外视频听讲、课堂讨论或答疑方式。问题在于课外录播的视听其实也是讲授,只不过空间发生置换而已,由面对面转换为人机交互,但在听讲的时间意义上并没有实质性改变。第三,内容维度。即使同样的科目,每个人讲授的内容与组织安排不同,或拘泥于或不限于教材,或问题导入或理论在先,或结合实例或营造情境……不同内容安排与组织之间,效果存在差异。第四,功能维度。不同的讲授具有不同的功能取向,有的课堂讲授本身就类似于演讲,目的在于拓宽学生视野与启发思维,有的主要是基本知识的条理或思路爬梳与厘清,需要课后大量阅读或演算,以及由助教辅导或以团队合作方式去掌握,不同的人有不同的设计,实难一概而论。总之,大学课堂的讲授,既无定法也无成规,把它理解为一种刻板的方法与机械的流程,是主观而不是经验判断。

因此,对现实中林林总总的讲授为主的形式简单给出笼统的好坏与优劣评价,可能不得要领甚至做出误判。一个有效的分析路径不妨为:从人们对讲授的责难中或可窥见它为何如此顽固的缘由,并从中理解它与其他非传统教学形式和方法之间的关系。

对大学课堂讲授持有争议的大概有三方面的群体:第一,心理学与教育学领域的专家。他们往往基于对学生情感与认知发生过程的实证研究成果或理论建构,视讲授为一种忽略学生存在的消极而不是积极的学习过程。第二,学生群体。布朗基于文献梳理,将学生的反馈罗列为声音不清晰、没有条理性、东拉西扯、没有重点、板书(或 PPT 呈现)不理想等。第三,教师群体。布朗将其综合为讲得太多太快、提供太多知识、忘记总结概括、要点不清、难以把握时间与进度等几条。[①] 由此不难发现,学生与教师对讲授的责难,更多涉及教师的表达行为表现以及技艺,而对讲授形式本身少有反思与批判。在他们的意识中,讲授的效果好坏在于它的过程是否有周密与完整的设计,即准备是否充分,内容是否结构化,表达是否准确清晰,重点要点是否突出,节奏是否恰当,以及有关教师的风格、情绪和身体语言是否得体,如此等等。布朗将有效讲授的特征大致概括为:讲授前意图与规划明确,传输过程中表达与解释简洁明了,能够以"激情、友好、幽默、活力甚至魅力"营造氛围,内容以标题方式呈现的结构层次分明,善于采用例证与隐喻形式,以及擅长利用各种媒介强化视觉体验。[②]

多年来,关于讲授效果及其有效性的研究颇为丰富,譬如莫里(H. G. Murray)梳理的证据表明,尽管不同学科领域存在差异,如文科更关注教师的

---

① George Brown. Effective Teaching in Higher Education[M]. London：Methuen & Co. Ltd., 1988：13.

② George Brown. Effective Teaching in Higher Education[M]. London：Methuen & Co. Ltd., 1988：14-16.

个人风格,理科更在意讲授的节奏,但大学教师的讲授效果主要与音质、清晰度、内容组织、内容趣味、表情、节奏、课堂互动、师生关系等存在高度与中度相关(相关系数大于 0.3 以上)。班级规模大小对讲授要求也有差异,大班比小班更重视清晰度、内容组织、音质和进度。[①] 一个对 67 门大学课程教授过程的细微观察研究显示,教师讲授过程中的表情如微笑、放松、眉头舒展与扭结、视线如低头还是抬头凝视,手势如解释动作、拍打、来回摆动和把手揣在兜里,身体的站立、走动、姿势,声音的强度、柔和、力度变化、语速快慢等等,都会影响讲授的效果。[②]

然而,上述这些在心理学与教育学者看来,都是技术性的细枝末梢,不得其本。因为讲授方式仅止于信息的传输,即便是有感染力的课堂讲授,它虽然也可以调动学生课堂听讲的注意力,激发学生的求知热情,然而无法达到训练其高阶思维、分析问题和解决问题的能力。故而,巴克利(E.F. Barkley)认为,传统讲授为主的课堂,即使引入讨论,学生也往往表现被动与冷漠,因此有效的课堂应该是参与式的教与学。它要求大学教师理解学生的心理特征并遵循规律,通过情感、认知与精神意志的三方协同与融合,促成学生的积极性学习(active learning)或转化性学习(transformative learning)。实现积极性学习的基本路径就是创设学生课堂参与(engagement)的情境与氛围,既要强调集体合作,也要关注每一个体,以课堂共同体的建构,促成所有学生的思维、价值、信念与专业能力等各方面的发展,以及批判性思维、创造性思维和问题解决能力等的提升。为此,她详列出各种学生课堂参与的策略,诸如

---

① Harry G. Murray. Low-inference Teaching Behaviors and College Teaching Effectiveness: Recent Developments and Controversies[M]//Raymond P. Perry, John C. Smart. The Scholarship of Teaching and Learning in Higher Education: An Evidence-based Perspective. Netherland: Springer, 2007: 167 - 171.

② Elisha Babad. Teachers' Nonverbal Behavior and Its Effects on Students[M]//Raymond P. Perry, John C. Smart. The Scholarship of Teaching and Learning in Higher Education: An Evidence-based Perspective. Netherland: Springer, 2007: 167 - 171.

分组、讨论、学生自评、辩论、读书俱乐部以及各种媒体技术的应用等等。[①]

　　显然，对于讲授形式，心理学、教育学领域学者与教学一线的师生关注点不同，前者希望的是课堂改造乃至颠覆讲授主导方式，后者则往往关注讲授方式本身的改进。应该说，两者的预期和目标也不同：前者带有理想化、高期待和高度复杂化、技艺化与组织化的取向，我们不妨称之为理想教与学形态，它需要教师与学生全面的共同配合与参与，关注的重心在学生学习；后者则是底线意义的要求，不妨谓之常态教与学形态，其重心在教师的教。尼科尔斯（G. Nicholls）曾对"好的教学"（good teaching）与"要教好"（to teach well）分别提出如下要求："好的教学"是"高质量的学生学习，科目内容的积极投入，适合于学生学习水平，材料解释深入浅出，明确理解内容、层次与原因，尊重学生和支持学生独立性，及时给学生高质量反馈，善于从学生方面教学效果获取信息并以之改进教学"。对于"要教好"则要求教师"做好良好的计划与准备，明确教学目的和目标，清楚课程中每个环节与整体的关系，了解学生的能力与先前知识，充分准备与组织资源，有信念有热情"。[②] 教育学学者心目中的以学生为中心教学，大致近似于甚至比"好的教学"有更高的水准，而"要教好"主要在于教师个人，即对教学内容安排、进度以及学生有尽可能充分的把握。

　　换言之，"要教好"对于教师而言在整体上是可控的，取决于他的专业学识、责任、态度以及对学生认知水平的了解。而"好的教学"乃至卓越教学，则意味着教师仅仅"做好自己"是不够的，它还需要调动学生来全面参与，需要教师有过程控制的各种应变策略，擅长创建情境并借助各种技术因素予以配合，简单说就是要求教师不仅是"高智商"，即授课内容专精也博雅，而且要

① Elizabeth F. Barkley. Student Engagement Techniques：A Handbook for College Faculty[M]. San Francisco：John Wiley & Sons, Inc.，2010：5‐55.
② Gill Nicholls. Developing Teaching and Learning in Higher Education[M]. London：Routledge Falmer，2002：37.

"有智慧",即行动策略灵活机动,还要"高情商",即善于调动学生情绪、激发学生智趣,以富有挑战性的要求锻炼学生的意志力,并在情景共融的环境中与每一位学生建立极为融洽的关系。当然,它还需要有各种人力物力资源包括助教及其他硬件和软件给予支持。

显然,要实现上述理想状态的教学并不容易,甚至可称为巨大的挑战。毕竟实验室中建构的理论及其合理逻辑演绎生成的知识体系,与自然的课堂情境存在巨大的差异。因为它不仅关联到教师的个性特质,而且需要把控的因素太多,导致难度增加,稍有不慎,可能带来的效果恰恰相反,譬如教学进度缓慢、节奏拖沓或断裂、有场景热闹但无求知热情、师生以及生生之间因个性与认知水平差异难以合拍,各自感受与收获不同,学业评价可能有失公平,如此等等。更何况,因为班级规模大小不同、学科知识属性之间也存在巨大差异,如越是远离日常生活情境的抽象知识,调动学生参与的难度越大。

正因为此,笔者认为,在难以把控的理想状态与可控的现实之间,现实中的课堂大多由教师根据自己的偏好以及对教学的理解与领悟,形成了风格多样化的课堂教学形式。如今一门课程全程讲授的情形可能存在,但较为少见。在讲授之外,或在课堂上或在课程不同周次的安排中多穿插了其他形式,如提问、反馈、案例分析、讨论、演示、学生展示、小组项目、实验室工作以及研究项目等。当然,在课堂上,讲授与其他形式之间可能存在时间分配的差异,如果讲授比例超过50%,其实依旧可称之为讲授为主的方式。至于讲授为主还是以学生学习为主的效果,考虑到上述难度与复杂性,在此不妨基于常识做如下推断:或许存在这样一种谱系,平庸的学生主导<单纯讲授<以讲授为主(讲授与其他混合)<良好的学生主导。基于上述推断,笔者对阿特金斯(M. Atkins)的教学方法连续体进行了改造(图6-1),以使之更为直观。其中的虚线大致反映了教师主导的效果变化,实线代表以学生为中心的效果变化。该示意图或许表明:其一,讲授与其他形式之间未必一定存在排斥,而是具有一定的相容性;其二,完全淡化讲授的其他方式,由于存在众多

不确定性因素,导致过程控制与技术操作难度大,其理想状态并不容易实现。这或许是为何现实中讲授为主的方式依旧盛行的原因之一,它一定程度上源自人的常识理性与务实考虑,也可能是一种风险规避的策略。

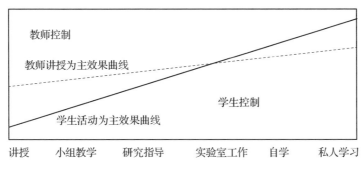

图 6 - 1　教师主导与学生中心教学形式效果推断曲线

四、讲授为主方式得以存续的客观环境与条件

以上表明,讲授其实与其他形式之间并不相互排斥,只是程度不同而已。它之所以在大学中如此顽固,并不能完全简单地归因于积习难改和惯性使然,而是有着行动者务实考虑的成分。这种更多来自人们实践意识的自觉行动,可能无法企及教育与心理学者期盼的理想状态,但也未必不具有合理性。在此,不妨从三个方面略微展开分析。

第一,关于大学中学科与课程知识属性的差异。赫兰德与斯玛特从人的个性特质与知识属性之间的关联角度,将学科划分为四种类型:一是探究性学科,主要包括数理等自然科学以及人类学和社会学等社会科学知识;二是艺术类学科,包括建筑、语言、音乐、美术和设计等学科;三是社会性学科,诸如伦理、健康、心理和教育等;四是产业性学科,如商业、市场、工程、传播和计算机科学等。这些不同学科在思维方式、价值取向、知识形态和表现形式及其与社会日常生活之间关联等,都存在较大差异,甚至形成了带有各自特质与品味的学科文化。由于"分属于不同学科群的大学教师，创建了不同的学术环境"，故而他们对本科教育目标取向、课堂上关注的教学目的、学生能力、教学方法以及师生互动形式都各有不同。①

不同学科教师课堂上对学生知识、思维和能力的要求与关注也不尽相同，譬如探究性学科不关心与工作相关的技艺，产业性学科则正好相反。上述两者都关注以知识为媒介训练学生的数据分析能力，但社会性学科则更注重关于人的理解与社会人际关系问题的解决。在所有学科中，艺术类学科更重视独立思考而弱于社会理解。故而，虽然讲授方式普遍存在于所有学科领域，但是以讲授为主还是采用其他方式，彼此之间因学科属性与文化偏好不同而存在明显差异。实证研究表明，以社会性学科大类为参照，其他大类的课堂师生互动都相对较弱。包括工程、自然科学与统计性质的学科，教师更少采用积极性与合作性学习，与社会性学科大类相比，其他学科对课堂丰富多样化活动重视程度偏弱。② 当然，学科属性与文化差异或许不能作为某些学科讲授为主的合理性或合法性依据，但它至少表明，在大学教与学情境中，漠视学科属性乃至课程具体内容的差异，对讲授或讲授为主做一概而论的是非评价并不妥当。

第二，教师的个人特质与风格。关于好教师的人格特征，沃克（R.J. Walker）针对大学教育专业本科生15年的追踪调查表明，杰出教师身上往往具有十二大特征，包括认真、态度积极、对学生抱以高预期、课堂富有创造性、公正、平易近人、营造归属感、有同情心、幽默、尊重、包容、敢于承认错误等。③

① Willis A. Jones. Variation among Academic Disciplines：An Update on Analytical Frameworks and Research[J]. Journal of the Professoriate，2011，6（1）：9 - 24.

② Paul D. Umbach. Faculty Cultures and College Teaching[M]//Raymond P. Perry, John C. Smart. The Scholarship of Teaching and Learning in Higher Education：An Evidence-Based Perspective. Netherland：Springer，2007：263 - 318.

③ Robert J. Walker. Twelve Characteristics of An Effective Teacher：A Longitudinal, Qualitative，Quasi-Research Study of In-Service and Pre-Service Teachers' Opinions[J]. Educational Horizons，2008，87（1）：61 - 68.

严格而言,沃克揭示的其实是教师群体的职业人格特征,它适合于所有教育乃至其他社会场合,带有社会化意味而无关个人特质。在此,所谓的特质更多关联到大学教师个体独有的气质、思维、表达与行为习惯、偏好乃至癖好。研究型大学的文化气象就在于对学者个性的包容,它构成大学旨趣与风格各异、多元共存、兼容并包的独特景观,也体现了对教师的专业自主与教学权利的尊重。课堂的确是公共场所而不是教师的私人领地,需要教师有对学生为本理念的精心呵护、专业精神的坚守与公共责任担当,但如何组织教学内容、实现过程的有效管理与采用何种教学形式,更多源自教师行动自觉及其与学生之间默许的承诺。与此同时,对于外部介入如过多的规范、程序性的规定以及技术性的要求,大学教师往往带有天然的敌意。正是在这样一种习以为常的传统与文化浸染中,大学教学趋于极为丰富的个性色彩。

更何况,相对于其他教学形式,讲授更能凸显教师教学风格的个性化。早在 20 世纪 70 年代,鲍姆格特(N.L. Baumgart)发现,大学教师在课堂教学中存在反思性评判型、信息输入型、舞台布景师型、精心制作型、小心探索型、认知意义工程师型等六种角色类型,并认为反思性评判型角色更能调动学生高层次思维和获得学生的积极评价。[①] 但是,反思既可能带来更为积极进取的行动,如教师会在行动的反思中主动探求教学形式的创新,也可能引起退缩行为,如面对各种不断翻新的非传统教学形式,越是坚守个人独立判断的教师,越有可能会采取审慎甚至保守态度。尤其面对带有颠覆性的教学形式时,考虑到其使用效果或者过程控制的难以把握,故人们更可能采取以折中或中庸的方式来应对。日常中大多教师即便不赞同单纯讲授形式,但也依旧坚持以讲授为主并适当穿插其他形式,个中缘由盖在于此。

当然,教学风格个性化并不意味着它一定会产生好的效果。颇为有趣的是,科学史上众多科学巨擘如牛顿、爱因斯坦、德国物理学家劳厄(M. von

---

① W.J. McKeachie, P. R. Pintrich, Y. Lin, et al. Teaching and Learning in the College Classroom: A Review of the Research Literature[R]. Ann Arbor: University of Michigan, 1986: 55.

Laue)、博弈论学者纳什(J. Nash)等,可谓天赋异禀,性格孤僻,他们的教学形式就是简单板书与讲授,但无论是课堂讲授还是科学演讲,从受众的角度评价甚至达不到及格水平,然而这丝毫无碍于他们作为大学象征性人物的存在。当然,如是说并非为不顾及学生反应的个性化教学辩护,而是意在表明:任何对大学教师个人风格的干预,很可能引发教师的敌视,对教学的激情减退乃至倦怠。

第三,学生学习能力、习惯与风格差异。在如今高等教育普及化背景下,学生群体内部差异越来越大,不同于传统精英教育阶段学生能力较为平均、班级规模小与课堂管理相对简单等特征。而且,受早期家庭以及学校教育经历影响,学生学习习惯与风格也存在明显差异。尤其在进入大学后,因为更强调学习的自主性,学生学习风格更为迥异。譬如,弗赖伊(H. Fry)等人就认为大学本科生学习风格至少存在四种类型:活跃分子,敢于面对挑战性任务,求新求异;反思者,擅长结构化学习;理论家,擅长合逻辑与理性的结构,目标清晰,学习过程有条不紊;实用主义者,对与实践和应用关联的学习更感兴趣。① 尼科尔斯则从认知特征角度划分为如下类型:收敛性学习,擅长理念践行,重实验与抽象议题的概念化;发散性学习,富有想象力,重具体经验与反思性的观察;同化性学习,偏重理论模型建构与不同观察结果的辨别,擅长抽象议题概念化与反思性观察;适应性学习,任务导向,青睐于体验性与参与性学习。② 其实,上述概括也未必能够涵盖真实状态中更多复杂的类型,但它委实反映了现实教学众口难调的困境。事实上,所有针对本科生的实证数据都表明,面对如今学生群体内部高度的复杂性和非均质性,几乎不存在某种教学方式能够兼顾所有学生能力、潜质、习惯与个性需要。即使有关实验研究的数据支持其他教学方式在统计学意义上的有效性,但它也仅代表单一讲授

① Heather Fry, Steve Ketteridge, Stephanie Marshall. Understanding Student Learning[M]// A Handbook for Teaching & Learning in Higher Education. London: Kogan Page Limited, 2003: 20.
② Gill Nicholls. Developing Teaching and Learning in Higher Education[M]. London: Routledge Falmer, 2002: 33.

的缺陷,而不能代表揉入了其他方法的讲授为主形式的低效。

正因为上述窘境以及考虑到学生既有学习习惯,如在我国,由于基础教育阶段以知识获取与理解为主的教学模式,很大程度上塑就了学生以听讲与记忆为主的浅层学习策略,这种被动接受以应付考试为目的的习性往往延续到大学阶段,是故,教师也就理所当然地采用师生都极为熟稔的讲授形式。毕竟,该策略更能体现一种目标清晰、内容具有高度结构化的路线,且迎合了相当部分学生的旧习,即听讲—复习—完成作业(论文)—期末考试的固有模式,尤其对大多理工科课程而言。当然,这种迎合确有可能不利于学生的高阶思维、批判性思考能力提升以及学生深度学习策略的领会,这是后话。

五、大学的课堂讲授面临的挑战与出路

关于大学课堂讲授所受到的争议与遭遇的挑战,其实并非发生于晚近。从 20 世纪中叶美国大学开始倡导学生关注以来,便有众多研究以各种证据对这种传统方式提出质疑。密基奇(W.J. McKeachie)对 20 世纪 40—50 年代期间约 30 项研究的数据梳理显示,以学生为中心相对于传统教师中心,在学生学习态度和动机激发方面占有明显的优势。同时,该时期的相关研究还表明,相对于讲授主导,讨论主导在知识测试上落于下风,但在态度与动机上表现出相对优势。[①] 进入 21 世纪以来,伴随认知科学领域出现的一些新进展,特别是在快速发展的信息技术助力下,大学讲授方式乃至物理意义上课堂空间存在的合法性,更是陷入前所未有的危机。2018 年,美国医学与生命科学领域新闻媒体"STAT"发表了《医学生成群结队逃课:课堂讲授日益过时》一文,文中透露在全美范围内,有四分之一的医学生在头两年几乎不去听课,包

---

① W.J. McKeachie, P. R. Pintrich, Y. Lin, et al. Teaching and Learning in the College Classroom: A Review of the Research Literature[R]. Ann Arbor: University of Michigan, 1986: 69 - 70.

括诺贝尔奖获得者的课堂也出现大量缺席情形。①

　　因为学业成绩与医学资格考试分属两个不同系统，医学生更为看重通过网络系统来学习资格考试内容。故而，上述情况虽然带有一定的特殊性，但无论如何，这个苗头对于大学传统课堂尤其讲授方式都是一种"不祥之兆"。在如今学历文凭贬值、人们越来越着迷于信息技术应用的环境中，物理空间意义上课堂的功能弱化乃至消亡也未必仅仅是一种想象的图景。因此，如何让面对面的大学课堂还能够维持其不可替代性，这确实是需要未雨绸缪的问题。2014年，哥伦比亚大学曾经发生过一次关于"更多点击"（线上课程）还是"更多砖块"（教室讲授）的辩论，论辩的正方为美国麻省理工学院教授兼edX②的首席执行官阿加瓦尔（A. Agarwal）和美国密涅瓦项目创建人兼首席执行官尼尔森（B. Nelson），反方是哥大前教务长科尔（J. Cole）和著名专栏作家舒曼（R. Schuman）。辩论之前，受众中支持线上课程逐渐取代课堂讲授的仅有18％，反对者为59％，而辩论之后前者增加到44％，后者减少到47％。正方虽然最终依旧落败，但较辩论前获得了更多的认可。如今，关于这一争论还在持续，对传统课堂以及面对面讲授的主要支持者为大学教师。如加利福尼亚大学洛杉矶分校高等教育研究中心（HERI）2017年的调查显示，在本科教学中，翻转课堂、在线作业与讨论、在线反馈系统的使用率都很低，经常使用的比例大都低于五分之一。③ 但是，无论其对技术介入持主动接纳还是保留态度，不容否认，线上教学资源分享与人际互动必将成为普遍常态，尤其是新冠疫情的发生，无疑会进一步加快这一进程。当然，就可见的未来而言，比较保守的判断为：线下教学依旧难以替代，线上与线下结合的混合方法将

---

　　① Orly Nadell Farber. Medical Students Are Skipping Class in Droves—and Making Lectures Increasingly Obsolete[EB/OL]. https://www.statnews.com/2018/08/14/medical-students-skipping-class/.

　　② 美国麻省理工学院和哈佛大学于2012年联手创建的大规模开放在线课堂平台。

　　③ Ellen Bara Stolzenberg, Kevin Eagan, Hilary B. Zimmerman, et al. Undergraduate Teaching Faculty: The HERI Faculty Survey 2016－2017[R]. Los Angeles: Higher Education Research Institute, UCLA, 2019: 33.

逐渐为更多人接受，只不过混合方式与程度因人而异。

至于面对面的课堂如何还能够保持活力，教师凭借一本教材照本宣科也确实过时甚至正在走向消亡。即使以严苛的课堂考勤与纪律来约束，无法引起学生注意力、兴趣和调动学生激情的这种宣讲，其实就是一场无意义的教师独白与个人表演，甚至难免会引起学生的抵触与反感。在人文与社会科学领域，由于课程知识相对更具张力和弹性，且更容易与现实生活情境建立关联，故而内容生动且不乏博识、机智和知趣的课堂讲授，因其所具有临场发挥、即时性思想启迪与视野拓展功能，将依旧具有一定的吸引力。如果将课堂讲授与其他形式如提问、反馈、讨论、案例、小组项目以及可视化技术等有机结合，可以达到任何单一形式难以企及的效果。

相对人文社会科学，知识弹性有限的 STEM 学科课程，讲授方式将面临更大的挑战与危机。也许，正因为学生自主学习难度大，且受制于课程内容内在逻辑性与难度的阶梯性，教师不仅难以有更多的自主发挥空间，而且还有教学进度要求，故如上文有关调查数据显示，STEM 课程讲授方式才更为盛行。提升大学 STEM 课堂教学有效性，讲授本身自然需要改进，如以更丰富的图像、实例、虚拟仿真和演示来配合讲授，建构思维导图，可增强内容的可理解性；课堂之中，适当增加辅导（助教）、即时反馈以及生生互动的机会，可使得教学更具针对性，帮助不同学生发现和克服各自学习障碍。除此之外，最为关键之处在于，课堂之中是否能够以更为有效的其他教学形式，调动学生的课堂参与。弗里曼（S. Freeman）等人对 255 项 STEM 教学的实证研究成果做元分析，结果显示：课堂上采用随机性小组问题解决方法、当场完成作业以及辅导、针对每个人的即时反馈系统、工作坊等学生参与方式，本科生学业成绩表现更好，不及格率为 21.8%，而传统讲授方式的不及格率则为

33.8%,相对于积极性学习高出 1.5 倍以上。^① 当然,学业成绩可能更多代表学科知识理解与掌握水平,积极性学习的最终目的还在于提升学生思维水平和学科知识综合应用能力,"学生从阅读与讲授中获得有关化学知识是一回事,但如何能够表现得像化学家那样完成任务则是另一回事"^②。

高等教育进入大众化与普及化阶段的大学课堂形态、文化与性质,已经发生了不可逆转的转变。尽管就现实状态而言,只要学历文凭的符号价值和社会象征意义依旧存续,终结性学业评价所具有的强制性规训就始终有其功用价值,它会倒逼学生不敢轻易漠视课堂讲授及其内容。但面对经受了信息化时代洗礼且浸入至深的新生一代,这种强制难免会遭遇到更多潜在或显在的反弹乃至抵制,甚至引起更为负面的效果。此外,在客观环境与条件上,一方面,入学门槛放低带来了学生规模的膨胀、潜质的参差不齐和诉求的各有所异,使得大学课堂空间更为拥挤且众口难调;另一方面,校内外各方力量又要求教师的课堂教学不仅高效,而且能够尽量满足所有学生的发展诉求。正是上述各种无法摆脱的悖论中,已经习惯了传统教学方式,将大学教学视为不过是经验积累、实践技艺乃至匠术的教师,在科研之外也正面临前所未有的教学困境与压力。

昂巴克(P.D. Umbach)的研究表明,相对于美国小而精的私立文理学院,其他所有类型的大学课堂,无论在师生互动、积极与合作性学习、高阶思维的重视、学业的挑战性、活动的丰富程度以及对多样性的重视等方面,其统计学意义上都明显趋弱。更耐人寻味的是,相对于主流的白人教师,其他族裔教师在上述方面表现更优。教龄越长,教师职务级别越高,在上述大多方面表

---

① Scott Freemana, Sarah L. Eddya, Miles McDonough, et al. Active Learning Increases Student Performance in Science, Engineering, and Mathematics[J]. Proceedings of the National Academy of Sciences, 2014, 111(23): 8410 - 8415.

② Elizabeth F. Barkley. Student Engagement Techniques: A Handbook for College Faculty[M]. San Francisco: John Wiley & Sons, Inc., 2010: 6.

现越不尽如人意。① 结合前述 HERI 的调查结果,这一实证结论无疑表明,越是研究型大学和规模庞大的公立大学,越是重视科研取向的教师,对非传统教学形式上探索兴趣越低,它其实又暗示:客观条件与制度环境也是影响教师教学形式与方法创新的重要因素。如今,无论是教学学术还是建构主义有关的教与学理论主张,倡言一切从学生"学"的角度出发,说易行难,问题的根本并不完全在于他们缺乏理念与实践意识,而是精力的投入、成就得到认可的获得感以及机构和学科文化。当然,还有他们对各种教学形式的自我理解与效果判断。

2011 年,新西兰学者哈伊(I. Hay)邀请来自澳大利亚、加拿大、新西兰、英国与美国等部分卓越本科教师(获得各自国家与专业组织最高教学荣誉)进行了笔谈和访谈,最终汇成《鼓舞人心的学者:以大学中的卓越师者为榜样》(*Inspiring Academics: Learning with the World's Great University Teachers*)一书。大致浏览下来会发现,每位教师因科目内容不同,教学形式与方法以及风格各有特色,不具有统一模式。但在有些方面也的确有相似之处,例如在讲授与其他众多形式有机融合的课堂教学中,教师表现出高涨的热情,课程准备充分,善于以问题或情境设置、现场观察等激发学生动机与兴趣,以案例、类比、可视化和插图等丰富多样的方式增强学生对概念与理论的可理解性,注重调动学生的课程参与和互动,擅长以形成性评价不时给予学生激励,并提供课堂即时以及课下线上反馈。②

由这些卓越师者带来的启示或许是:其一,作为物理空间的课堂难以被虚拟空间替代;其二,好的讲授不会过时,但它融入了其他有效教学形式;其三,讲授作为课堂教学形式之一,它究竟如何组织、占有多少比重,取决于教师以其对课堂内容、学生认知水平的理解而做出的精心设计;其四,大学教学

---

① Paul D. Umbach. Faculty Cultures and College Teaching[M]//Raymond P. Perry, John C. Smart. The Scholarship of Teaching and Learning in Higher Education: An Evidence-based Perspective. Netherland: Springer, 2007: 287-290.

② Iain Hay. Inspiring Academics: Learning with the World's Great University Teachers[M]. London: Open University Press, 2011.

活动的确存在某些合乎规律性的理论通则，但是其运用却在于个体根据情境的自我领悟。正如奇克林（A. Chickering）等人认为，有效的本科教育实践通常体现了七大原则："以频繁的课堂内外师生互动激发和调动学生；鼓励学生之间合作而不是孤立与竞争；通过对所学内容进行讨论、写作与应用形成积极性学习；以对学生表现的即时反馈，帮助学生去自我评价其知识与能力水平；强调按时完成学习任务，帮助学生学会有效利用时间；赋予学生以高期望，无论是对学困生还是学优生；尊重学生才智与学习方法的多样性。"①上述原则也可以说是目标期待，具有普遍性，但如何领悟和实践则还取决于个人。无论如何，大学教师的专业素养与学科知识仍然为核心"硬件"，但能否达到教学卓越，需要有教学学术的探究，也需要有表达与组织的技艺，大学教学的有效性还离不开个人禀赋、课堂表达和活动组织的个人风格与个体智慧，换言之，它依旧带有实践"艺术"的意味。

最后，有必要说明的是，如果我们持有一种既带有人性关怀又不乏理性的态度来审视，现实之中不存在一种所有人的教学卓越，这是一种幻象；更不大可能在一个人身上，出现一种科研、教学乃至其他方面的全方位卓越，这更不切实际。一种现实的诉求是让每个人都能扬长避短，以饱满热情、责任伦理与行动自觉去追求"好的研究"与"好的教学"，各有所获，如此不经意中反而会出现不同角色意义的出类拔萃。大学要以学生的"学"为中心，但不是以肤浅化的讨巧去逢迎学生，即使在今天，思想的领悟、理论的理解与方法的掌握、高阶思维的训练，依旧离不开学生自我控制的意志力与"苦读"精神。"苦读"需要有来自"教"的高要求，维护师者"教"的尊严，并体现对教师的关怀。总之，以简单的过时论来彻底否定传统的课堂教学方式，或者仅仅追求形式"新颖"与课堂"热闹"的标新立异，这种极端主张与古老僵化的照本宣科一样不可取，对此，人们需要有清醒认知与理性克制。

① Robert B. Innes. Reconstructing Undergraduate Education：Using Learning Science to Design Effective Courses[M]. New Jersey：Lawrence Erlbaum Associates，2004：250-251.

第七章　理解教学技术:影响、反思与展望

　　新冠疫情让长久以来一直沉醉于前景自我勾画中的在线技术与教学猝不及防地迎来了一场大考。随后关于其教学效果的各种调查结论纷纷出笼,对于其成与败和是与非,人们自然是褒贬不一。其实,褒也好贬也罢,无论是哪方的评价也都未必客观,因为毕竟为情势所迫,特定情境中人们的感受难以反映技术在常态教育与教学环境中的真实意义与价值。故而,在此笔者无意涉足这个正在趋热的议题的背景关联,而是尝试以一种更为超越的立场来审视如下更值得去细究的几个问题:信息技术与学校教育教学之间存在一种什么关系? 教育技术的效果与前景如何?

一、信息技术与学校教育教学之间的历史因缘

　　如果回溯到人类的原初如旧石器时代,教育与人类早期赖以生存的技术、技能原本就浑然一体,难解难分。在日常生活与劳作中长幼之间的互动,既是一种素朴技术和技能的探索与创造过程,也是一种有意无意的人类教育实践活动。因此,撇开早期祭拜图腾与信奉神祇等象征性仪式的教化不谈,就技术的缘起而言,它与教育可谓是二而一、一而二的。至于两者在人类历

史中何时逐渐分开并纳入两种不同的演进逻辑与路线,这固然是一个如道中迷雾般不可考的议题,但可以大致肯定,社会分工是导致两者此后分进且又不断交叉和相互影响的核心机制。尤其在技术被纳入人类的经济与交易活动领域,教育逐渐走上机构化与制度化轨道之后,两者之间一度出现技术的物质性与教育的精神性诉求长期分立乃至对峙的格局。技术也逐渐转化为一种外部的异在力量,以间接方式逐渐渗透到学校教育日常活动之中甚至颠覆和重塑教育的形式与形态。

不过,虽然千百年来中西方的学校教育活动内容与组织形式一直处于变动不居的状态,但人与人如以师生为主也包括学生相互之间面对面的思想、观念、理论、知识、技术和方法等的交流与对话,则始终为其活动形式的稳定态。也正是因为存在这种稳定态,作为教育的特定物理空间——学校与课堂,即便在历史上受到无论左翼还是右翼思潮的冲击,如伊利奇(I. Illich)20世纪 70 年代激进的废除学校主张和 90 年代美国风行的家庭学校(home schooling)运动,依旧没有发生根本动摇。然而,进入 21 世纪后,随着计算机、互联网以及大数据和人工智能等在教育领域的广泛应用,传统学校与课堂却实实在在地面临着一次冲击。尽管就目前而言,主流的观点更倾向认为,信息技术正在并将越来越多地被整合到学校教育教学过程之中,而绝非能够替代传统教育教学,但诸如慕课(MOOCs)等大规模在线课程项目的开发以及人工智能的最新进展,似乎又让人看到一种可能性并为此而欣喜不已。

事实上,如果回溯历史便会发现,这种情形也并不是先例。古纳拉特纳(S. A. Gunaratne)认为,人类社会发展至今,先后经历了三次传播革命,分别为书写、印刷以及当代以电视、计算机与数字化为代表的信息技术。① 书写的发明让人类的日常生活教育实践走出了口述心传的传统,实现了人类生存经验与文化象征系统的代际传递,它不仅参与文明的缔造并为其赓续和传播奠

---

① Shelton A. Gunaratne. Paper, Printing and the Printing Press: Horizontally Integrative Macro-History Analysis[J]. Gazette, 2001, 63(6): 459 - 479.

定了基础，而且因为文字符号所带有的抽象性，让教育摆脱了日常生活难分你我的浑朴稚拙状态，开创了正式教育的雏形。在印刷革命之前，文字与书写作为一种由精英掌控的小众技能，不仅是对金字塔式社会分层结构的镜像，而且也塑造了教育过程中话语主导与被主导、指令控制与被控制的格局，讲授与听写、咏诵与强记、惩戒与服从是为日常教育活动的基本形态与面向。不过，客观而言，是书写的掌控者而不是书写本身主导了教育内部结构与日常权威的形塑。正如西欧中世纪大学通用的教学语言——拉丁语，它之所以能够拥有长期宰制的优势，并非在语言及其书写本身，而在于其背后教廷对教义诠释权力的独揽。由这种专断也衍生为教育过程中教与学不同主体之间的关系构型，教学程序的刚性，教学方法与形式相对单一。

　　印刷术的流传为第二次传播革命。造纸与印刷术的发明源于我国，但它所带来的影响是具有历史性与世界性的。卡特尔（T.F. Carter）认为，在欧洲的古登堡印刷革命之后，造纸与印刷术不仅为宗教改革开辟了道路，也为大众教育提供了可能。[①] 有人甚至认为，正是印刷术，促成了欧洲具有深远历史影响的三大变革，即宗教改革、文艺复兴和科学革命。[②] 其实，单纯就技术层面而言，印刷术的重要贡献仅在于大大降低了传统书本的成本，如迪特马尔（J.E. Dittmar）所指出的，自1450年左右印刷工业于德国的美因茨创立之后，"该技术不到50年就流散于整个欧洲，到16世纪末，书籍的成本迅速下跌了三分之二，从而变革了思想的传播方式与智力工作的境况"[③]。如果不假思索，人们往往会把书籍成本的下降归因于技术，然而，更深层的原因还真未必是技术本身，而是它生发的特定社会背景。迪特马尔从经济学角度分析认

① Thomas F. Carter. The Invention of Printing in China and Its Spread Westward[M]. New York: Ronald Press, 1955: 9.

② Sabrina Alcorn Baron, Eric N. Lindquist, Eleanor F. Shevlin. Agent of Change: Print Culture Studies after Elizabeth L. Eisenstein[M]. Amherst University of Massachusetts Press, 2007: 365.

③ Jeremiah E. Dittmar. Information Technology and Economic Change: The Impact of the Printing Press[J]. The Quarterly Journal of Economics, 2011, 126(3): 1133-1172.

为，早期推动印刷术迅速散播的动力是当时欧洲城邦经济的发展，贸易往来的繁荣，促成了人们对掌握商业技能与规则的旺盛需求，因而各种与商业有关的手册以及与利润计算相关的教科书颇有市场，其也在很大程度上刺激了底层阶级的识字教育诉求，推动了面向底层的城市学校发展。① 学校教育的扩展，反过来又一定程度上刺激了印刷产业的扩张，因而形成了一种互为因果、相互影响的放大效应。

城市识字率的大幅提高，也为正处于文艺复兴时期欧洲人文思想的传播提供了土壤，尤其是为 16 世纪新教改革运动的滥觞与勃兴创造了条件。新教徒要通过阅读《圣经》而直面上帝的精神寄托、对自然之书的探索热望，尤其是新教国家教堂与世俗王权对识字教育和学校的重视，反过来为书本以及印刷技术创造了更旺盛的需求。莫舍（J. S. Mosher）对 16—18 世纪之间欧洲不同宗教背景国家间的识字率差异分析后指出，新教主义在欧洲识字教育中扮演了重要的角色，他认为马克斯·韦伯关于新教伦理与近代资本主义经济之间的关系命题，即使成立也非直接因果关联，而是通过识字教育在两者间建立起一种关联机制。② 对于这一关联机制，我们不妨做进一步引申：由于识字教育的展开得益于书册的流行，故印刷术是构成这一关联的重要条件。换言之，它之于教育变革的作用并不在其自身，而是因为它的属性、功用与价值契合了当时的社会文化、经济发展乃至政治变革需求，社会发展与变革反过来又强化了它的技术功用与效用。

印刷革命之后，欧洲又经过了长达百年或数百年的发展，纸媒的品种类型也日渐丰富，到 17 世纪有了如今依旧还在存续的新闻报纸，18 世纪初则出

---

① Jeremiah E. Dittmar. Information Technology and Economic Change：The Impact of the Printing Press[J]. The Quarterly Journal of Economics，2011，126(3)：1133 - 1172.

② James S. Mosher. The Protestant Reading Ethic and Variation in Its Effects[J]. Sociological Forum，2016，31(2)：397 - 418.

现了杂志。[1] 纸媒的大量流行，变革了人们保存、更新、传播、拥有与获取知识的方式，[2]尤其是摆脱了教育过程中现场聆听的局限性，拓展了学生离场的自我阅读空间。但是，这或许并不意味着教育场域以及教学过程中权力格局的调整。正如李（L.T. Lee）所指出的，虽然借助印刷技术的不断改进与提升，出版业开始全面兴起，并带动了社会尤其学校中各种图书馆藏资源的规模扩张，然而，以图书为信息载体的印刷革命，似乎并没有为学校教育教学带来实质性的变革，反倒是学校教育的全面扩展与普及大大支撑了印刷业的发展。"二战之后，教育扩张为教科书的生产带来了难得的机遇，以至于在今天教科书的销量超过总图书销量的三分之一。"[3]教科书以其书写和发行的内外控制与选择性，赋予外部社会不同利益与价值群体介入由学科精英主导的权力中，进而塑造了日常教育情境中教师的知识与价值权威。各种纸媒信息的多样与庞杂以及书籍所具有的可为个体占有与方便携带的属性，固然给予了学生以自我理解和诠释的机会，也拓展了其自主学习的物理空间，但基于学业考核与评价而构建的教育内部筛选与分流机制，以及通过学历文凭与证书而确立的外部社会资格认可机制，则以极为隐匿与微妙的规训和强制方式，在很大程度上规避了印刷技术可能引发的信息泛滥、混乱和无序，从而维持了教育系统内部价值定位、知识组织、教学过程以及师生关系的等级结构与并然有序。

这也意味着，教科书虽然取代了书籍贫乏时代的课堂笔记，从而推动夏皮罗（J.J. Shapiro）等人所认为的一种由书写理论文化（theoretic culture of writing）向印刷理论文化（theoretic culture of printing）的转向。但是，正如他

---

① Laurie Thomas Lee. History and Development of Mass Communications[Z]. Journalism and Mass Communication，2008，1：158.

② Sabrina Alcorn Baron, Eric N. Lindquist, Eleanor F. Shevlin. Agent of Change：Print Culture Studies after Elizabeth L. Eisenstein[M]. Amherst：University of Massachusetts Press，2007：376.

③ Laurie Thomas Lee. History and Development of Mass Communications[Z]. Journalism and Mass Communication，2008，1：160.

所指出的，即使当今我们进入了一个由互联网技术支撑的信息社会，即一个新的信息技术理论文化（theoretic culture of new information technology）方兴未艾的时代，他以自由艺术学科为例，"由于本身就带有价值负载，关于如何传授自由艺术的问题，其实也是一个我们如何才是——如何想要——如何才能是自由的问题，技术不过或积极或消极地为自由赋予了部分定义，但它既为自由提供了可能性，也为之设定了限制"①。自由艺术学科如是，而社会与自然科学学科何尝不是如此！相对于技术潜能，对于无论历史还是现实中的学校教育变革而言，传统、理性、制度、秩序与权力等各种建制性因素才往往更具有影响力。正如有学者认为，技术潜能的释放，本身就是一个缓慢的过程，它对社会以及教育的影响往往取决于是否具有适宜的社会条件，否则就很难解释为何造纸与印刷术都最早发端于亚洲，但其对欧洲社会变革的影响更为深远。②

概言之，我们固然不能否认信息技术在社会与教育变革中的潜在积极影响，譬如印刷术在颠覆宗教神学控制、唤醒人类主体意识、推进科学崛起与社会进步中所做出的历史贡献，但也不能漠视它同样存在的负面影响。在人类整个历史演进过程中，它可能是革命性的，以阅读革命开启人们走出愚昧，告别无知的序幕；但也可能是守旧甚至反人类的，以谬种流传服务于所谓正统乃至于军国主义与激进的民族主义。印刷技术之于社会与教育影响的这种两面性，也意味着它并不具有完全的自主性，而是取决于为谁控制与利用以及如何利用，因而存在一种其自身无法调和的张力，既可能催发人们的无限创造力，也可能酝酿破坏性的冲动力，可能是应许崇高诉求的神灯，但也可能是打开的潘多拉盒子。技术之于学校教育教学影响的这种多面性，在由广播、电视、互联网以及移动通信技术等主导的当下信息时代，则表现得更为淋

① Jeremy J. Shapiro, Shelley K. Hughes. The World Wide Web, the Reorganization of Knowledge, and Liberal Arts Education[J]. Educational Technology, 2001, 41(5)：12-16.

② Sabrina Alcorn Baron, Eric N. Lindquist, Eleanor F. Shevlin. Agent of Change：Print Culture Studies after Elizabeth L. Eisenstein[M]. Amherst：University of Massachusetts Press, 2007：376.

漓尽致,因而构成众多的悖论。

二、作为福音的信息技术众多面相

对于信息技术之于教育教学变革的影响及其前景,有越来越多的人持乐观评价,教育产业界以及教育技术领域拥趸者众,他们也是教育领域信息技术应用的主要推手。早在互联网与移动通信尚不发达的 1994 年,由美国众多知名院校共同组建的新媒体联盟(NMC)就对技术改变教育与学习的前景颇为看好,其始于 2002 年每年一度的《地平线报告》(*Horizon Reports*)[NMC于 2017 年解体后,报告撰写由美国高等教育信息化协会(EDUCAUSE)接手]在教育界有着广泛的影响力和冲击力。《地平线报告》尽管也关注技术在教育中应用的现实状态,但更为青睐根据技术本身的进展,预测它在 5 年内以及更远的未来有可能对教与学带来的变革。不过这种主要来自教育技术专家们的预测,从来就不那么确切。正如美国高等教育信息化协会在 2020 年度报告前言中所言,回顾 16 年来的预测结果,其准确性充其量处于中等水平。[①]尽管结果不理想,但美国高等教育信息化协会还为之乐此不疲的原因在于:它深信,预测不仅是人类的本能,而且这种预测会有助于为决策者、教学者与学习者提供信息,并促使其深入思考选择教育技术的理由。[②]

其实,技术介入教育从来就是一个自然而然的过程,它不在于人们主观上是否要做出选择,而是在客观上从来就无法抗拒。美国高等教育信息化协会以及众多技术推崇者之所以要阐明理由,其真实意图并非仅仅是提供信息,而是从技术推进角度期待获得政策层面的支持,加快技术介入教育的进程。与印刷术一样,如上所述,由于技术并不具有完全的自主性,它的价值属

---

① EDUCAUSE. 2020 EDUCAUSE Horizon Report：Teaching and Learning Edition[EB/OL].
https：//www.educause.edu/horizon-report-2020.
② EDUCAUSE. 2020 EDUCAUSE Horizon Report：Teaching and Learning Edition[EB/OL].
https：//www.educause.edu/horizon-report-2020.

性取决于谁控制与如何利用，故而如何让政府、学校以及师生各方理解技术优势以及有待开发的潜能，尤其认可它与教育教学目标乃至教育终极价值之间的关联，是多年以来与教育技术相关的教育、科技以及产业界不遗余力宣扬和游说的目标。在 20 世纪和 21 世纪之交，一向具有实用与效率偏好的信息技术，终于在其自带的工具理性与教育的价值理性之间找到了结合点，即建构主义教育思潮。

教育领域中的建构主义有众多源流，从皮亚杰的主客互动、维果茨基的人际互动等心理学领域的建构主义，到基于科学哲学以及科学知识社会学领域反实在论立场，否定教育知识确定性的历史、文化与社会建构主义，再到后现代主义反本质主义与反基础主义的极端建构主义等，各个派系观点纷呈，其内容之繁杂难以尽数。不过，就总体而言，无论源于何种源流的建构主义，在教育领域的有关基本主张上都具有一定的相似性，即把以教师与教材为权威、以教室为中心的传统教学作为共同的靶子，并以之作为批判性参照，建构了一种以学习者及其个性化学习为中心的新理念。对于这种建构主义教育理念，福克斯（Richard Fox）将其概括为如下几点："学习为一个积极的过程；知识是被建构而不是固有或消极吸纳的；知识是创建而不是发现；所有知识都是个人的且独一无二的，要么是社会建构的；学习在本质上是一个理解世界的过程；有效的学习要求学习者去解决有意义、开放性与有挑战性的问题。"[①]简言之，依据建构主义教育观的理解，在所有教与学活动中，学习者为唯一的主角，至于其他如教师，相对温和的立场是将其理解为设计者与引导者，激进的则将其理解为舞台上的配角，教材及其他则不过是舞台上的布景与道具，只发挥配合与辅助作用。

在此，对于建构主义的观点与立场姑且不做评价，值得我们去回味的是，正是在传统教育教学情境和条件与建构主义所倡导的这种个性化学习间的

---

① Richard Fox. Constructivism Examined[J]. Oxford Review of Education，2001，27（1）：23 - 35.

张力中,教育技术推崇者欣喜地寻获到一种以技术达成价值变现的可行性。在他们看来,网络技术能够赋予图文、声音、影像各种信息以高流动、可广泛传播与可即时便利获得等特征,它消解了教与学活动对教师、书本以及物理空间的依赖性,破除了人与人之间互动与沟通的障碍;信息的可复制与可共享,全面丰富和拓展了学习资源,有助于推动教育机会的公平;数据存储、云计算与算法能力提升,使得教育教学过程中人的表现状态与行为轨迹都能够汇合为巨大的数据流,借用大数据分析,学校与教师可以观照和服务于每一个体……无论对于政府还是学校管理者而言,这可谓一个极为理想的状态,或者至少是一幅生动而美好的愿景。

正是出自对这一愿景的向往,在计算机、大数据、万物互联与人工智能等技术不断取得突破的氛围中,不仅产业界从中嗅到了技术介入教育的巨大商机,而且有关国际组织、各国政府以及教育机构都对之抱以高度的热情并投入巨大的财力,系统不断更新换代,智慧校园、智慧教室、翻转课堂、线上教学、移动学习和虚拟仿真,各种技术导向的教育与教学改革项目、路径与形式层出不穷。然而,这种巨大投入背后的效果,似乎又并不非常合乎人们的预期,甚至并不乐观。慕课等在线课程的兴起,曾一度让教育界感到危机四伏,大数据热潮也曾让人激动不已,但如今都多少归于平静。2015 年,经济合作与发展组织(OECD)发表了题为《学生、计算机和学习:创建关联》的报告,尝试对以计算机为核心的教育技术的实际效果做一次全面评估。报告不仅对网络技术所带来的信息过载、剽窃、欺诈、网络霸凌、侵犯隐私等风险表示担忧,而且发现,校园中学生使用计算机的结果好坏参半,过多使用计算机的学生成绩更差;在教育技术设施方面增加大量投入的国家,学生在阅读、数学以及科学方面的成绩并没有明显提高;人们期待的技术促进师生更为密集的有意义互动并没有发生,技术反而多少分散了人们"高价值"的参与。对于这种巨大投入与不尽如人意的结果之间的落差,报告分析了多方面的原因,如教师与学生对技术的掌握与运用不足、政策设计与实施策略的不当等,但同时也指出，尽管技术是拓展知识来源、建构师生互动的平台，有益于教学，但即便再好的技术依旧无法替代贫乏的教学。[①]

2020 年，一场猝不及防的全球疫情把一直不温不火的教育技术突然推到了前台，在线教学的大面积使用，再次把技术效用的探讨升温为热点话题。虽然就目前而言，各种基于证据调查的结论不一，难以获得基本共识，事实上，因为情势的迫不得已与情境的非常态性，依照聊胜于无的人类习性，所有的评价都难免带有主观性，任何在此过程中产生的证据都不足以作为判断其高效与低效的依据，但毋庸置疑，此次疫情对人们关于教育技术的理解与使用观念以及行为习惯带来的影响将极为深远，它会进一步促使我们去反思当下技术与教育教学间的关系内涵。

三、当代信息技术的教育教学实践效果与反思

信息技术之于教育正如它对人们日常生活方式的影响，无所不在也不可抗拒。它在不断侵入和渗入社会日常生活的同时，也在重塑人与人的关系、社会结构乃至整个人类世界。对于当代信息技术给社会正在或即将带来的巨大影响，人们如隔窗观景，各自角度、感知与认识不同，有喜有忧抑或喜忧参半。而所有技术与社会关系层面上的不同立场与主张，都可以引申到教育领域，成为推动或抵制技术介入的力量或潜流。

主流的乐观主义认为，当代技术实现了信息无所不在与无边界的共享，它不仅拓展了教与学的场所，而且为教与学的互动提供了无限可能。正如高通无线教育技术副总裁比耶雷德(M. Bjerede)所描绘的情形：技术让学生可以更容易获得各种学习材料，可以随时随地学习并发表自己的观点与他人共享；教师不再受限于传统相对僵化的教材内容限制，可以为学生提供各种图

① OECD. Students, Computers and Learning：Making the Connection[EB/OL]. http://dx.doi.org/10.1787/9789264239555 - en.

文声像材料,甚至以开发类似游戏的学习软件增加学生愉快学习的体验;师生与生生互动更加方便与频繁,因而使得教与学双方真正成为一个学习共同体;强大的数据系统可以为教师监测与评估每位学生学习状态与需求创造条件,实现课程学习的定制化与个性化。[①]

就当今移动通信的技术潜能而言,要创建上述场景的确不是难题。然而,教与学过程的复杂性在于:再丰富的学习资源和再便利的学习条件,并不会自动转化为学生的学习收获,更不会必然地带来学生心智结构的变化与能力的提升。有个基本常识,自学校教育设立以来,因为其负载着人类知识储备与传承功能,正式教育与教学的内容越来越趋于组织化与抽象化,它与人对日常生活世界的直观感知和体验也越来越疏离而不是趋近。因此,学习从来就不是一个所谓简单顺合人性本然的活动,而是一个具有智识挑战性、需要自我意志控制和带有一定强制性的过程。在环境相对封闭与信源相对单一的传统教育情境中,教与学的过程基本是可控的,它指向教师基于教材内容而设计的教学目标。布鲁姆的教学目标分类在传统教育中长期处于主导地位,就因为它被认为不仅符合人的认知、情感与动作技能学习的心理规律,而且在由教师控制的信息输出与接纳过程中,指向目标的过程教学自然会转化为学生的内在能力结构。

然而,在信息技术所创造的无论是正式还是非正式教学情境中,信息具有杂乱、繁多与流动的特征,而且不容否认的是,人对信息的撷取虽然不能说完全有趋易避难、去繁就简的取向,但杂多与凌乱无疑会分散学生的注意力。更何况,即使有组织与有条理的信息,如与教学内容相关的电子材料的提供,就其实质而言,它与印刷材料并无区别,信息技术仅仅创造了材料取用灵活便利的条件,但未必会引起学生学习过程与结果的新变化。

对于所谓随时随地学习,我们或许不能断言它不过是一种技术乌托邦的

---

① Marie Bjerede, Kristin Atkins, Chris Dede. A Special Report: Ubiquitous Mobile Technologies and the Transformation of Schooling[J]. Educational Technology, 2010, 50(2): 3-7.

玄想,但它的确漠视了教育过程中知识的严谨性与虚拟世界各种信息间存在的竞争。约翰·C.伯纳姆(J.C. Burnham)从传播学角度分析了自19世纪到20世纪80年代科学如何败给迷信的全过程。从书籍、连环画、报纸、期刊、电台再到电视,各种大众传媒为了取悦人们的猎奇偏好,即使对科学的报道也常常为树立供大众消费的偶像而断章取义、扭曲事实甚至带有恶意的构陷,因而使得严肃的科学面对迷信、伪科学与广告时落于下风。伯纳姆将该窘况归因于科学专业化引发的视野狭隘,即科学家在普及科学方面的无能或失职,然而他没有看到另一面,即由传播技术推波助澜所产生的负面影响。传播技术的发达并没有带来科学的普及。在所有美国人中,1970年相信"每件事都有一个科学的解释"的人占30%,10年后这一比例降到27%。①

在信息技术更为发达的今天,为取悦大众获得流量甚至谋取利益,虚拟空间中各种信息鱼龙混杂、泥沙俱下,而且即便是相对严肃的内容也往往被切割为片段或包装为简便阅读的快餐与套餐,因而与教育过程关注的系统性知识(如要么是难以引起好奇心的科学常识,要么是相对艰涩抽象和符号化的专业内容)之间,存在巨大的反差。一图读懂、几张漫画之类不乏戏谑与生动趣味的简读,百度、谷歌和维基百科等的搜读,知乎、豆瓣等的问读,迅速获得青睐,以其简易、经济和即时愉悦快读的方式,轻而易举地取代了传统教育教学中的精读、苦读。且不论这些阅读内容是否存在伪讹、残缺与疏失问题,仅就其过程而言,它越过了传统教育过程中知识理解所需要的片段间连接、逻辑推演与思维运动。因此,或许值得人们深思的是:这种超越是否为一种高效且有意义的学习?

多年来,学界对于正式与非正式情境中技术介入的教学效果有不少实证研究。但如利文斯通(S. Livingstone)在梳理后发现,几乎难以获得有足够证据支撑的一致性结论。譬如,在提升学习成果方面,信息与通信技术可能有

① 约翰·C.伯纳姆.科学是怎样败给迷信的:美国的科学与卫生普及[M].钮卫星,译.上海:上海科技教育出版社,2006:352.

助于提升计算机以及地理等学科学习,但其他学科则未必;线上或混合方式可能有益,但如果考虑时间投入、经济成本、合作机会、家庭父母背景以及教学对象的年龄等因素,技术是否具有独立影响是存疑的。[①] 2010 年,美国联邦教育部组织的一项针对在线教学的元分析通过对符合要求的 45 项研究文献中学生的课程成绩表现进行效应值分析后发现,线上学习比传统纯粹的面对面教学略微有效,但它更多来自混合方式(面对面教学与线上学习结合)的优势。不仅如此,即使在混合方式中,教师主导或者协作性的教学效果也远优于学生的独立学习。[②] 不过,更为令人困惑之处在于,以传统的学业评价方式获得关于不同情境中优与劣评判的证据,似乎又都不足以采信。因为在信息技术所创建的灵活、开放与变易情境中,传统教学评价未必能够反映学生内在能力与素质结构的变化。当然,由于至今尚未也很难开发出一种新技术环境下学业评价的替代性方案,我们更难以对发生在学生身上的变化做出向好还是向坏的判断。

　　信息技术的确可以为师生特别是生生之间的互动创造不受时空限制的条件。图文传送、声音和视频交互、场景建构与切换等,都可以做到即时同步。一对多与面对面的传统教与学场景,的确存在为一对一与屏对屏取代的技术可能性与可行性,从而让互动与反馈随时随地得以发生。对于这种非自然意义上的互动,即使批判理论领域的技术哲学家芬伯格(A. Feenberg)也认为,尽管在线教育具有技术统治的特征,即通过初级工具化实现人与现实世界的分离也就是去情境化,将人纳入面对机器及其冷硬的合理化信息控制之下,但人的主体性会赋予技术以次工具化即再情境化,让"机器不再是通向信

---

① Sonia Livingstone. Critical Reflections on the Benefits of ICT in Education[J]. Oxford Review of Education,2012,38(1):9-24.

② U.S. Department of Education. Evaluation of Evidence-Based Practices in Online Learning:A Meta-Analysis and Review of Online Learning Studies[EB/OL]. https://www.ed.gov/about/offices/list/opepd/ppss/reports.html.

息商场的窗口，而是通向一个在道义上与传统校园相连的社会世界"①。简言之，在芬伯格看来，互动使得虚拟空间不仅具有生活世界的意味，而且它还拓展与放大了民主沟通与交流的机会。

然而，对芬伯格所关注的价值与意识形态姑且不议，仅从事实与经验层面而论，一个迄今依旧充满悖论且未得到验证的教育学命题为：教与学过程中，频繁的师生与生生互动尽管会缩短学生对知识理解与价值认知的进度，然而，它也可能让学生独立领会、冥思与不断试错的机会付之阙如，如此是否会导向肤浅的知道主义？在信息技术导演的加速主义背景中，如今还提个人式冥思与苦读，难免会被责之为保守、迂腐与落伍，但极力推崇建构主义的技术乐观派恐怕也不能否认的一个基本常识是：教学过程中的互动以及互动过于频繁并不总是有益的，互动需要有质量，有质量的互动建立在个人充分准备的基础之上。借助外力省却了学习过程中个人必然面对的认知障碍和智力挑战，它恰恰有可能走向建构主义的反面，更与元认知和高阶思维毫无关联。

至于芬伯格期待中更为民主的网络世界，一个无情的现实是：无论它是处于有控制的有序状态还是自由放任的无序状态，都存在着无法摆脱的悖论，控制会带来压制，放大一种声音，放任则会带来信息冗杂甚至谬误流传。正如夏皮罗等学者所忧心的，万维网为人类社会创建了一种后现代状态，控制与秩序的缺席，也让虚拟世界成为一个"没有共享框架、没有基本准则、没有共同评价标准、没有共享价值、没有对现实的共享定义"的场所，每个人都成为自我定义、自我展现却又无力的个体，他们并非真正参与公共生活并有担当的负责任公民，而是有可能沦为全球化背景下大批的"白痴"（idiots）。②

---

① Andrew Feenberg. Critical Theory of Technology：An Overview ［J］. Tailoring Biotechnologies，2005，1(1)：47 - 64.

② Jeremy J. Shapiro，Shelley K. Hughes. The World Wide Web，the Reorganization of Knowledge，and Liberal Arts Education［J］. Educational Technology，2001，41(5)：12 - 16.

夏皮罗的言辞未免有些激进，但不容否认，在如今信息技术环境中，各种反智主义和民粹主义盛行，大量无底线的网络语言暴力现象存在，多源于这种虚拟空间信息的无序与低水平的互动。在纸媒盛行时代，伯纳姆对科学沦落的担忧，如今更可能成为一种事实。科学精神、独立人格、批判性思维、人的尊严、社会关怀，诸如此类的传统价值，是借信息技术得以弘扬还是折损，答案可能并非那么明朗。由信息技术创设的学校教育教学互动场景，便嵌于这一良莠不分、驳杂纷乱的虚拟世界之中，对于它的效率与效果需要有理性判断。

关于信息技术能否实现学生学习的个性化和定制化，这也是多年来持续升温的话题，早在互联网刚兴起时人们就对它报以热切的期待。然而，多年来它的进展并不顺利，其缘由可能是多方面的。首先，或许值得去澄清的一个议题为：在新媒体时代，一对多的传统讲授是否已经过时？讲授因为其面向群体，重知识传授，信息传输渠道单一，且整个过程为讲授者主导，多年来一直被视为漠视学生主动性与个性发展需求的大敌，在如今技术环境中它甚至被视为过时之物。与此相关的各种实证研究文献也极为丰富，并为之提供了证据。如弗里曼等人通过对 STEM 领域 225 项基于学生学业成绩的研究成果进行元分析发现：与传统教师主导的课堂讲授方式相比，基于问题解决、工作坊等各种多样化的主动学习方式表现出一定的优势。进而，他们提出"问，而不是告诉"的建构主义取向是提高教学有效性的重要路径。① 因为技术在信息储存、传输与即时互动方面所具有的优势，技术乐观主义对此更是信心十足，如翻转课堂、智慧教室等逐渐被视为改变课堂甚至实现课堂革命的利器。

不过，针对讲授法在教育领域正承受建构主义与技术乐观主义双重挤压的窘态，也不乏学者对此予以了回应。如弗里森(N. Friesen)在梳理讲授法与

---

① Scott Freeman, Sarah L. Eddya, Miles McDonough, et al. Active Learning Increases Student Performance in Science, Engineering, and Mathematics[J]. Proceedings of the National Academy of Sciences, 2014, 111(23): 8410-8415.

技术之间互动历史的基础上，阐述了讲授法在教育教学过程中的强大基因，并提出如下观点：在文本匮乏的时代，讲授法担负了文化保存功能；印刷术兴起后，随着文本资源的丰富与文本权威的确立，讲授反而以其演讲者的能动性和独创性破除了这种权威；讲授行为本身是一种拟剧论意义上的表演，同时也是一种解释学意义上的活动，文本与各种技术并不能替代讲授者，而是成为讲授者在手的工具，服务于他与听者间的对话与交流。"讲授并不能被替代或者成为过时之物，它的口述根基反而通过文本技术的变革而得以不断完善、扩增和重新配置。"①

其实，多年来人们越来越淡忘了另一个简单的教育学常识，真正有效的讲授从来就不是照本宣科，更不是"一本书主义"，否则这种讲授就仅仅是文本权威的复现与话语的复读。有效的讲授虽然会受制于内容的结构，但内容组织与再现却具有个人化色彩。更何况，讲授从不排斥课前准备、随机或即时的讨论，声像光影的辅助，以及带有表情、声音与眼神的现场互动。日常教学中的讲授少有"纯讲授"，正如霍拉（M.T. Hora）针对弗里曼的研究结论提出质疑，他认为元分析所采用的实验或准实验研究文献，大多对于"讲授"概念的界定模糊不清，因为讲授是一个包罗万象的教学形式，很难简单化为一个单一类别。刻意为证明效果的单一讲授或讲授为主的控制组设计，其证据带有人为制造的嫌疑，不足为凭。② 博立尔（T.I. Poirier）对此也认为，讲授法不应该被污名化，讲授不仅适合于大班教学，而且可以高效率为学生提供大量信息，在人性化的临场环境中通过与学生的平等交流，传播知识并提高学生的批判性思维能力。面对越来越着迷于技术的千禧年一代，讲授法需要改革并成为一种高价值负载的教学形式，它依旧是点燃学生兴趣与思维的火

---

① Norm Friesen. The Lecture as A Transmedial Pedagogical Form：A Historical Analysis[J]. Educational Researcher，2011，40(3)：95-102.

② Matthew T. Hora. Limitations in Experimental Design Mean That the Jury Is Still Out on Lecturing[J]. Proceedings of the National Academy of Sciences，2014，111(30)：3024.

花,而不是被废弃。① 简言之,高价值负载的讲授,其实未必就是教师主导的单向传输,而是与其他如问答、讨论、工作坊等各种强调学生主动参与的教学形式交错穿插,它同样需要复杂的设计和即时反馈。不仅如此,在技术所创建的信息过载、冗杂和失序情境中,讲授依旧不失为一种将信息组织优化、条理化和有机化的主要途径。

其次,信息技术能否将个性化教育或个人定制所期求的一对一和多对一愿景转化为现实? 客观而言,目前各种线上教学尤其是在疫情期的非常态教学,不过是把教学场景由物理空间转移到虚拟世界。无论是传统非同步教学还是可以即时互动的同步线上教学,都没有在根本上改变传统一对多的格局。所谓个人定制,其实存在两种不同境界:拾遗补阙与个人设计。在如今学校繁乱的节奏中,让教师面向每一个体的拾遗补阙不过是奢念,技术提供的互动便利并不能转化为教师的精力。故而,才有当今社会家长的焦虑与过量的影子教育。一对一的线上线下补课的确大量存在,但它是以巨量家庭经济投入成本弥补了应试能力。或许正是嗅到其中的商机,如今有关商业机构对教育人工智能的前景普遍看好,并不断注入大量的开发资金,期望以此降低人工成本,进而提供更广泛且可细分用户的教育产业服务。不过,这种未来趋向也未必让人心安,因为人工智能服务的是学生更为精致与细微的应试能力需求,它只会进一步加剧传统教育的进一步内卷化。

至于针对每一个体的个人方案设计与实施,至少在今天看来还是天方夜谭。如果它真的有成为现实的那天,则很可能意味着:正式的学校教育逐渐淡出,人工智能全面接管教育。一切可编码乃至默会的知识都将成为智能的数据存储,并根据个人所需对学习材料进行自由组合搭配和条理化安排,如同根据个人口味调配的菜品,至于教师则沦为不同配料与佐料的供应者。这

---

① Therese I. Poirier. Is Lecturing Obsolete? Advocating for High Value Transformative Lecturing[J]. American Journal of Pharmaceutical Education,2017,81(5):83.

种将教育去技艺化或许也不乏游戏化的教育蓝图，是否指日可待尚不得而知。人类历史中也的确不乏这种由技术所带来的类似教育图景的描绘，譬如印刷术发展后的图书馆业全面兴起、通信与广播技术发展后的开放大学与远距离教育热潮以及不久前慕课的流行，都曾引起人们对个性化与定制化教育以及告别正式学校教育的无限畅想。当代大数据、云计算与机器学习等领域的进展或许会改写历史，人们对人工智能教育大都报以乐观期待。但是，如斯坦福大学 2016 年在其《2030 年人工智能与人类生活》(*Artificial Intelligence and Life in 2030*)报告中认为，目前人工智能技术在教育领域进展依旧缓慢，"也没有证据表明它能够帮助学生实现学习目标"，未来 15 年，基于人工智能的教学机器人、智能导师系统(Intelligent Tutoring Systems, ITS)、大规模开放线上课程和学生学习踪迹分析等，可能都会逐渐得以广泛应用，不过这些"基于计算机的学习系统不大可能完全取代学校中的人类学习"。

四、信息技术发展能否引发教育学(pedagogy)革命

与人类历史中的以往情形相似，每一次新技术革命在教育领域的影响，其实都相对滞后于社会其他领域。新技术应用与大范围推广的持久动力，往往更多来自使用者而不是发明者，甚至也未必是企业与政府，尽管它们经常在背后扮演一种推手的角色。就当今信息技术在教育领域的实际和预期效果而言，信息技术尤其是教育技术领域的人们远比教育实践者更为乐观，因而存在一种多少有些冷热两重天的反差。新冠疫情让装备了多年的在线教学技术突然仓促上马，至今对于它的效果评价不一。有些人意识到它所具有的潜力，如处在疫情风暴眼中的纽约州长库默(A. Cuomo)在 2020 年 5 月发表讲话时提到，远距离学习极有可能成为纽约学生今后学习生活中的恒久部

分，即使在疫情结束之后。① 而更多的教育领域的师生作为体验者，却各有不同的感受。针对疫情中全球教育的境况，有学者在联合国教科文组织的《教育展望》撰文指出：无论教师还是学生，应对疫情线上学习都有些仓皇，隔离加剧了学业能否正常完成以及对未来就业的焦虑，数字鸿沟的存在让原本存在的教育差异问题更为凸显。与此同时，文章也认为，疫情中技术应用和在线教与学经验，整个教育系统的应对机制，必将为疫情后常态下的教学"留下永久的痕迹"。②

在此，所谓"永久的痕迹"，就是指作为一个大范围的突发性事件，疫情的确会客观上激发并加速信息技术在教育教学中的广泛应用，从而进一步推动政府以及相关产业部门对教育技术设施与研发的投入和布局，也让实践者对以往不大关注甚至将其冷置的教育技术产生兴趣。然而，这是否意味着一个由互联网、大数据、人工智能等技术主宰的教育教学时代的到来？ 或者说，由当代以及未来信息技术所支撑的一个新的教育范式的崛起？ 受伊利奇的思想启发，拥有语言学和媒体技术双博士学位的美国学者阿尔比瑞尼（Abdulkafi Albirini）声言：当下教育技术效果不佳的根本原因在于，整个学校教育还停留在工业时代，具有典型的工业生产模式特征，教学知识是体系化的，它通过诸如获得认证的教师、课程、教材和考试等制度化工具，构建了一个教育学历生产的流水线。这种模式已经完全不适应信息技术革命背景下的教育变革需求，因而正处于危机之中。摆脱这种危机的唯一路径在于，学校教育教学必须将正处于边缘的技术置于中心，围绕技术创建新的学校教育理论范式，以之重构课程、考试制度、学校乃至整个教育系统。③

---

①　Kevin Tampone. Is Going to School in Person Obsolete? Cuomo Wonders Why "Old Model" Persists［EB/OL］. https：//www. msn. com/en-us/health/wellness/is-going-to-school-in-person-obsolete-cuomo-wonders-why-old-model-persists/ar-BB13DOVh.

②　Sir John Daniel. Education and the COVID-19 Pandemic[J]. Prospects，2020，49(1)：91-96.

③　Abdulkafi Albirini. The Crisis of Educational Technology，and the Prospect of Reinventing Education[J]. Educational Technology & Society，2007，10(1)：227-236.

阿尔比瑞尼的立场带有鲜明的技术中心主义倾向，是对学校教育滞后于技术乃至社会转型的不满。但他所谓新的教育理论范式究竟具有什么特征，又如何撼动并颠覆传统范式，他没有给出明确答案。至于其他学者如蒂尼奥（V.L. Tinio）认为，新的理论范式在教与学层面就是以学习者为中心理论，与之相对的则是传统模式，各自分别代表了信息社会与工业社会两种不同教育形态，两者间的表现差异见表7-1。平心而论，蒂尼奥所引用的新理论范式委实了无新意，而且恐怕也难能为实践者尤其是大学中的师生所认同，因为他的新与旧的理论模式充其量是为便于分析而刻意建构的理想类别、概念与范畴，并不符合实际。当下日常教与学实践形式已经极为丰富多样，大多介于两者之间并倾向于前者。之所以如此，并非可以简单归因于教育观念与理念滞后、教师教育技术素养和能力的不足等，而是由依旧僵硬和难以松动的以升学资格和学历文凭为现实目标的教育体制所致。蒂尼奥认为，信息技术为他理想中的以学习者为中心教学模式提供了现实的可操作性，但问题在于技术是否具有如此大的魔力，去冲破由政治权力、意识形态和市场力量等为教育所共同钩织的"天罗地网"。须知，当代学校教育价值取向、目标定位、内容结构、过程规范、考核评价与选拔分流制度等，究其本质而言都属于社会设置，技术中心主义不仅漠视了教育的这一社会属性，而且高估了技术的自主性与解放性力量。

表7-1　工业社会与信息社会中教与学理论的差异

维度	传统的教与学理论模式	新的教与学理论模式
主动学习	教师安排活动 大班教学 活动变化少 进度按计划	学习者自己决定活动安排 小组 不同的活动安排 进度由学习者掌控
合作学习	无合作 群体具有同质性 个人应对	团队工作 群体具有异质性 彼此支持

续　表

维度	传统的教与学理论模式	新的教与学理论模式
创造性学习	复制性学习 根据已知解决问题	创生性学习 寻求解决问题的新方案
整合性学习	理论脱离实践 单独科目 学科为本 一位教师	理论与实践融合 重视科目之间联系 主题 教师团队
评价性学习	教师主导 终结性	学生主导 诊断性

转引自：Victoria L. Tinio. ICT in Education[M]. New York：E-ASEAN Task Force，2003.

因为至少就今天正在发生的情形而言，教育技术其实是在配合而不是颠覆既有的教育体制，是为传统教育教学目标的实现发挥辅助作用，是为了提升教育过程中知识吸纳与理解的效率以及应对考试的能力。在如今教育技术领域，众多广为流行的学习平台和 APP 的开发，各种针对学生注意力、情绪反应以及脑波监测的现场或远程实验研究，其目的大多也不过是为效率，或者为效率改进提供理论解释和依据，或者为教育过程监控提供更为精细化的工具。吊诡之处就在于，如此，教育技术反而更可能成为教育解放的异己力量，它服务于对人的行为乃至心灵的控制，甚至沦为权力与资本控制的隐性工具。正如利文斯通指出，信息技术本身就是由一个原本存在不平等权力关系的社会所塑造的，它有可能强化和拓展了既有的国家权力与商业力量，例如数字媒介以提供非正式教育产品的方式将学生休闲时间课程化，以提供所谓寓教于乐的产品来拓展赢利市场，进而使制度化教育侵入家庭世界。[①]

故而，在此仅仅从理性务实而非浪漫和批判的角度审视，笔者认为，与人类以往传播革命情形相仿，当今信息技术革命的确会成为教育教学改革的动力，且相对于以往它的影响周期更短、影响范围更广、影响力度更深。但是，

---

① Sonia Livingstone. Critical Reflections on the Benefits of ICT in Education[J]. Oxford Review of Education，2012，38(1)：9 - 24.

声言信息技术会引发一场与传统教育教学完全切割的教育学革命还为时过早。换言之，至少在可见的未来，只要正式学校教育尚存且为社会建构与控制，教育教学过程中信息供给和配置还带有建制化与组织化特征，学生学习结果需要制度化认可并作为升学与就业的能力辨识依据，无论在线课程、虚拟学习平台还是教学机器等，即使再发达再智能化，依旧不过是制度化教育的辅助工具。它锚定于教育教学的效率与效果提升，而并没有改变现代教育教学的功能和性质。甚而至于，技术以一种高效介入进一步巩固和强化了传统教育的功能，将各种正向与负向效应、显性与潜在功能双向放大。

作为制度化教育辅助工具的教育信息技术，的确为教与学过程的效率提升创造了各种现实与潜在条件，诸如学习材料更为丰富和获取更为便利，线上同步或异步听课不太受物理空间限制，未来的人工智能可以降低人工成本，从而可以随问随答和即时解疑，甚至以虚拟仿真形式营造一个更为生动的人机互动情境。但是，所有这些条件要转化为或传统或未来意义的教育价值与效能提升，不得不面临如下几个常识性难题。

第一，科学发展、技术革命与人类社会变迁，的确改变了人的生存条件与发展环境，带来了文化嬗变和观念更新，但人的本性与禀赋同远古并无二致。从中世纪玄奥的经院哲学，到近代晦涩的哲学以及抽象的科学，再到如今愈加细分、繁杂和专门化的众多学科理论，学习从来就不是始终令人愉悦的活动。就常识而言，教育技术的条件和优势并不能改变人避难就易、趋利避害的本性，更何况还存在禀赋差异。无论是建构主义还是技术乐观主义，它们所构建的理想化教学情境超越了现实中人性的缺陷以及社会地位和文化背景差异，不能说没有一定的迷思与乌托邦想象意味。因此，人性使然，我们对技术不仅不能过于乐观，反而需要警惕它所提供的捷径带来的知识碎片化与思维训练弱化即简单化的问题，人机交互的注意力分散、意志力薄弱和趣味寡淡问题，在线教学中可能更容易出现的学术不端问题，如此等等。譬如，近年来，无论中外，在线教学中的学术诚信问题越来越受到关注，各种学业与学术越轨现象在各个层次教育中均频繁发生。艾森(D.C. Ison)对美国 6 所大学在线博士生项目中的百篇博士论文进行检测发现，多达 60％的论文存在不同程度的剽窃问题，并认为互联网的使用使得学术不端问题愈加严重。① 有趣的是，人们在呼吁加强学术伦理教育的同时，似乎也只能诉诸检测技术，以越来越精致的技术来应对技术对人性弱点的引诱，这也可谓信息技术时代一种典型的内卷化症候。

第二，建构主义思潮及其学习理论与信息技术并没有天然关系，毋宁说为一场偶遇。这一偶遇让建构主义理论成为当前教育技术领域极为推崇的宝典。然而颇具有反讽意味的是，无论是温和还是激进的建构主义，共同点都在于强调知识与能力的个人主观建构。信息技术领域中的人们之所以对其予以推崇，无非窥见了技术之于教与学双方信息交流与互动的工具性价值，即期待以技术的功能属性来破解教育领域长期教材、教师主导的格局，给予学习者作为主角出场的机会。这里的悖论在于，工具总是为人所操控的，各种虚拟空间的问题情境设置、知识点之间的勾连、框架思维构图、材料的组织序列，都渗透着设计者即功能指派者的意向和意图，它不仅以潜在的方式引导学生的建构，甚至对教师也同样构成一种技术控制或者工具依赖。换言之，这种工具化路线并没有超越教与学过程中人被设计、被安排和被摆布的尴尬，它背后是社会权力、学科权力与技术逻辑的交集和共谋。如此难免与建构主义所倡导的一切源于个体社会与文化情境以及个人生活的主观建构发生背离，进而导致学生的学习动机淡薄与动力不足。

正因为此，即使在教育技术已经得到广泛运用的以色列，阿维拉姆(A. Aviram)也认为，以色列建构主义在通往替代性教育范式的路上充其量仅走了一半。他认为，在今天，要解决年轻人学习动机不足的问题，必须确立一个后建构主义行动方案，即"教与学过程中所有的探究必须来自学生的生活，而

---

① David Carl Ison. Plagiarism Among Dissertations：Prevalence at Online Institutions[J]. Journal of Academic Ethics，2012，10：227－236.

不仅仅是适应学生的生活；由学生自主选择其关注的具体领域，是基于他们自己生活的选择而不是从学科课程中选择；允许学生立足于他们自己的视角去创作自己的故事，而不是受他人所谓正确叙事的影响"①。然而，阿维拉姆的后建构主义方案也不过是激进建构主义的翻版，它的困境还在于教育的体制化而无关技术问题。

第三，长期以来，因为大量灰色地带的存在，人们对信息技术的安全与伦理问题争议很多，也引起了各方的重视。但或许因为技术隔离原因，在教育领域该问题一直处于被忽视状态。学校教育与教学过程中的技术伦理议题，与社会其他领域既具有共同性，譬如隐私保护、个体安全与知识产权等，但同时又有其特殊性。杰弗里斯（P. Jefferies）等人认为，教育技术伦理牵涉三个领域——教与学理论（pedagogy）、技术（technology）与伦理（ethic），三者之间存在极为复杂的交叉重叠关系。不同于一般的计算机伦理，由于教育理论领域存在各种争执不休且难以形成共识的价值取向，人们的理解不同，也就可能会赋予教育技术以不同的价值属性与功用。这种认识的模糊与理解差异，可能带来更多的道德风险。② 例如，人们可能以爱与关怀之名而搜集数据，往往会侵犯学生隐私，各种基于学生学习与发展踪迹的可视化呈现与不当干预，反而可能挫伤学生的学习热情甚至引发身心问题；线上线下教学中学习材料分发以及课程录屏，有可能会带来知识产权纠纷；人机交互与线上教育会让学生更多沉溺于虚拟世界，出现社会交往障碍、情绪失控、社会排斥、集体性压制、语言暴力与网络霸凌等现象；互动教学平台中言论自由与表达限制，以及言论的随意择取乃至断章取义传播，可能引起个人名誉受损乃至所谓的"社交性死亡"现象，甚至导致社会信任资本的枯竭。除此之外，近年来

---

① A. Aviram. Beyond Constructivism：Autonomy-Oriented Education［J］. Studies in Philosophy and Education，2000，19（5 - 6）：465 - 489.

② Pat Jefferies，Bernd Carsten Stahl，Steve McRobb. A Framework for Exploring the Relationships among Pedagogy，Ethics ＆Technology［J］. Advances in Computer，Information，and System Sciences，and Engineering，2006，5：433 - 440.

为获得相关信息技术手段干预效果的数据，各种实验与准实验研究颇为流行，大量通过人为控制而有违自然与常态情境中教学的研究，不仅其证据可信度存疑，而且也同样牵涉伦理问题。

五、信息技术与教育教学的未来前景

从蛮荒时代作为人类生存并与世界共融的生活方式，到成为人类征服世界乃至建构人化世界的工具，技术所具有的功能与价值属性以及社会内涵愈加丰富和复杂。现代技术早已超越了海德格尔前现代技术与人的自然状态完美契合的表征，而是"技术统治已成定局，人类被技术所规定"[①]，它以一种无形的力量全面渗透和蔓延于社会的毛细血管，并不断形塑着人的日常生活习惯与思维习性，因而不仅主宰了社会，而且也构成了对人心灵乃至身体的控制。因此，面临越来越发达的信息技术，无论你愿意与否，学校教育教学的方方面面以及它们与社会间的关系都必然要发生不断的调整乃至深刻的变革。从人与人和面对面之间的对话，到人机交互甚至人对机器形成依赖，也难说不是未来人类所面临的图景。

至于这种图景是否美好，立场不同，人们的态度也必然各有所异。至少在体验上，无人能够否认信息技术超越时空限制带来的各种便利，比如其将优质课程资源共享范围扩大，并根据个人偏好配置信息的超强功能。信息技术也的确在促进学习上拥有巨大的潜力，会助益于它所设想的四大总体目标的实现，包括个人化学习、包容性学习、富有弹性的学习机会、让时间变得更有成效等。[②] 至于它可能存在的安全与伦理问题，如技术哲学家伯格曼（A. Borgmann）认为，诸如网络隐私被侵犯、账号被盗用、网络暴力等问题，虽然具

---

① 孙周兴.海德格尔与技术命运论[J].世界哲学，2020(5)：77 - 88.
② Diana Laurillard. Modelling Benefits-Oriented Costs for Technology Enhanced Learning[J]. Higher Education，2007，54(1)：21 - 39.

有复杂与模糊性，但都可以通过立法、监管等社会规范来应对。不过，伯格曼又认为，人们可能没有注意到有另外一个风险正在浮现，这就是网络时代如何去界定人的身份认同。"互联网如一团迷雾模糊掉了空间、时间与人的轮廓"，又浓缩和再造了一个关于空间、时间和人的平面意象。在这种意象中，"似乎所有人都存在联系、忙碌而又精力旺盛，但也让我们每时每刻都有无家可归、注意力分散和支离破碎感"①。我们可以预断，在这种未来教育世界意象中，对教育技术的沉迷，很有可能导致人们日常生活与现实之间的疏离感进一步加剧。当人们失去了自身所在的位置感时，教育交往愈加弥散化，学与问都交付于信手拈来和随问随答，不再有特定亲缘近邻友情的专注，不再有闲适中的独思。这种时间不仅没有"更有成效"，反而因为颠覆了传统中由社会建构的秩序性，从而变得更为错乱、无序和边界模糊。② 设想一下，这种教育究竟是一种面向世界的去蔽还是遮蔽状态，是一种令人陶醉还是让人忧心的前景？ 还真难说清楚。

早在互联网刚兴起的 2002 年，著名的技术哲学家德雷福斯（H. L. Dreyfus）就针对 20 世纪 80 年代以来人们把万维网神化为未来教育新路径的乐观情绪评论道：教育的无条件承诺与强烈认同就是将信息转化为有意义的知识和技艺即亚里士多德的"实践智慧"，而这种实践智慧与人们对到处充满危机生活的痴迷，只能以"与学生在真实世界中共享情境密切合作"和激情传递的方式来获得，不可能寄赖于互联网中的信息与叙事。即使是以传授原理与技艺为己任的科学，也无法脱离真实的实验室情境中师傅带徒弟的传统。③ 如今，又一个近 20 年过去，如果没有突来的疫情，德雷福斯的评论在今天可能

---

① Albert Borgmann. So Who Am I really? Personal Identity in the Age of the Internet[J]. AI & Society, 2013, 28:15 - 20.

② Julia C. Duncheon, William G. Tierney. Changing Conceptions of Time: Implications for Educational Research and Practice[J]. Review of Educational Research, 2013, 83(2): 236.

③ Hubert L. Dreyfus. Anonymity versus Commitment: The Dangers of Education on the Internet[J]. Educational Philosophy and Theoy, 2002, 34(4): 369 - 378.

依旧不失为理性的提醒。但是，在疫情冲击下似乎迫不得已的操作，再一次点燃了人们对信息技术的热情，当然绝不仅仅是热情，还有高涨的雄心、巨量的人力以及资金投入。

　　回到开篇，自印刷术后，每一次新的媒体技术的进展，都的确对学校教育教学带来巨大冲击，也每每引起人们对未来教育前景的无限遐想。有人认为，印刷术后书籍的大量生产，推动了学习由听到读的中世纪向现代的转型，电影和电视等出现后，现代社会的学习依旧以大量的阅读为基础。[①] 事实上，这种转型并非读代替了听，即使在如今的互联网时代，无论是在场还是不在场的听都从未消失，反而构成了由技术所建构的更为复杂情境中的一个要素，有时甚至借助技术将其功能与效应放大。换言之，至少就既有的技术与教学之间的互动历史而言，技术没有在根本上变革教与学的本质，没有将教师驱离也没有将教室乃至学校荒漠化。技术革命未必带来教育与教学革命，而是作为一种背景与驱动力，促成了教育教学立足于传统继承的变革，包括观念、内容、方法、形式、路径与工具的更新。信息技术在今天以及可见的未来，它理应是教师与教学的辅助工具或者装备，而不是反过来让教师成为技术的依附。当然，技术作为辅助工具，并非指它与人之间的疏离或紧张，而是伊德（D. Ihde）所言的现象学意义上"技术具身"性，它需要有一个师生从"上手"到"在手"的过程，"虽然它一开始是含混的，但随着技术与身体的频繁互动，技术终将变得透明而成为身体的一部分"[②]。

　　话说回来，当今教育问题究竟是什么？问题出在哪里？是否通过信息技术可以解决？这些无疑是另外的更复杂的议题。联合国教科文组织 2020 年的监测报告表明，在全球范围内，中低收入国家教育的主要问题还是教育资源不足与教育机会不平等，在发达的如经济合作与发展组织国家等，处于不

---

① Sabrina Alcorn Baron, Eric N. Lindquist, Eleanor F. Shevlin. Agent of Change：Print Culture Studies after Elizabeth L. Eisenstein[M]. Amherst：University of Massachusetts Press，2007：370.
② 周午鹏.技术与身体：对"技术具身"的现象学反思[J].浙江社会科学,2019(8)：101.

利社会经济地位的学校所面临的则是合格教师不足的问题。① 就信息技术的功能属性而言，它无疑将会在世界各国教育资源包括优质教师资源分享、推动教育机会公平方面发挥举足轻重的作用。但国家与地区经济发展水平与教育技术条件往往互为表里，摆脱教育机会不平等的困境在于社会贫困而不是技术贫乏。至于在经济与信息技术资源相对富集的社会中，学校教育与教学主要面对的是体制困境与技术的两面性难题。例如，就教育过程中遴选和分流体系以及考试评价制度而言，在无法破解的教育功利取向制度框架中，技术也的确可以有实用与高效的表现，但如前所述，它可能是以更为精细化的方式加剧内卷，因而成为应对功利化需求的工具。当然，如是说并不是否认信息技术作为向善力量的品性，以及它在实现建构主义的理想状态的价值，但决定教育理念、推动教育学革命的根本力量还是在社会形态，而不完全是技术。

经济合作与发展组织报告中的一段话颇值得玩味："对于技术之于教育的影响，只能持有谨慎的乐观，因为我们可能高估了教师与学生的数字技术，也因为我们对政策设计与实施策略的幼稚，对教与学理论的理解贫乏，以及教育软件和课程包的总体质量低下。事实上，在世界范围内，有多少孩子会选择类似于教室中使用软件那种质量的游戏？"②其实，我们还可以将该问题再拓展一下，即使智慧教室、模拟仿真以及人工智能等技术得以更好的开发利用，借助于技术的学习是否会让孩子们获得与电子游戏一样的愉悦体验？是否存在这种能够让学生痴迷于其中以至于上瘾的学习？面对教育功利化束手无策反而强调以技术思路来推进的政策与策略，是否能够真正取得成效？这些问题需要技术乐观主义者来回应，也可以抛给理想的建构主义者。

---

① UNESCO. Global Education Monitoring Report 2020：Inclusion and Education-All Means All[R]. Paris：UNESCO，2020：1-3.

② OECD. Students，Computers and Learning：Making the Connection[EB/OL]. http://dx.doi.org/10.1787/9789264239555-en.

第八章 理解学者与师者:本科教学 与科研的关系

在研究型大学中,关于教学与科研间的关系以及教授是否应该承担本科生教学任务等问题,与其说是一个理论议题,还不如说是一个伦理和经验层面上的问题。在伦理与道义层面上,因为就历史的发生逻辑而言,本科教学原本就是大学之所以为大学的题中应有之义,所以,鉴于这种"政治正确",它根本不容置喙。也正是由于存在这一"禁忌"和价值立场上的无可争议性,现实层面上的不尽如人意才常常导致这一看似始终无法让人释然的"老问题"频频受到人们的垂顾。然而,坦率地讲,即使在 20 世纪 90 年代博耶提出"教的学术"以来,在美国研究型甚至其他类型大学中,该问题的严峻程度其实并没有得到真正缓解,有关调查数据表明其表现甚至更为突出。在此,笔者认为,关于教学与科研的关系等问题本身,多年来纠结于价值层面上的讨论虽然不能说是多余,但从经验层面来观察和分析,透过大学教师作为学者与师者的双重角色的制度形塑机制,或许不仅有助于我们理性地认识这一现象的背后深层原因,而且对于理解当下学术体制的内部运作机制与学术人特别是高校年轻教师的成长机制,将会提供一个富有启发意义且更为独特的视角。

一、学者还是教师:关于研究型大学的学术聘任标准

在研究型大学中,关于研究与教学之间孰轻孰重,教学为先在道义上很少有争议。然而,现实的情形往往并不理想,研究的地位常常被不断强化。学术界中习以为常的重科研轻教学的倾向,尽管很久以来就频遭诟病,但它依然故我,几乎成为一种无法撼动的事实。教学与科研间究竟是一种什么关系,这早已是一个喧讼不已且永远无解的话题。在此笔者不想过多牵扯该议题,而要特别关注的是:既然偏好研究已经成为一种事实,那么,该事实背后究竟存在一种怎样的组织与个体行为逻辑? 不同于价值批判的立场在先,事实探究更倾向于从主体的利益权衡与风险选择角度来分析已然发生或存在的组织与人的行为,故而笔者认为,把考察视角引向研究型大学的学术聘任、晋升以及其他人力资源管理过程中的某些环节,或许从中会有不同的发现。所聚焦的问题是:在研究型大学中,我们究竟是应该把教师定位于学者还是教师? 是要把学者培养为教师,还是从教师中选拔学者?

(一) 由一个典型事件说起

在美国研究型大学中,要想获得聘任乃至终身教职究竟有什么要求? 这里不妨以麻省理工学院为例略做分析。作为成文规则,麻省理工学院关于教师聘任政策中的基本表述为:"要获得终身职的教员,必须被判断为他是所在学科第一流的学者,并具有持续奉献于学术的潜力;与此同时,他必须在教学与服务领域有杰出表现,但是,教学与服务并不足以成为获得终身教职的依据。"①由这段简单的描述,不难发现,至少在成文的规则中,无论是教学还是科研能力都是麻省理工学院终身聘任的基本要求。但是,需要特别注意的

① MIT. Faculty Appointment, Promotion, and Tenure guidelines[EB/OL]. http://web.mit.edu/policies/3/3.2.html.

是，不管教学能力与业绩表现如何，相对于研究，它都不构成一个充分条件。如果我们觉得该表述带有抽象性与原则性，那么透过一个发生在麻省理工学院中的真实事例，或许不难一探究竟。

2010年，麻省理工学院校内最有名的报刊《科技》(*The Tech*)刊发了《MIT终身职揭秘》一文，详细报道与评述了该校一位"教学明星"落聘终身教职的事件。哈德森(E. Hudson)是电磁学助理教授，他的研究成果尚可，最为出色的是教学业绩，由其所开设的课程学生评教都几近满分，并为此而获麻省理工学院学生提名的著名的贝克奖(Everett Moore Baker Memorial Award for Excellence in Undergraduate Teaching)，然而他最终无缘终身职。对于落选的原因，这或许应验了麻省理工学院中一直流行的一种近似荒唐但也不无几分道理的说法，贝克奖往往是终身职的"死亡之吻"，因为它意味着当一位教师把太多时间放在教室而不是实验室时，他很可能饭碗不保。对于这一说法，虽然麻省理工学院中的一位资深人士称其只是一种谬见，但她的解释还是多少道出了其中的玄机。她指出，在麻省理工学院的终身职晋升中，能够胜任教学固然是必要的，但是相对而言，研究更为重要，非常杰出的研究可以弥补教学上的不足，但反之则不然。①

如果以惯常判断，人们或许认为麻省理工学院的这个例子有些极端，且有违学术界的"政治正确"原则，更与人们所念兹在兹的大学本义与正当性相去甚远。那么，基于事实与现象观察，恐怕有个结论会更让人们难以心安：至少在美国研究型大学中，该事件不仅不是孤案，而且还具有一定的普遍性，甚至印证了一个学术聘任过程中颇为流行的潜规则。

2006年，美国学者夏皮罗(H. Shapiro)在其发表于《变革》(*Change*)的一篇文章中，讲述了他多年参与学术聘任评议所遇到的两个相反情形：某一生

---

① Jessica Lin. Unraveling Tenure at MIT：Revealing One of the Most Subtle and Misunderstood Processes at MIT，and Explaining How One Professor，Despite His Popular Teaching，Lost Because of It[J]. The Tech，2010(28)：1-10.

命科学博士,在获得聘任后的三年中,不仅拿到美国国家科学基金会的科研资助,而且还成为美国国立卫生研究院(NIH)一大型项目的合作负责人,获得多个企业资助项目,在权威期刊发文多篇并引起国际学术界的关注,许多高校纷纷为其递来橄榄枝。然而,她的教学业绩非常糟糕,学生极为不满并给予非常低的评分。不过,这非但没有给她带来负面影响,在第五年的终身职晋升评议会上,她还赢得了满票,并顺利通过教务长会议的会评。相反,另一位社会学博士则远没有如此幸运。该博士非常热心于本科教学,善于结合自己的调查研究开展教学方法创新,课堂学生评分也很高,其教学经验甚至在全国性会议上引起关注,美国国家科学基金会也答应给予其课程开发项目以资助。然而,尽管他在本学科权威期刊上也发表了2篇学术论文,但提交晋升申请的最终结果是外部同行评议不理想、学院评议会上被否决,随后的申诉也无果。[①]

2002 年,加州大学伯克利分校毕业的人类学博士卡恩(P.S. Cahn)如此叙述了他到一所公立研究型大学求职面试的经历。在与系主任会面时,系主任极为坦率地说:"要获得终身职,你需要一本专著和一系列论文,如果你有突出的研究成果,哪怕再差的教学表现,你依旧可以晋升。反过来,教学成果再好但研究成果不突出,终身职与你无缘。"卡恩提到,在两天的面试过程中,仅有一次提问涉及教学,即关于他如何为研究生构建导论性的理论课程,其他则都是与研究相关的话题。[②]

如果以上事例还不足以证明研究能力至上几乎成为美国研究型大学甚至越来越多的公立综合性大学潜在的"黄金准则",那么大量的调查与实证研究结果或许可以为此提供更充分的证据。唐(T.L.P. Tang)等人通过对相关研究梳理发现,美国大学对教学与研究之间孰轻孰重的态度变化由来已久。

---

① Howard N. Shapiro. Promotion & Tenure & the Scholarship of Teaching & Learning[J]. Change,2006,38(2):38-43.

② Peter S. Cahn. Teaching versus Research[EB/OL]. The Chronicle of Higher Education. http://www.chronicle.com/article/Teaching-Versus-Research/45969.

如克尔(S. Kerr)认为,大学教授们或许从来没有漠视他们的教学责任,但事实上他们所有的物质与精神报酬几乎全面来自科研;20世纪90年代戈麦斯-梅吉亚(L.R. Gomez-Mejia)等人的实证研究发现,大学教师工作的升迁流动与顶级期刊发表的相关系数为0.49,而与教学的相关系数仅仅为0.25。为此,唐等人于90年代末以田纳西州两个大学系统为调查对象的研究中发现,无论是管理者还是教师群体对现实之中教学与科研各自地位的评价,都倾向于科研。关于研究,管理者的认可均值为13.03,教师群体的认可均值为12.65,而教学则分别为7.11和6.30;由研究所获得的回报,管理者的认可均值为11.79,教师群体为12.01,而教学回报认可均值分别为4.85和5.46。无论是研究还是由研究所带来的回报,都高于教学及其回报的2—3倍(表8-1)。①

表8-1　管理者与教师群体间对相关事项的认可差异

变量	管理者	教师	F
研究	13.03	12.65	0.17
教学	7.11	6.30	12.53*
研究回报	11.79	12.01	3.32
教学回报	4.85	5.46	7.36*

注:* $P < 0.05$,表明管理者与教师群体间存在一定差异。

甚至,青睐研究不仅体现在聘任与晋升环节,在收入与绩效奖励上也明显倾向于研究。费尔韦瑟通过对美国各类型高等学校全国性调查的大样本分析发现:相对于20世纪80年代初,90年代初的调查结果表明,无论在哪种类型高校(社区学院、综合性大学与可授予博士学位大学),教师的教学时间投入相对减少,研究时间明显增加,研究和发表成果与教师薪资提高间存在

① Thomas Li-Ping Tang, Mitchell Chamberlain. Attitudes toward Research and Teaching: Differences between Administrators and Faculty Members[J]. The Journal of Higher Education, 1997, 68(2): 212-227.

明显正相关，而教学活动要么与之不相关要么是负相关。[①] 路易斯（L. S. Lewis）等人曾经对 70 年代末美国某所大学 400 多份绩效增资推荐与申请书（95％的申请获批）开展内容分析发现：73％的信函是以研究、发表和其他创造性作品作为理由，此外，有 52％特别强调研究成果，而特别强调教学成果的仅为 28％，两者都不及强调行政服务的比例（56％）。对此情景，作者引用 600 年前牛津学者的诗句予以讽刺：曾经，贫穷的学者们是"愉快地学，快乐地教"，而如今只能徒有物是人非的感喟。[②]

更值得关注的是，这种崇尚研究取向并非美国研究型大学独有的特征，20 世纪 90 年代末，戈特利布（E.E. Gottlieb）等人通过对卡耐基教学促进会关于 8 个西方国家学术职业调查数据的分析发现：在所有国家中，宣称以研究为导向的大学教师被要求做研究的比例都超过了 90％，而热衷于从事研究的男性教师比例都接近或超过 80％，相形之下，女性教师比例几乎都低于 20％，甚至有的仅有 5％。而尤为值得关注的是，即使宣称以教学为导向的教师，被要求从事研究的比例也大都在 80％左右。[③] 简言之，在全球高等教育领域，我们似乎已经进入一个研究或发表为王、教学尤其是本科教学反而越来越卑微的时代。这种情形在我国也司空见惯，大学的学术聘任与晋升、奖励和人才流动政策等，大多都与当事人的研究成果存在高度关联。

（二）学术聘任过程重研究偏好的由来

学术聘任与晋升过程究竟该重研究能力还是教学素养与能力的考查，这可能不是一个简单的关涉正当性的伦理与价值判断，而是关联到在特定背景

---

① J.S. Fairweather. The Relative Value of Teaching and Research[M]. Washington，DC：The National Education Association，1997：43－62.

② Lionel S. Lewis，Vic Doyno. The Definition of Academic Merit[J]. Higher Education，1983，12(6)：707－719.

③ Esther E. Gottlieb，Bruce Keith. The Academic Research-Teaching Nexus in Eight Advanced-Industrialized Countries[J]. Higher Education，1997，34(3)：397－419.

中究竟大学教师需要具备什么素养与能力才能更好践行其角色内涵、履行责任与义务、满足组织发展目标的人力资源管理议题。众所周知,对大学教师的研究能力要求最早源于德国的研究型大学,洪堡把大学师生的研究以及研究过程本身就视为教育与人才培养的基本途径与手段。因此,就理念与理想层面而言,在原初意义上,研究与教学本身就是浑然天成的一个整体。然而理想并不等于现实,理论逻辑的自洽并不等同于实践意义上的可行,更遑论完美。故而,才有多少年来围绕现实之中教学与研究孰轻孰重争执不休、似乎永无结论的分歧。

哈蒂(J. Hattie)等人曾经对自 20 世纪 40 年代到 90 年代关于教学与科研间关系的 58 篇重要文献中的大量样本数据做过元分析,大致有如下结论:第一,就总体而言,至少就研究成果与教学绩效间关系而言,两者之间并非有机关联或者说关联度非常微弱,带有松散结合的性质;第二,两者间是否存在相关或者零相关,与学科差异、指标选取、样本所在机构等变量有关;第三,用于研究与教学的时间彼此之间的确存在负相关,但用于教学时间的长短与教学绩效间并不必然存在正相关;第四,最意味深长的结论是,对"好(good)教师"和"好(good)研究者"两个特殊群体而言,研究与教学业绩间存在高度相关。对此,哈蒂理解为:好的研究者往往有很强的教学表达能力,而好教师又往往知识渊博,知识渊博则与研究相关。[①] 透过上述结论,它会启发人们去思考两个问题:一是如果从选择好教师的角度而言,究竟是应该考虑有研究潜质与能力的人选,即从有潜力的学者中选择教师,还是应该选择那些单纯以教学为志业、有热心、有激情的教师? 二是如果从好教师的培养角度而言,是应该让教师更多从事研究活动,即以研究来培养学者型教师,还是应该以教学活动为本,视研究为个人意愿或者强调研究要依附于教学?

如果对上述两个问题的理解都倾向于研究,则其隐含的基本预设就是至

---

① John Hattie, H. W. Marsh. The Relationship between Research and Teaching: A Meta-Analysis[J]. Review of Educational Research, 1996, 66(4): 507 – 542.

少在入职之初和职业早期（获得终身职之前），高深专业知识积累与研究能力和素养形成是成为合格乃至好教师的先决条件，相对而言，教学能力则可以更多通过中后期职业实践训练而成。美国研究型大学学术聘任的现实格局表明，这似乎已经成为一种无须证明的常识。那么，果真如此吗？笔者认为，该预设其实更多是一种信念而不是有坚实证据支撑的理论。然而，正是这样一种信念，在全美乃至世界大多研究型大学中目前几乎成为一种带有铁律意义上的共识。为此有待进一步去深究的是：这种信念与共识的形成究竟是源于学术界内部关于不同能力间是否可迁移、两种活动是否互有裨益的理解与解释，还是不过源于对特定情势与环境变化特别是学术劳动力市场环境变迁的不乏理性的应对之策？

美国早期的大学主要传承的是英国牛桥传统，更关注教学而不是研究。19 世纪下半叶，在借鉴德国研究型大学模式基础上，美国部分新式大学如霍普金斯大学、芝加哥大学等纷纷成立。芝加哥大学首任校长哈珀（W. R. Harper）在建校之初就强调大学教师应该更多把时间花费在实验室而不是教室中。因此，芝加哥大学首先建立了以研究为导向的教师聘任与晋升制度，它要求所有入聘者都必须签订协议，同意"将主要根据他们的研究成果作为晋升和薪资提高的依据"。从 20 世纪 50 年代开始，随着大批博士纷纷毕业并不断步入岗位，这些新生力量如博耶所认为的，虽然不否认自己作为服务于大学的教师的角色，但更强调自己作为特定领域学者的认同。[①] 因为前者更多带有教书匠的意味，唯有后者才能赋予其作为社会精英的地位，研究成果不仅为其带来了学者的声誉，更是造就了其作为教学掌控者的专家权力。

大批博士的加盟不仅提高了学术聘任的学历与资质门槛，如到 20 世纪 60 年代，无博士学位很难获得正式教职如助理教授，除非接受非终身职或兼职的讲师职位，而且因为博士规模逐渐扩大，供过于求的矛盾开始显现。为

---

① Timothy Stewart. Teacher-Researcher Collaboration or Teachers' Research？［J］. TESOL Quarterly，2006，40(2)：421 - 429.

此,在初聘环节,如何设定标准来判别应聘人的研究能力当然也包括教学能力就成为核心问题。梅兹利什(D. Meizlish)等人通过梳理有关文献发现,20世纪60年代大学对应聘者的绝对判断标准是博士毕业学校的声望,到80年代中期,学校声望依旧受到关注,但是研究质量和潜力上升为最重要的标准,教学能力虽然也被列入,但相对于研究处于次要地位。90年代后,评价标准开始细化,最重要的是研究质量、潜力以及与所聘机构需求的符合度,其次才是与教学相关的经历、学生评课、推荐信以及试讲效果等。① 事实上,从90年代开始,至少在美国研究型大学中,仅拥有博士学位要谋得终身轨职位也越来越难,大多岗位更多从有博士后经历者中聘任。以麻省理工学院为例,早在80年代初,该校拥有的博士后不足400人,到90年代仅600人,而到2011年达到了1 298人。② 因为应聘者越来越多具有博士后经历,所以研究专长、方向与前景、研究发表及其成果质量、教学经历等,逐渐成为新聘教师的重要参考依据。如果说博士毕业,还仅仅是摆脱学徒身份,那么拥有博士后经历则意味着成为准学者,获得终身轨职位到晋升终身职这6—7年观察期,则是从准学者到学者的过渡期。

关于学术劳动力市场的变化对学术聘任资质标准的影响,芬尼根(D. E. Finnegan)对新英格兰地区两所并不知名的综合性大学三代教师的聘任过程做过非常生动的研究。第一代为1972年以前,第二代为1972—1982年,第三代为1982年以后,三代她分别称之为勃兴期(boomers)、回潮期(brahmins)和换血期(proteans)。勃兴期的大学聘用更多看重教师的教学激情与教学经历,至于研究则仅仅纯属个人的兴趣,学校并没有特别要求,好的教学是获得晋升的基本要求;到回潮期,新聘教师通常要求有博士学位,由于两所大学都

① Deborah Meizlish, Matthew Kaplan. Valuing and Evaluating Teaching in Academic Hiring: A Multidisciplinary, Cross-Institutional Study[J]. The Journal of Higher Education, 2008, 79(5): 489 - 512.

② MIT. Postdoctoral Life at MIT: Findings from the 2010 Postdoctoral Scholar Survey[EB/OL]. http://web.mit.edu/ir/surveys/pdf/Postdoctoral_Life_at_MIT_Report_June_2011.pdf.

开始调整其激励与回报制度，过去以教学为中心的机制转向了研究与教学兼顾，但是如果没有较好的研究表现往往很难得到晋升，其晋升要求虽然不是研究型大学中的"不发表即出局"（publish or perish），却处于一种"不发表即凋谢"（publish or languish）的不尴不尬状态；进入换血期后，新聘教师大多仅拥有两年临时合同职位，他们不断地被鼓励去发表。对参加面试的教师的选择标准，一位系主任的说法最有代表性。他说，面试中通常要问应聘者的主要问题是："你是把自己描述为教师（teacher）、教师/学者（teacher/scholar），还是研究者（researcher）？"如果回答不是第二个选项即刻被淘汰。与此同时，在换血期获得终身职与晋升尽管也关注教学业绩，但更多偏重于研究。[①]

由以上对美国研究型甚至其他类型大学聘任标准的演变过程不难发现：首先，大学重研究偏好是历史发展到特定阶段的产物，是学术劳动力市场变迁与大学功能定位和结构调整的结果。学术聘任门槛抬高、受过良好训练从业者的偏好以及大学对学术声誉的追求都是其中的关键影响因素。高校毕竟是一个理性的组织，其对教师研究能力的青睐不仅关联到研究生规模扩大、科研经费增加等现实利益，更关联到其在高等教育市场竞争中的地位优势。贝克尔（E. Becker）等学者从经济学角度对学生 SAT 成绩、学费收益以及高校研究产出等变量间关系建立模型后发现，研究产出的增加会让机构更具有市场吸引力，因而使之获得能力更强、资质更优的生源，以至于他们的定量分析结果表明：教师把时间分配给教学预计会降低高校所提供的教育价值。"不是教师自己想有什么品位，而是学生的要求形塑了教师的品位，教师之所以把省下的教学时间分配给研究，是因为如此才能够更好服务消费者。"[②]我们有理由相信：这种经济学意义上的结论一定会让大多数人侧目，因为它即使证据确凿，但在政治上也可能极端不正确。

---

① Dorothy E. Finnegan. Segmentation in the Academic Labor Market: Hiring Cohorts in Comprehensive Universities[J]. The Journal of Higher Education，1993，64(6)：621－656.

② Elizabeth Becker，Cotton M. Lindsay，Gary Grizzle. The Derived Demand for Faculty Research[J]. Managerial and Decision Economics，2003，24(8)：549－567.

经济学的数理分析不关心道义，当然它也无法回应道义问题，故而在此不妨先搁置关于它的正当性诘问。我们的疑问是：姑且认为上述结论合乎逻辑也能够经得起证据检验，那么，它是否揭示了目前流行的聘任规则背后的微妙机制，即相对于教学业绩的考查，关注教师的研究禀赋与素质，至少是研究型大学聘用合格甚至好教师的决策风险更小的选项？进而言之，所谓从有研究潜质的学者中选拔教师是否更可能是兼具理性与正当性的不二选择？

（三）从学术生命周期角度审视学术聘用标准

通常而言，一位理想的教师最好是能够教学与研究潜力、能力和活力兼备。但是，现实之中，这种貌似简单的情形实现起来却并不容易。姑且抛开某些个体差异因素，譬如创造力、表达力以及个人偏好等方面的天赋因素，大致上，我们必须承认：一个好老师更多是靠后天培养出来的。学术职业具有高度的专门性和专业性，毋庸讳言，这种特征更多源自它所特有的知识与技艺的专深性。漠视了这一点就等于无视常识，即把大学特别是研究型大学教师类同于其他教育阶段的教师。学术职业的专深性，既要求其从业者必须历经长期的学术训练方可具备资质，更需要其在特定的知识与学科领域不断拓进，从而不仅获得有益于社会、造福于人类的新思想、新理论、新技术和新方法，而且具备探究的经验、能力与素养。如此，他才可以为更好履行"教的学术"之职奠定基础。说得通俗些，学问之教，其实与匠术之传承并无二致，你很难相信一个哪怕有匠心但自己却不会动手的师傅能够带出好徒弟。所以，在研究型大学中，首先成为学者或者本领域的研究者不能说是天经地义，但应该多少合乎常理。

值得商榷的其实是如何界定或辨识学者能力，此为其一。其二，在学术聘任过程中，究竟是从学者中选拔教师还是从教师中培养学者。细思上述美国研究型大学风行的规则或潜规则，其所隐含的意味大致是：是否为学者或学者的能力如何，必须以被同行或专业共同体所认可的产品如发表、专利以及其他各种作品等为依据,内在潜力必须通过物化为外在产品才可以得到认可。如此显然可能会伤及无辜,因为某些纯粹基于个人情趣与偏好或者围绕课堂教学需要而开展的研究,虽然没有发表但有可能会更有益于教学。然而,问题在于:当今学术活动已经高度体制化,如果不纳入同行认可体制之中,内在研究潜质的评价标准和依据又如何确立? 以发表为依据的外在同行认可的确有时候会伤害无辜,它不完美但无法再寻求到更完美的制度来替代它。

从博士毕业、博士后、获得终身轨教职,再到获得终身职,尽管要求应聘者承担基本教学责任,但是更需要其先成为一个学者,最终定型为一个学者型教师。正是这种规则或潜规则,或许才会让我们很好理解为何美国大学中比例不断攀升的临时或短期合同从业者被称为讲师(lecturer、instructor),而终身轨和终身职方称得上是带有不同前缀的教授(professor)。如果从学术生命周期的角度来审视,其内置于制度之中的基本预设为:从博士毕业甚至回溯到博士就读期间到终身职获得,此为学术生涯的早期,它首先是一个研究潜质彰显、能力塑造、学者资质与身份证成的过程,其次才是以适当的教学实践获得经验从而成为合格的教学者。相对而言,它似乎更笃信:成为学者更倚重天赋、潜力、激情和抱负,是时间(年龄)不等人,而作为本分的教学更依赖于职业中后期的实践与经验,节奏可以不紧不慢,文火慢煨,有足够的时间。

既有大量关于学术生命周期的实证研究表明:在统计意义上,学者职业早期研究业绩对其职业中后期表现具有高度的可预测性,即仅就选拔优秀的学者(研究者)而言,重视早期研究潜质的考察与遴选的制度设计的确有实证依据支撑。然而,至于早期研究表现良好与职业中后期的教学表现间是否存在关联,该方面的实证研究并不多。布莱克本(R.T. Blackburn)对有关年龄、学术等级与教学表现(主要是学生课程评分)等众多实证研究结论梳理后发现,虽然一些早期的研究发现学术等级与教学业绩间具有微弱的正相关,表明它与年龄(经验积累)以及其他方面的因素如教师等级所代表的学术水平等可能存在关联,但总体上,教学表现与教师的年龄即职业发展阶段之间没有显著的相关性。^① 显然,该结论无法充分证实教学能力更多可以通过后天的经验积累来提高的常识。当然,它也无法证明教学能力是否与研究潜质一样也具有个人化甚至某些先赋性特征。

因此,从学术生命周期角度来审视当下学术聘任标准及其取向的合理性可能会存在较大的风险,尤其是在面对教学业绩表现评价的客观性标准存在缺失的困境中。正是基于这一困扰,笔者在此尝试通过对一个特殊群体做些大致统计分析,或可从中窥见一斑而未必是获得总体性与规律性的认识。研究关注的群体为我国 2015、2016 年度"万人计划"中的教学名师,为便于分析具有针对性,仅抽取其中"985 工程"建设高校的教师样本共 70 人(总共 71 人,因为其中一人难以获得相关信息而被剔除)。

所有样本的身份都是教授,其中男性 61 人,女性 9 人。样本学科分布特征见表 8-2,理科与工科最多,其次分别为社会科学、人文学科与医学(少数农科归并到自然科学类)。

表 8-2　2015、2016 届"985 工程"建设高校名师学科分布

学科归属	N	百分比(%)	累积百分比(%)
自然科学	20	28.6	28.6
工程技术	19	27.1	55.7
人文学科	7	10.0	65.7
社会科学	16	22.9	88.6
医学	8	11.4	100.0
合计	70	100.0	

基于众所周知的原因,我国政府各部门出台了各种人才计划与项目,其

---

① Robert T. Blackburn, Janet H. Lawrence. Aging and the Quality of Faculty Job Performance[J]. Review of Educational Research, 1986, 56(3): 265-290.

中大多数项目如优青、杰青、长江学者特聘教授、院士、百千万人才工程等的评选主要倾向于学术研究成果与水平，因此如果以这些身份作为"学者"身份的辨识依据应不会存在太多的争议。统计显示，在该群体中，拥有上述各类身份的教学名师有 26 人，比例达到了 37%，超过总体的三分之一。如果以承担课题项目为辨识依据，则承担国家"863"、"973"、国家自然科学基金以及国家社会科学基金等各类项目的比例几乎达到了 100%，且基本都有获得各类学术与科技成果奖励的记录。因此，如果仅仅聚焦于教学名师这样一个资优群体，不难发现他们大多不仅是学者，而且相当部分是杰出学者。换言之，至少针对该特殊群体而言，我们得出由学者（当然未必一定是知名学者）而成为教学名师的结论（当然，反之则未必），在证据上大致站得住脚。

在此，笔者所尤为关心的特殊议题为：尽管基于简单的观察与数据分析，教学名师群体早期的职业生涯与经历带有相对突出的"学者"（即研究表现良好乃至卓越）特征，但是其成为成熟以至卓越的教师（即教学表现卓越）发生于职业生涯的哪个阶段？是职业早期还是中后期？为澄清该问题，笔者尝试对所有教学名师职业生涯中的关键性事件做一纵向梳理，结果发现，样本中有 51 人早期曾经获得宝钢优秀教师奖（个别为提名奖），占总体的 73%。余下的虽然没有获得过宝钢奖，但在早期也曾获得过教育部、所在省市或国家教学名师奖。宝钢优秀教师奖在我国高校中具有较高的声誉与较大的影响力，它的奖励对象主要是在本科教学中有突出贡献与成就的高校教师。为此，我们姑且假定，以宝钢奖或获得其他有关教学的第一个省部级以上奖项时的年龄作为辨别一位优秀教师开始成熟的标识，通过对样本的年龄分析，或许会有助于我们来理解成为一名优秀教师需要经过怎样的职业历程。

简单数据分析发现，在具有年龄与早期获奖年代信息的 64 个样本中，总体年龄均值为 50 岁，中位数为 51 岁。不同学科之间略有差异（表 8-3），但基本在 47—53 岁之间。样本中获宝钢奖的教师最低年龄为 37 岁，最高年龄为 69 岁。如果按年龄段分析会进一步发现，51—55 岁间的比例最高，达到

35.9％,40 岁以下仅占 15.6％（表 8-4）。假设以 40 岁以前作为职业早期、41—55 岁作为职业中期、56 岁以上作为职业后期的划段标准,不难发现,卓越教学名师的教学业绩凸显期基本在职业中期,比例达到了 67.2％。由此简单分析,我们不妨认为,至少针对教学成就卓越的群体而言,职业中期是优秀教师教学能力形成的成熟期。当然,这一结论有些武断,可能未必适合于一般教师或者反映合格教师的特征。

表 8-3　两届"万人计划"教学名师获得宝钢奖或其他教学奖项年龄均值

学科归属	N	年龄均值	年龄中位数
自然科学	20	49	52
工程技术	18	48	47
人文学科	5	49	49
社会科学	13	51	51
医学	8	53	53
总体	64	50	51

表 8-4　教学名师早期获奖的年龄段分布

年龄段	N	有效百分比（％）	累积百分比（％）
40 岁以下	10	15.6	15.6
41—45 岁	9	14.1	29.7
46—50 岁	11	17.2	46.9
51—55 岁	23	35.9	82.8
56—60 岁	6	9.4	92.2
61 岁以上	5	7.8	100.0
合计	64	100.0	

由上述对特殊群体的简单分析,大致上可以认为:至少在研究型大学之中,早期的学术入职与晋升等聘任过程倾向于学术能力的同时兼顾教学态

度、素养与能力(特别是在入职环节)的考查,即挖掘与培养学者型教师,应该较为符合研究型大学教师队伍建设与发展的特征。就个体因素而言,学者潜质、研究成就、教学实践经验积累尤其是态度、责任与激情等会更有助于教师教学能力的提升。当然,不可否认,不同职业阶段相关制度与政策取向也是其中更为关键的影响因素。

(四)学者型教师职业发展的相关支持路径分析

对研究型大学而言,开展高水平研究与培养高层次人才本就是学科建设题中应有之义,因此拥有实力雄厚的学者型教师队伍自然为其发展之本。理论上,教学与研究之间应该存在一种互动甚至整合关系,但在现实之中,由于研究本身更强调专深与前沿,研究内容与主题往往会与本科教学要求间存在偏差。除此之外,研究与教学毕竟是两种性质与取向不同的活动,在有限的时间与精力范围内,两者之间又必然存在一种挤占效应。更何况,因为当今学术活动的高度体制化,研究与教学各自已经形成了两种并行的认可制度与体系,其对参与主体的角色塑造、行动取向与价值选择都难免带来影响甚至引起精神、心理的紧张和困扰。

摆脱这种困境的基本路径还在于根据人的学术生命周期的大致规律,结合不同职业生涯阶段学术活力的表现特征,设计和制定与之对应的制度与政策。教学与科研都是研究型大学教师所必须承担的基本职责,两者间或许无所谓孰轻孰重。但是,从教师成长、研究型大学功能运行与目标达成的角度,不同时期对教师工作要求可以有所侧重,即需要考虑孰先孰后的问题。

在入职初期(博士毕业 6—7 年,40 岁以下),需要偏重研究潜质与能力的考查与培养。一旦入职之后,到获得长聘岗位之前,高校应适当减轻新人教学负担,给予尽量相对充裕的时间,让其逐渐明确自己的研究方向,独立承担研究项目,建构自己作为学者或科学家的角色。与此同时,通过从事"少"而"精"的本科教学,在实践中积累经验,确立自己作为学者型教师的身份认同。

目前,有些高校采取新人入职 6—7 年不登讲台的极端做法并不足取。布劳内尔(S.E. Brownell)等学者针对美国生物学领域教学不尽如人意的状况批评道:美国博士生训练与学术界认可体制,更多地塑造了教师的科学家认同,而淡漠了作为教学者的角色。[1] 如果在入职后很长时间不从事教学工作,则不仅关联到学者型"教师"本位与本分的正当性问题,而且也未必真正有利于其未来长远的角色适应与职业发展。

在通过学者潜质与基本教学能力的考查后,一旦获得长聘或者终身职,就意味着教师开始步入稳定的职业中期(大约在 40—55 岁年龄段),也意味着他作为学者型教师的基本成型。相对于早期,职业中期的教师学术活力也开始达到巅峰期或平台期。在此期间,学术评价、考核、晋升以及业绩奖励等更应该强调教学与研究并重。与此同时,要结合不同学科的特性建构多样化的评价标准。科尔贝克(C.L. Colbeck)发现,对于一些"硬"学科如物理学,本科生几乎不可能理解最为前沿研究的细节,因此需要有甘于奉献的教师来从事与研究前沿偏远的基本概念与理论的教学,而对于如英语这样的"软"学科,研究成果更容易与课堂教学两者间实现有机融合。[2] 笔者在对我国"万人计划"教学名师信息的梳理过程中也发现,他们中的大部分人所承担的本科课程基本为公共或专业基础课程。因此,针对不同学科以及课程性质与特点,应该对承担不同任务教师的教学与科研考核要求有所侧重。

在研究型大学中,但凡获得长聘岗位的人员都是学者型教师,其内部可以有分工,但不主张做类别之分。在该方面美国高校雇用大量临时合同或兼职人员来承担教学的做法,不值得我们借鉴与提倡。承担基础课的教师依旧需要从事教学研究及其他研究工作,给予他们工作相对稳定性反而更有利于

① Sara E. Brownell, Kimberly D. Tanner. Barriers to Faculty Pedagogical Change: Lack of Training, Time, Incentives, and ... Tensions with Professional Identity? [J]. CBE—Life Sciences Education, 2012, 11(4): 339－346.

② Carol L. Colbeck. Merging in A Seamless Blend: How Faculty Integrate Teaching and Research[J]. The Journal of Higher Education, 1998, 69(6): 647－671.

其沉心于人才培养工作。美国的学术休假制度可以为我所用,但其受益群体应该是为教学付出更多精力的教师,而不应面向全体。如此,可以适当弥补为教学工作而挤占的研究时间,为其学术与学科教学研究创造机会。

对于进入职业后期(大约56岁以后)的教师,允许其中对教学有热情但没有精力或无意愿从事研究的人员自主选择,或专心于本科教学工作,或提供管理服务。因为有常年丰富的研究经历与教学积累,他们可以更好地把多年研究心得与教学内容有机融合,从而更有助于教学水平的提高。

以上三个阶段的评聘与考核标准取向在此不妨简化为如图8-1所示。

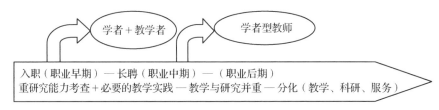

图8-1 不同职业阶段评聘与考核要求的侧重

当前,由于博士生规模的不断扩大以及整个国际学术劳动力市场岗位供求紧张格局的形成,全面强化学者型教师的学术聘任与职业发展模式,至少在研究型大学中的条件已经逐渐成熟。但究竟如何辨识学者的研究潜质,如何对教师教学业绩予以认可,依旧存在众多困惑甚至误区。譬如,单纯以SCI、SSCI、CSSCI发表量作为学者潜质判断依据的荒诞还司空见惯。学术发表作为潜质的外在呈现虽然具有一定的客观性,但其内涵在质而不在量,善做研究而不只是会写文章才是专业学者的品质。由于评价的客观性偏弱,教学业绩在现实之中往往难以得到认可,因而已经产生了较为严重的亲研究、疏教学的现象。特别是在职业中后期,不少教师尽管有教学情趣与热情,但因为难以得到认可而出现激情消退甚至倦怠现象。

解决与应对之路径还在于:对于学术聘任中学者潜质的辨识,需要在重视申请人自我举证的同时,强化同行专家责任意识、规范评聘考核程序,并适当增加外部同行专家的数量,以提高学术评议的可信度;教学业绩的认可要重视评价主体多样化,综合学生评教、同事评议与部门负责人或委员会审议等多方面意见,并根据教学的工作量与品质给予合理的精神激励与物质回报。当然,要摆脱目前这种困境的根本症结还有赖于外部制度环境与学术共同体内部文化的改善。如果不扭转外部政府与民间花样繁多的排名机构重量轻质的评价导向,如果学术共同体内部不能营造出一种健康氛围,高校内部聘任标准就难免受外部干扰而发生扭曲甚至走偏。

客观而言,在当前我国高水平大学的聘任实践中,学者型教师的选择偏好已经初现端倪,在国家众多人才政策如"青年千人计划"的导向下,初(准、预)聘与长聘环节越来越重视研究能力与潜质的考查。如上文所述,这种学者型教师选聘固然有其合理性,但也需要防范美国研究型大学中人们所诟病的不良倾向。布劳内尔等人认为,学术界在强化年轻学者科学家认同的同时,也需要为其建立教学者的认同。为此,她针对美国学术界弊病提出了三点倡议:第一,在博士与博士后阶段,适当拓展教学能力的训练;第二,各种学科性权威专业期刊也应适当重视学科教学成果的发表与认可;第三,各种学科专业学会需要适当加强对学科教学成果的推广,并将其作为年会内容的构成部分。① 这三点也同样适合我国,但除此之外,考虑到我国国情,有必要在政府层面尝试开展相关的改革,譬如各类科研资助部门可以适当增加有关项目,鼓励与支持教师开展研究与教学相融合的探索性研究,有关政府部门在重视对学术人才奖励与支持的同时,适当丰富和拓展针对个人教学业绩的奖励计划与支持项目,如此等等。

最后,有必要特别重申两点:第一,在此关注的对象仅仅为研究型大学,相关论点与结论未必适合于其他类型高校;第二,我们提出的研究型大学中

---

① Sara E. Brownell, Kimberly D. Tanner. Barriers to Faculty Pedagogical Change: Lack of Training, Time, Incentives, and … Tensions with Professional Identity? [J]. CBE—Life Sciences Education, 2012, 11(4): 339 - 346.

的学者型教师的概念，并非出于高校声誉提高的功利目的，更不是要否认教学的本体地位，学者型教师塑造的最终目的还是在于提升教学过程的创造活力，达到培养高层次创新人才的目的。

二、本科教学与科研间关系的平衡与失衡

即使在以研究见长的大学中，我们之所以会认为在伦理和道义层面上，本科教学是一个无可争议的责任担当，不仅仅是因为它本身是大学的一种与生俱来的传统职能，更是因为其要义在于：它已经成为近代以降大学与外部机构相区分的一种标识，也是大学内部教师角色有别于外部学术人的一个重要特征。自 17 世纪作为一种知识和文化活动的科学肇兴以来，科学研究作为一种渐趋制度化、规范性的活动，并不局限于大学以及其内部的学者，甚至一度因为大学的相对封闭而活跃于大学围墙之外。从 17 世纪到 19 世纪早期，渐成主流的科学研究基本为外部各种科学学会以及官方机构所主导，大学及其内部学者反而处于边缘化状态。这种状况直至 19 世纪初德国研究型大学崛起后才渐趋有所改观。到两次世界大战期间以及战后，鉴于科学在国家军事和民用领域所带来的巨大收益，国家、各种基金会和企业也逐渐参与到研究活动中，在不断向大学注入巨额资金的同时，也建立了自己的独立研究机构。至此，在科学研究逐渐在大学内部站稳脚跟的同时，大学与大学外部研究机构，大学内部学者与外部政府、基金会和工业部门雇用的科学家间，两个各有分工同时又存在密切互动的专业学者或科学家阵营逐渐形成。

所谓两大阵营间的各有分工，不仅仅是指两者在研究偏好和旨趣上存在差异，如大学更关注纯粹的理论研究，而且人们还理所当然地认为，大学内部的研究作为一种高深知识的探究和智力性的活动会有助于人才的培养，即以研究来促进教学甚至把研究视为人才培养本身的有机构成部分，大学在提供原创性研究成果的同时，也通过研究这样的智性活动为连贯性的教育不断注

入新内容,从而为社会各部门以及大学外部其他研究机构培养各种类型、不同层次的训练有素的人才。而正是这一观念,才构成了大学在现代社会中不同于外部研究机构的独特性或者其所独有的属性,崇尚高深智识而略微淡化求用取向又构成大学学者圈子与外部专家集团间的重要区别。

(一)本科教学与科研关系失衡的现实背景

在19世纪下半叶模仿德国研究型大学模式对传统大学进行改造的基础上,二战后美国众多的研究型大学发生了一系列重大变化。变化之一:因为受惠于越来越多的联邦以及各种其他渠道的研究资金支持,大学的研究项目越来越多,研究生教育规模迅速膨胀,本科生规模相对被压缩。如哈佛大学目前本科生与研究生的比例为1:2;麻省理工学院约为1:1.5;州立加州大学伯克利分校本科生比例较高,为2.5:1;而小而精的加州理工学院在校本科生不足千人,研究生则达到1 200多人,大致为1:1.2。变化之二:大学的世俗化色彩更趋于浓厚,为满足社会职业分工和劳动力市场需求变化,传统大学纷纷增设各种专业学院,而这些专业学院的主要培养层次为研究生;不止于此,满足社会即时之需的应用性研究也颇有市场,甚至已经呈现勃兴之势。变化之三:因为博士生培养规模的扩大,大学教师队伍的学历结构迅速提高,拥有博士特别是学术研究型博士学位几乎成为入职者的基本资格,对于这些新入职者而言,虽然教学能力也是考查的重要内容,但他们所受到的严格学术训练和研究能力往往更受关注。

研究和指导研究生工作负担的加重,使得大学在功能发生分化的同时,要么分散教师在本科生教学上投入的精力,要么进一步增加了工作负担;应用取向研究和专业学位研究生培养的展开,导致大学与其学者的角色以及外部研究机构间的界限变得日益模糊,应对外部的复杂性事务势必会牵扯更多的精力;至于教师学位层次和入职资格的提高,则意味着大学教师已经由原来的教书匠转换为学者型的专家或科学家,它意味着研究型大学中教师所承担的研究压力未必低于外部研究机构人员，当然，这种学术职业角色的转变带来了更为深远的其他影响，后文将对此做进一步分析。

上述各项繁杂工作事务和多重角色的叠加，再加上还要参与学术共同体内部交流和大学内部学生指导以及学术管理等其他事务，让我们不难想象，大学教师不仅已经彻底告别了早期那种以教学为主业、以研究作为猎奇和消遣的闲适生活，而且对于绝大多数教师而言，因为精力本身有限，恐怕他们不得不在各项事务间进行策略上的抉择，在责任、情趣偏好以及自我利益之间做出取舍和权衡。其中，作为大学最为传统的使命和教师最为基本的责任——本科教学，在研究型乃至其他一般大学中往往受到的冲击最大。这种冲击的具体表现，通俗而言，就是要么直接减少出工量，要么出工不出力，即就正规教学工作量（上课门数与时数）而言，量虽未减甚至有所增加，但投入精力和热情不足。

既有的研究数据表明，自二战以来美国大学教师的工作负担呈现逐渐递增的趋势。美国有学者通过调查研究发现，在 20 世纪 70 年代如爱荷华州立大学这样的研究型大学，教师的周平均工作时数为 51.2 小时，其中教学与学生指导约为 28 小时，占 56%，研究为 12.6 小时，仅占 24.6%，其他管理和服务占 20%。[①] 而 80 年代美国联邦教育部对全美高校的调查显示，大学全职教师的工作时数大概为 53 小时。[②] 1998 年，由联邦教育部国家教育数据中心所做的调查则显示，研究型大学中的教师周平均工作负担在 55 小时左右（表 8-5）。与此情形相仿，我国学者沈红等人在 2008—2010 年的调查表明，在我国"985 工程"建设高校中，教授的周平均工作负担已经达到 56.5 小时，但不同机构类型和职称之间存在明显差异（表 8-6）。

---

① Frederick C. Wendel. The Faculty Member's Work Load [J]. Improving College and University Teaching, 1977, 25(2): 82-84.

② Allan M. Winkler. The Faculty Workload Question[J]. Change, 1992, 24(4): 36-41.

表 8-5 1998 年美国高校教师周平均工作负担(小时)调查数据(按机构类型和性别分布)

机构类型	男	女
研究型大学	55.8	54.0
可授予博士学位大学	55.5	52.1
综合性大学	52.7	51.8
独立文理学院	54.0	53.4
其他	55.3	51.7

数据来源:Jerry A. Jacobs. The Faculty Time Divide[J]. Sociological Forum,2004,19(1).

表 8-6 我国高校教师周平均工作负担(小时)调查数据(按机构类型和职称分布)

机构类型	教授	副教授	讲师	助教
"985 工程"建设高校	56.5	46.7	43.7	54.8
一般大学	46.6	43.6	40.0	41.5

数据来源:沈红,谷志远,刘茜.大学教师工作时间影响因素的实证研究[J].高等教育研究,2011,32(9).

　　由上述数据不难发现,大学职能越趋于多元,而且越是在以研究见长的大学中,职称越高的全职教师工作负担越重,甚至处于超负荷状态。而实际上,在扣除本科教学工作后的净负担中,有相当部分压力源于与研究有关的工作。2011 年,我们对中国 56 所研究生院高校教师(所在院系的学科水平绝大多数位居国内前列)展开大范围调查,通过对回收上来的 6 334 份有效问卷进行统计分析发现:在这些代表我国最高学术水平的高校中,教师对本科教学的平均平均投入比例仅仅为 26% 左右,而投入在研究以及研究生指导上的时间比例约为 40%,管理以及其他各种事务合计占约 40%(表 8-7)。相对于本科教学,研究和研究生指导在教师所有事务投入中居于首位,且远远高于本科教学的投入。换言之,至少在我国许多以研究型见长的大学中,从时间和精力投入的角度而言,我们虽然不能说教师普遍淡化了对本科教学的责任意识,但客观数据表明,研究以及研究生指导已经构成其学术工作的主体构成部分,这是我们无法回避的现实状态。

表 8-7　我国研究生院高校不同职称教师各项事务时间投入比例(均值)

职称	本科教学	科研包括研究生指导和教学	管理或参与管理	各种无关紧要的琐碎事务	其他
教授(研究员)	22.0%	45.8%	16.1%	14.1%	11.6%
副教授(副研究员)	27.7%	39.2%	13.5%	15.2%	12.0%
讲师(助理研究员)	28.8%	35.0%	14.9%	18.0%	12.7%
总计	25.9%	40.6%	14.8%	15.5%	12.0%

正如表 8-7 所示,相对于本科教学,研究至少已经成为我国研究生院高校教师工作的主体构成部分。从教师的意向与偏好中,可以发现研究在当前高校教师心目中所具有的特殊地位(表 8-8)。在有效样本中,约 66% 的教师将研究排在第一位,而将教学排在第一位的仅有 25% 左右。尽管我们并没有掌握历史数据,但可以肯定,相较于 20 世纪 80 年代我国大学以人才培养为主、科研院所以研究为主,两大系统各有分工、各负其责的格局,当前高校职能已经发生了许多根本性的变化,大学中教师的研究负担和精力投入已经逐渐超出了本科教学的负担,甚至并不逊色于美国的研究型大学。结合表 8-7、表 8-9 和表 8-10 可以发现,职称越高,研究的平均投入越高,而教学投入越低;教龄越长,研究投入时间越多,而教学投入越低;女性比男性的教学投入多,研究投入相对低;纵向研究经费越多,投入教学的时间越少,而研究投入越高。另外,不同学科门类间存在差异,相对而言,理工农和经济学门类教师的研究精力投入高,而文史哲以及管理学教师的教学精力投入稍高于其他学科门类(限于篇幅,有关数据表格省略)。

表 8 - 8　我国 56 所研究生院高校教师根据自己偏好所列事项排列第一的比例

排序第一的偏好	样本数	百分比	有效百分比	累积百分比
研究	4 117	65.0%	66.3%	66.3%
教学	1 571	24.8%	25.3%	91.6%
管理	391	6.2%	6.3%	97.9%
校外咨询、讲座、培训等等	133	2.1%	2.1%	100.0%
小计	6 212	98.1%	100.0%	
缺省	122	1.9%		
总计	6 334	100.0%		

表 8 - 9　我国 56 所研究生院高校教师的精力投入按教龄分布(均值)(N＝6 334)

教龄	本科教学	科研包括研究生指导和教学	管理或参与管理	各种无关紧要的琐碎事务	其他
5 年或 5 年以下	27.3%	36.0%	14.1%	17.1%	12.5%
6—10 年	26.3%	38.8%	13.4%	15.4%	11.6%
11—15 年	24.2%	41.0%	15.2%	15.3%	12.8%
16 年以上	25.8%	45.2%	16.6%	14.4%	11.8%
总计	26.0%	40.5%	14.8%	15.5%	12.1%

表 8 - 10　我国 56 所研究生院高校教师的精力投入按性别分布(均值)(N＝6 334)

性别	本科教学	科研包括研究生指导和教学	管理或参与管理	各种无关紧要的琐碎事务	其他
男	24.4%	41.7%	14.6%	15.7%	11.7%
女	29.4%	37.9%	15.1%	15.2%	12.8%
总计	26.0%	40.5%	14.8%	15.5%	12.0%

（二）本科教学与研究的精力投入失衡缘由分析

如上所述,在当下我国,以研究见长的大学本科教学相对于研究投入低下的一个主要原因,在于由外部社会环境变迁而引起的大学功能与性质、大学教师职业角色及其承担的学术工作性质的变化。今后，随着政府对高校提升学术实力要求的愈加迫切、科技经费的不断增长和大学研究任务的加重，部分大学很可能将会出现本科生规模进一步压缩、研究生规模不断扩张的新趋势，因此，本科教学将有可能面临更大的冲击。

然而，相对于外部社会环境的变化，对本科教学可能带来最为根本和直接影响的因素，还在于学术系统以及大学内部制度设计所带来的教师主观心态的改变。无论是美国的研究型大学还是我国的高水平大学中，严格而言，近年来，由于通识课、选修课和小班课的大幅增加，针对本科生开设的课程总量和时数实际上不仅没有减少，反而有进一步增加的趋势。这也多少意味着教师所投入的正式课堂教学时间未必减少。米勒姆（J.F. Milem）等人通过对美国各种类型大学在 1972—1989 年间的教师时间投入进行纵向比较分析发现，除了在针对学生的咨询指导方面所有类型大学的教师投入普遍下降外，教学与研究时间投入几乎都有增加，咨询指导投入下降了 7％，教学投入增加了 8％，研究投入增加了 9％。这当中，只有研究型大学的教学投入下降了 2％，且在学生咨询投入上降幅最大，达到 11％。但有意思的是，包括一向以本科教学为主要职责的独立文理学院和两年制学院，教师研究时间投入都有增加，综合性大学的增幅最大，达到了 20％。① 概言之，研究几乎在所有类型高校中都越来越受到教师的重视。

对学生咨询指导的时间投入减少，其实本身就是本科教学责任意识的淡化，而研究投入的增加，则未必一定惠及本科教学。传统上，人们往往以为研究与教学间存在一种互动放大效应，并理所当然地认为一个好的学者就是一个好的教师，而一个好的教师又必然是一个好的学者。其简单的逻辑是：研究本身会产生一种"溢出效应"，可以惠及本科教学。然而，各种实证研究表明，两者间实际上存在微弱相关、不相关甚至负相关。譬如，菲尔韦瑟（J.S.

---

① Jeffrey F. Milem, Joseph B. Berger, Eric L. Dey. Faculty Time Allocation: A Study of Change over Twenty Years[J]. The Journal of Higher Education, 2000,71(4): 454－475.

Fairweather)通过对美国联邦教育部数据中心所提供的大样本调查数据分析发现,在美国四年制大学中,总体上,教学与研究产出间存在一种此消彼长的关系,研究(发表与获得资助)与教学产出都表现良好的教师少之又少,这极少数人往往是有很强责任心和使命感的学者,且以超过常人更多工作负担为代价。[①]

对于研究型大学乃至其他大学这种本科教学与研究间关系的失衡,在 20 世纪 90 年代,吉姆斯基(R. Zemsky)称之为"学术棘轮"(academic ratchet)现象。他发现,自二战后,尽管高校内部行政管理权力不断趋于强势,其权力范围得到不断拓展,他称之为"行政晶格"(administrative lattice)现象,但与其相映成趣的是,每一次行政权力的膨胀,都伴随"学术棘轮"效应的强化。所谓"学术棘轮"效应,即对于教师而言,越来越趋向于减轻其教学和学生咨询指导负担,而把其自主性的时间更多投入到研究以及专业服务中,从纵向的历史角度看,它呈现出一种不可倒转的趋势。[②] 导致这种似乎不可逆转的"学术棘轮"效应的重要缘由在于:无论是从物质(如收入待遇)还是精神层面(如学衔、声望、个人抱负),研究所带来的回报远大于本科教学。不仅如此,就个体的职业展开过程而言,也存在一种棘轮效应,往往越是有声誉的学者,他所获得的各种研究资助越多,其越可能把更多的时间投入到研究而不是本科教学当中,并进一步强化自己的地位,而这又会给年轻的后来者形成一种示范效应。如今,无论对于哪一种类型的大学,拥有博士学位几乎是新入职者的基本资格要求。这些训练有素的年轻学者与其前辈一样,如吉姆斯基所认为的,他们更愿意开设其感兴趣的高度专业化的课程,而通论或导论性的课程则大大减少。[③] 高度专业化的内容往往又适合于小班化课程,与教师的研究兴趣间存在相关,通常对教师的研究有所增益且不会带来更多的精力投入。导致课程总量膨胀的小班化以及教师工作性质和服务对象的多元化等,实际

---

① James S. Fairweather. The Mythologies of Faculty Productivity: Implications for Institutional Policy and Decision Making[J]. The Journal of Higher Education, 2002, 73(1): 26-48.

② Robert Zemsky. The Lattice and the Ratchet[J]. Policy Perspectives, 1990, 2(4).

③ Robert Zemsky. The Lattice and the Ratchet[J]. Policy Perspectives, 1990, 2(4).

上是进一步促成了大学内部事务的高度复杂化,引起行政管理服务工作负担的急剧增加,最终是行政权力介入的全面泛化和机构的迅速膨胀。因此,所谓的"学术棘轮"与"行政晶格"两种效应显然带有共生性,它不仅带来了高校运行成本的增加,而且在双方相互应对和博弈过程中,最大的牺牲往往是第三方即本科生的利益。

关于研究与本科教学间的失衡问题,还有一个解释角度,即与高等教育系统内部所存在的一种"机构同质化"现象有关。即使在所谓高等教育市场化和多元化的美国,早在20世纪50年代开始,人们也注意到了普遍存在的一种低地位的大学或学院模仿高地位机构的现象,当然,这种现象在我国就更为典型。里斯曼(D. Riesman)将这一现象和仿效过程形象地称为"蛇一般"的首尾连贯过程。科林(S.P. Kerlin)等人在解释这一现象的原因时,提出了导致同质化的三种机制:第一种是管制性或强制性机制(regulative or coercive),即由政府部门制定的制度和政策(如经费分配和资助方案、评价制度等)所营造的环境而引起的机构行为和行动策略选择;第二种是规范性机制,即趋同源于系统内部共享的成文或非成文规则,或者说价值规范;第三种是模仿性机制,即在不确定的环境中,机构会自觉地参照先来者或成功者已经形成的架构来调整自己的行为,以规避不确定性。[①]

其实,以这种"机构同质化"机制的理论解释来分析大学内部教学与科研间关系的失衡,可能更为精当。在一个学术质量越来越倚重发表水平,经费分配越来越倾向于竞争性的专项研究拨款的时代,政府侧重于量的产出的问责与质量控制方式以及社会中各种流行的排行榜,已经在很大程度上主导了大学内部的政策和制度导向。泰特(Malcolm Tight)提出,自1986年以来,英国政府开始实行根据科研评估(RAE制度)对大学进行差异性研究经费拨款,注重可测量的成果评估,使得大学以及内部院系不得不调整政策,由此教师

---

① Scott P. Kerlin, Diane M. Dunlap. For Richer, for Poorer: Faculty Morale in Periods of Austerity and Retrenchment[J]. The Journal of Higher Education, 1993, 64(3): 348-377.

对科研愈加重视,教学与科研的平衡受到冲击,传统上三位一体的教学、科研和管理开始出现分化,"破坏了很多科研和教学本该有的合作"。与此同时,"获得科研经费成绩卓越的'明星学者'自此成为各高校机构竞相竞争的对象,成为高价值的稀有商品"①。由此,学术共同体内部本来就偏重"研究"的学术认可规则,不仅使得"研究卓越"在学术人流动中的价值增值,构成"硬通货",而且也在组织内部获得了正当性,成为获得晋升和回报的重要资本。正如美国很多学者通过实证研究表明,由于研究发表体现了专业化的水平,在共同体内部更容易得到认可,因而知名度提高,而知名度的提高又构成了向上流动、晋升甚至收入的决定性因素。② 大学以及院系主管部门尽管自始至终在声言上都强调教学才是本分,然而,迫于资源和声誉上的压力,其实际的运作却是口惠而实不至,给教师带来众多困惑。如霍博森(S.M. Hobson)指出:早在 1991 年,美国大范围调查表明,98%的教师都认为作为一个好的教学者是最为基本的目标,然而仅有 10%的人认为他们所在的大学给予了好的教学以奖赏和回报。③ 可以想象,这种机构内外一致的游戏规则,必然又进一步塑造了学术后辈——年轻博士们的共享价值和行为,为获得更好的向上流动机会,即使在非研究型的大学中,他们也往往更为关注研究,希望以此来积累学术资本。上述美国的调查数据中,教师的研究时间投入在各种类型机构中都普遍增长的趋势便佐证了这一点。

在我国,近年来由政府所主导的各种评价和资源分配政策,其实也在强化高校的这种模仿效应。仅以带有官方色彩的国内学科排名与绩效排名为例,在众多指标中涉及本科教学指标的仅有培养规模、优秀教学成果、精品课

① 马尔科姆·泰特.英国科研评估及其对高等教育的影响[J].李梦洋,译.北京大学教育评论,2012,10(3):35-46.

② Erin Leahey. Not by Productivity Alone: How Visibility and Specialization Contribute to Academic Earnings[J]. American Sociological Review,2007,72(4):533-561.

③ Suzanne M. Hobson, Donna M. Talbot. Understanding Student Evaluations: What All Faculty Should Know[J]. College Teaching,2001,49(1):26-31.

程等寥寥几项，而与研究水平相关的指标（成果、人才）极为详尽且被赋予相当的权重。这种源自政府的"管制性"机制不仅诱导了机构的重研究偏好，而且在具有深厚的国家或政府认可传统的学术界，进一步强化了学术同行对"研究至上"的认同，并形塑了学术人的工作习性。换言之，在我国，上述三种机制带有自上而下的联动性特征。

（三）正视教学与研究关系失衡的现实路径

教学与研究间关系的失衡，尤其是研究地位的凸显，已经成为当前无论是美国还是中国以研究见长的大学乃至其他高等教育机构所无法回避的现实。由上述分析不难体会，这种格局的形成已经远远不是一个简单的伦理议题，而是一个在特定制度和资源环境中，组织或者个体根据自我利益偏好所进行理性选择的经验事实。正如美国联邦教育部全国高等教育进展中心（NCPI）通过对美国不同类型高校进行抽样调查后发现，研究在当前美国所有类型高等教育机构中地位凸显的主要原因在于高校内部的行为动机和回报系统。在关于终身职和晋升、收入和绩效水平、学术休假、启动资金、设备设施、旅行和会议、与学生共同工作、教学自由、教学负担、专业自主等各选项中，有超过 90％以上的教师认为终身职与晋升对自己最为重要，其次是收入，而专业自主被排在最末尾，仅在 10％以上。当被问及"在部门没有要求的情形下，如果有更多的空闲时间，你会做什么"，即使是在文理学院这样的以教学为主的机构中，83％的人仍然回答会从事研究。对于这种普遍存在的"研究"偏好，美国联邦教育部全国高等教育进展中心的解释是：一方面，为填补财政赤字，高校不得不努力争取外部的经费资助和合同；另一方面，在一个更加紧缩的学术劳动力市场中，教师的生存状态愈加残酷，这种自上而下和自下而上形成的合力，迫使包括综合性大学和文理学院等在内的所有机构都逐渐模仿和采用最为顶级的 10 所大学的教师岗位任职标准。于是，教师为了获得更好的终身职岗位，更青睐于研究，"不发表即出局"（publish or perish）也就成为整个系统内部通行的潜规则。① 事实上，在我国，随着近年来政府各种竞争性和专项研究经费的大幅增长，以及政府和民间各种带有明显"研究"偏向的学术评价制度的风生水起，高校及其教师对学术发表所表现出来的空前热情表明，这种规则甚至不是潜在的而是一种显规则。

因此，就客观情形而言，至少对部分高水平大学而言，当前本科教学与科研失衡总体上并非大学的使命感以及教师的工作伦理和责任出现了问题，而是它或许反映了由外部社会环境所引发的大学的功能、教师的学术工作性质、学术劳动力市场以及学术职业环境的调整和变革。简单地从道义上来予以谴责，而有意无意地去回避或不敢正视这种客观现实，不仅无助于问题的解决，而且有可能会进一步放大上文所述的"行政晶格"效应，增加了无效的行政运作成本。为此，从现实与理性的角度，笔者针对当前以研究见长的大学中教学与研究关系的失衡问题，澄清如下不得不正视的事实，并揭示有待进一步去研究解决的问题。

事实之一：至少在以研究见长的大学中，研究已经成为大学职能以及教师角色内涵中的一个基本构成部分，众多大学及其教师在研究上的精力投入已经超过了教学，这是一种客观事实。当前，一个更为现实和有意义的问题或许不是急于去解决两者间的投入平衡，而是怎样才能让研究惠及本科教学。卡恩布尔（G.S. Krahenbuhl）指出，医生为提高专业能力，其耗费的主要时间并非在看病环节上，律师的辩护成功主要来自法庭外的各种专业活动，大学教师与医生、律师一样，其在正规课堂时间的表现主要取决于课堂之外的活动。② 其中带有智力挑战性的研究以及与之相关的活动，无疑是丰富教学内容和提高教学品质的重要投入。因此，在政府与高校的政策支持和制度设计上，如何让教师从事有价值的研究，特别是基础性的原创研究，并能让学

① NCPI(The National Center for Postsecondary Improvement). The Landscape：Why Is Research the Rule? The Impact of Incentive Systems on Faculty Behavior[J]. Change, 2000，32(2)：53 - 56.

② Gary S. Krahenbuhl. Faculty Work：Integrating Responsibilities and Institutional Needs[J]. Change，1998，30(6)：18 - 25.

生分享研究成果甚至体验研究过程,这或许才是问题的实质所在。

事实之二:随着教师入职门槛标准的提高,一批批有学术专长和训练有素的博士将不断充实到高水平大学乃至其他高校中。学术同行认可机制中的"研究实力至上"通行规则,以及高校内部现实运作中的"学术棘轮"效应,将不断强化新人以研究来赢得上升和流动的机遇以及拓展自身职业发展空间的习性。因此,从道义上强化教师教学工作的责任和伦理固然重要,但如果不考虑其客观的职业发展需求,反而让其承担比其他教师更多的教学任务或其他事务,会给该群体带来巨大的精神压力,甚至影响其士气。在教学负担的分配上,他们或许恰恰需要给予政策支持。为此,适当根据教师学术职业发展的阶段性特征,对不同年龄段、不同职级的教师设置相对灵活的本科教学要求,可能是一种更为务实的策略。

事实之三:教师研究精力投入的增加,存在几种可能的结果。一是在总体精力投入不变的前提下,研究精力投入的增加以牺牲教学以及其他事务的投入为代价;二是教学精力投入不变,研究精力投入的增加以牺牲教师闲暇时间为代价;三是教学精力和研究精力投入都持续增加,造成教师总体精力投入大幅提高。历史地看,美国大学教师的精力和时间分配变化主要是第二、三种情形,但与本科生互动时间逐年递减;我们虽然没有掌握中国高校的历史数据,但从直观上判断,总体上应与美国趋势相近。教师的总体精力投入存在一个极限,否则就会因为工作持续的高压而引起职业倦怠问题,并影响到教师的身体健康和生活质量。结合美国的调查数据,大致上推断,人均周投入 55 小时应该基本达到极限值。如果不存在因为计算口径和折算方式带来的数据可靠性问题,表8-6中沈红等人的调查数据表明,我国除了"985 工程"建设高校的教授和助教以外,其他一般高校和"985 工程"建设高校其他职级教师的周投入水平尚低于美国教师。不过,在我们对研究生院高校的调查中,又发现了另外一个情况:与美国相比,我国高校教师在管理服务、无关学术的琐碎事务以及其他方面,所耗费精力投入的人均比例几乎达到 40%左右(表 8-7),远高于美国教师的 20%。这足以表明,即使总体投入相当,我国高校教师在教学与科研方面的有效投入仍明显低于美国。究其原因,我们的推断是可能与高校行政无谓介入过多而服务水平较低、各种类型项目申请过滥以至于构成纷扰等有关。数据表明,在无关学术的琐碎事务方面,我国研究生院高校教师的精力投入普遍超过 10%,越是年轻和职级低的教师,反应越强烈,其精力投入甚至高达 18%。低效和无效的精力损耗,其实比精力投入不足危害更大,因为它更容易挫伤士气,降低人们的职业发展预期,进而影响其长远发展。该问题涉及我国目前的宏观学术体制和微观组织制度环境,有其更为深层次和复杂的内因,需要尤其引起人们关注。

事实之四:就学术认可机制而言,研究偏好不仅产生了学术共同体和组织内部的"学术棘轮"效应,而且因为学术岗位任职选拔标准的"高企"和趋同,使得本来应该有不同层次和类型定位的机构之间,也形成了这种棘轮效应。迄至今日,无论是政府层面上宏观性的分类管理还是高水平大学内部的教师分类管理都没有取得真正意义上的突破,其根本原因在于,在特定的环境和资源分配制度框架中,只要研究能够给机构和个体带来最大利益(声誉、地位和经济报偿),这种不可逆转的棘轮就会碾过所有带有弥补性的制度和策略性举措,甚至会逾越最后的伦理底线,使得本科层次人才培养越来越可能成为高校内部的薄弱环节。反过来,本科培养质量的低下最终必然会影响到后备学术人才的能力和素质,导致研究水准的低下。因此,就长远和全局而言,这种棘轮效应如果不能够得以缓解,它会为整个高等教育质量的提升带来风险。

在缓解乃至消除这种"学术棘轮"效应的经验上,美国的做法乏善可陈,许多大学为了保证终身轨和终身职教师的职业发展,把更多的教学负担转嫁于兼职教师这一并不稳定的群体身上。对于行政力量过强而市场机制相对弱化的我国高等教育而言,最为现实的路径还在于:政府和高校能够真正以分类管理来建构起一个不同类别(高校或教师)间利益均衡的机制。如果仅仅强调人才培养的责任意识与使命感,而回避责任、价值与使命背后的现实利益（地位、声誉和收入）关联，它恐怕难以具有可持续性。因此，就全局而言，解决我国高等教育系统内部的分类管理问题，具体到高水平大学内部而言，解决教师内部分类管理问题，恐怕是在宏观政策层面破解本科教学与研究失衡迷局的基本路径选择。

三、经验研究：教师的本科教学投入及其影响因素

如何重视并全面提升本科教育质量，已经成为今天我国高等教育领域的热点话题。由于关联到该议题的因素极为复杂，譬如在微观层面，它可能是来自教师方面的观念、态度、能力水平和精力投入的问题，也可能是来自学生的学习状态与投入问题；在中观层面，可能与高校内部关涉相关主体利益的制度设计如重研究轻教学的考核评价取向有关，也可能与本科教学所需要的资源条件如经费、教学设施设备和实习场地等方面的不足存在关联；在宏观层面，国家面向高等教育的资源分配体制与机制、社会整体氛围尤其是信息技术环境以及劳动力市场就业选择偏好等等，都可能会直接或间接地对高校本科教育带来潜在的正面或负面影响。因此，面对如此复杂的议题，仅仅通过各方出于道义上的呼吁或者行政部门出台的一系列文件甚至发布命令的方式来推动，在现实中还真未必奏效。故而，我们认为一个比较可行的策略选择是：不妨把关注点下移并聚焦于行动者如教师和学生本身，尔后循着自下而上的线路，抽丝剥茧般地透视微观层面问题与中观乃至宏观制度和政策设计取向之间的关联，或许从中可以寻求到某些有可行性的应对之策。在此，本研究所关注的行动主体为教师，尝试基于针对教师的调查数据分析，探索性地求证与上述议题相关的某些具体问题。

（一）教师本科教学投入的影响因素与机制

很久以来，无论中外，人们对高校尤其是研究型大学教师在本科教学中的使命履行与责任担当一直存在疑虑。20 世纪 90 年代初，在博耶提出的"教

的学术"概念被卡耐基教学促进会采用后，在美国大学中还一度兴起了探究和践行教与学学术(scholarship of teaching and learning)的热潮或者运动，这股热潮至今依旧颇具影响力。包括博耶在内的众多知名人士以及学术界的主流观点认为，由于诸多方面的原因，研究型大学中教师在本科教学的投入上严重不足，甚至导致了本科教育质量整体滑坡的趋势。至于为何教师的本科教学投入不足，众多持教学学术观的学者认为，问题主要来自教师的观念与态度，即没有严肃地对待教与学(take teaching and learning seriously)，没有把教与学活动本身的研究视为与发现的学问具有同样的学术品质，而仅仅将其视为一种依靠个人自由发挥的实践。① 费尔韦瑟等人则把它归咎于相关政策导向上存在的偏差，如教师早期的专业训练与社会化更多倾向于学者而不是教学者，研究型大学的机构特性与政策倾向赋予了教师以科研为本的行动取向与偏好，教学工作量计算仅局限于课时而漠视课堂之外的投入，高校内部报酬分配更倾向于研究成果而不是教学质量，等等。②

客观而言，费尔韦瑟的制度与环境归因说在学术界更具有代表性，并有大量的实证研究数据支撑。譬如，在不发表就出局、非升即走的严苛环境中，众多研究表明本科教学与科研之间实际上是一个零和游戏，由于在学术晋升体系与终身职评审流程中，研究成果的权重往往大于教学业绩，且在学术共同体中更具有显示度，教师自然会更愿意把有限的精力与时间分配给研究。③即使相对于其他领域，人的培养赋予学术职业以浓厚的教化意味和强烈的使命感，但特定制度环境所给予人的机会和回报，往往会刺激或诱导人们分散其对本分工作的注意力。这其实并不是一个行为失范和伦理规范以及制度

---

① Lee S. Shulman. The Scholarship of Teaching and Learning：A Personal Account and Reflection[J]. International Journal for the Scholarship of Teaching and Learning，2011，5(1)：1 - 7.

② James S. Fairweather，Robert A. Rhoads. Teaching and the Faculty Role：Enhancing the Commitment to Instruction in American Colleges and Universities[J]. Educational Evaluation and Policy Analysis，1995，17(2)：179 - 194.

③ J. Hattie，H.W. Marsh. The Relationship between Research and Teaching：A Meta-Analysis[J]. Review of Educational Research，1996，66(4)：507 - 542.

失序现象,恰恰相反,它本身就是制度所带来的自发性副效应,因为人的心理倾向与行动选择本身就是人与制度互动的结果,是个体在为制度和结构所形塑的过程中建构起来的一种自然习性,放大到群体或场域范围则成为一种集体实践意识,即布尔迪厄所谓的惯习。

当然,如上所述,大学教师毕竟是一个具有高度伦理自觉的职业,更何况教学活动作为一种人际思想、知识与情感交流和互动,它往往可以为人们带来精神回报,例如快乐与成就感等。因此,教师对本科教学的投入程度如何,不仅是制度强制与诱致双重功能作用的结果,而且也与个体偏好、伦理自觉、自我效能感甚至人格特征存在关联。林德霍姆(J. A. Lindholm)认为,与其他职业一样,大学教师的工作行为也取决于三个基本需要的满足,即生存、快乐与成就。[①] 因此,教师在本科教学上的投入,首先会体现为一种制度下生存的行动理性,其次是在获得生存前提下对制度应对的灵活变通与自我发挥,进而获得愉悦的体验与成就感。笔者在此便尝试基于上述维度,来考察当下我国高水平大学中教师本科教学投入情况及其影响因素。研究的具体问题为:当前我国高水平大学中教师本科教学投入情况如何? 影响本科教学投入的主要因素是什么? 围绕该问题研究建立如下假设。

假设1:教师的本科教学投入与特定制度要求和取向间存在关联,制度强制与诱导会影响教师本科教学的投入行为。

假设1-1:组织内部所要求的教学工作量越大,教师在本科教学中的投入越多,但自愿性投入却可能降低。

假设1-2:制度对教师的科研要求所带来的压力越大,教师本科教学投入越少。

假设2:教师的本科教学投入与个人偏好相关,教师从本科教学中获得的

---

① Jennifer A. Lindholm. Pathways to the Professoriate: The Role of Self, Others, and Environment in Shaping Academic Career Aspirations[J]. The Journal of Higher Education, 2004, 75(6): 603 - 635.

愉悦越多,越可能增加本科教学的投入。

考虑到本科教学活动是一个人际交往和互动的过程,而人际交往中关系的和谐往往是调动教师参与活力的重要因素,因此由假设2,我们进一步推出假设2-1。

假设2-1:教师对于学生评课压力和师生关系压力越小,教师的本科教学投入越大。

(二) 相关变量说明与数据来源

教师本科教学投入,最直观的观测指标就是时间投入,但时间投入无法反映教师自愿性的因素,因而也就难以解释制度诱致与个人偏好在其中的影响作用,故而有必要在时间投入之外,进一步考虑投入的其他主观性观测指标。本研究在此将因变量——本科教学投入的操作性定义区分为客观与主观两个维度:其一,教师在本科教学中的课堂准备与教学时间,来自教师的自我推算和报告,为连续变量;其二,教师对本科教学的热情,以李克特5级计分量表一个单独题项"我对本科教学工作有极大热情"的认可程度来测量,1为非常不同意,5为非常同意。

有关自变量主要通过教师所感受到的相关压力评价来测量,包括教学负担、学生评教、师生关系、教学与科研时间冲突、学术发表和职称晋升、年度与聘期考核等。上述变量采用5分赋值,1为完全没有压力,3为压力一般,5为压力非常大。教师个人偏好以两个题项来测量,"我喜欢教给学生一些新东西","我喜欢与学生交流互动",也为5级计分,1为非常不同意,5为非常同意,作为连续变量,将该两个题项加和与平均,作为一个单独的个人偏好变量。此外,考虑到教学之外的其他工作以及相关人口统计学变量可能对教学时间投入存在的影响,故而也将"研究生指导与教学""科研与写作""行政琐碎事务""承担纵向科研项目数量"等作为连续的自变量,有关人口统计学变量如性别、职称、学术荣誉和行政身份等设为虚拟变量,收入则以分段的方式作为连续变量,统一纳入分析。

样本数据来自对全国 35 所原"985/211 工程"建设高校的教师调查,调查单位全部为目前的"双一流"机构或学科建设高校,共发放问卷 6 000 份,经整理后得有效问卷 3 650 份,有效率为 60.8%,样本基本分布特征见表 8-11。

表 8-11 调查样本分布特征

	类别	N	百分比(%)		类别	N	百分比(%)
性别	男	2 316	63.5	学术身份	院士	11	0.3
	女	1 334	36.5		"千人""长江"和"杰青"等	179	4.9
年龄	30 岁以下	117	3.2		其他省级人才计划	623	17.1
	30—39 岁	1 449	39.7		无	2 837	77.7
	40—49 岁	1 317	36.1	学科分类	理科	700	19.2
	50—59 岁	695	19		工科	1 390	38.1
	60 岁及以上	72	2.0		农学	82	2.2
婚姻状况	已婚有子女	2 998	82.1		医学	230	6.3
	已婚无子女	335	9.2		人文社科	1 212	33.2
	未婚	280	7.7		艺术、军事	36	1
	其他	37	1.0	行政职务	校级领导职务	41	1.1
收入情况	10 万以下	584	16		院系领导职务	655	17.9
	11—15 万	1 518	41.6		无	2 954	80.9
	16—20 万	819	22.4	教龄	5 年及以下	842	23.1
	21—25 万	357	9.8		6—10 年	840	23.0
	26—30 万	183	5		11—15 年	764	20.9
	30 万以上	189	5.2		16—20 年	439	12
职称	教授(研究员)	1 287	35.3		20 年以上	765	21
	副教授(副研究员)	1 486	40.7				
	讲师(助理研究员)	760	20.8				
	师资博士后等	117	3.2	合计		3 650	100

（三）数据分析结果

一是关于教师本科教学时间投入与投入热情程度。统计分析发现,在正常工作日,教师平均每天用于课堂的时间为 2.56 小时。考虑职称在反映学术生涯的不同阶段所具有的特殊意义,为此我们做了均值比较分析,不同职称用于本科教学的课堂时间存在显著差异($p<0.05$),职称越低或资历越浅,花费的时间越多。在大多高校,其他项目聘任与师资博士后较少承担本科教学,故而用时最少。平均 2.56 小时,即每周把周末排除在外也至少是 12.8 小时,这究竟是高还是低,恐怕很难有一个合理的判断依据。米勒姆等人对美国教育协会 1972 年教师调查数据、加州大学洛杉矶分校高等教育研究所 1989 年和 1992 年教师调查数据综合分析发现,美国研究型大学教师的本科课程准备与教学时间基本稳定在每周 7 小时左右。[①] 但是,1999 年美国教育统计中心所做的中学后机构教师调查数据(NSOPF)显示,在研究型和可授予博士学位大学中,全职教师平均每周用于教学的时间为 23.7 小时。[②] 两者间差距非常之大,显然与题项设置以及表述存在关联,因为后者把研究生教学与指导时间也一并计算在内。在本次调查中,我们把研究生教学与指导设置为单独题项,将其与本科生课堂准备和教学时间合并计算发现,不包括周末正常工作日,教师所有用于课堂准备与教学的时间为平均每周 22.9 小时,与美国高校教师调查数据基本相差无几。由此也基本可以判断,至少在我国高水平大学中,教师每周用于本科教学的时间投入不少于甚至高于美国研究型大学,因为 12.8 小时与 22.9 小时之中都没有将周末的工作时间(调查显示我国教师周末两天工作总时间为 12 小时)计算入内(表 8-12)。

---

① Jeffrey F. Milem, Joseph B. Berger, Eric L. Dey. Faculty Time Allocation: A Study of Change over Twenty Years[J]. The Journal of Higher Education, 2000, 71(4): 454-475.

② Carole J. Bland, Bruce A. Center, Deborah A. Finstad, et al. The Impact of Appointment Type on the Productivity and Commitment of Full-Time Faculty in Research and Doctoral Institutions[J]. The Journal of Higher Education, 2006, 77(1): 89-123.

表 8－12   中美两国高水平大学教师各项事务时间分配比较(小时/周)

	课堂准备与教学时间（本科＋研究生）	科研时间	行政事务	服务	咨询	总计
美国研究型与可授予博士学位大学	23.7	14	8.4	4.8	1.8	54.8
中国高水平大学*	22.9*	14*	10.3*	—	—	59

  * 注：本调查没有设置服务与咨询选项，表中教学与科研项没有计算周末工作时间(周末为 12 小时)，故而每周工作总时间并非三项统计总和，59 小时则覆盖了周末时间。

  在本科教学的投入热情上，教师的均值达到了 3.76(1 为很低，5 为很高)，经检验，不同职称不存在显著性差异。在 5 分等级中，教师投入本科教学的热情处于中偏上层次，应该说投入热情较高(表 8－13)。

表 8－13   不同职称教师的本科教学投入特征

职称		课堂准备时间(小时)	本科教学热情程度
教授（研究员）	均值（标准差）	2.44(1.67)	3.80(0.86)
	N	1 287	1 287
副教授（副研究员）	均值（标准差）	2.59(1.60)	3.74(0.90)
	N	1 486	1 486
讲师（助理研究员）	均值（标准差）	2.82(1.89)	3.73(0.89)
	N	760	760
其他项目聘任或师资博士后	均值（标准差）	1.84(1.98)	3.80(0.81)
	N	117	117
总计	均值（标准差）	2.56(1.71)	3.76(0.88)
	N	3 650	3 650

  数据来源：Carole J. Bland, Bruce A. Center, Deborah A. Finstad, et al. The Impact of Appointment Type on the Productivity and Commitment of Full-Time Faculty in Research and Doctoral Institutions[J]. The Journal of Higher Education, 2006, 77(1).

  二是关于教师工作负担以及与制度相关的压力特征。如上所述，教师对各项事务的精力投入与分配是制度强制或制度诱致以及教师个人偏好等各方面综合作用的结果。制度往往以压力的方式影响教师的时间分配策略,而个人偏好则一定程度上会稀释掉来自制度强制的压力,从而让教师自愿增加投入。本研究基于常识性推断,对教师职业压力量表中的部分题项做了提取和分析后发现,除了师生关系之外,不同职称教师之间在其他方面的压力都存在显著性差异($p < 0.001$),职称越低压力越大(表 8 - 14),相对而言,年轻教师压力最大,几乎所有方面的压力都超过了一般,达到较高水平。关于对本科生教学工作的偏好,在对两个题项合并后,数据显示,均值达到了 4.2 水平,这至少表明我国高校教师并不排斥本科教学。不同职称教师之间存在显著性差异($p < 0.001$),职称越高越相对偏好于本科教学(教授 4.27,副教授 4.19,讲师 4.1)。

表 8 - 14　教师相关方面的压力感受分布特征

职称	教学负担	学生评教	年度聘期考核	教学科研时间冲突	学术发表	行政琐事	师生关系	家庭—工作冲突
教授(研究员)	3.14	2.87	3.16	3.35	3.54	3.64	2.56	3.30
副教授(副研究员)	3.31	3.03	3.44	3.67	3.98	3.70	2.60	3.68
讲师(助理研究员)	3.42	3.11	3.45	3.82	4.07	3.70	2.62	3.78
其他项目聘任或师资博士后	3.09	2.97	3.29	3.38	3.74	3.51	2.76	3.76
总计	3.26	2.99	3.34	3.58	3.84	3.67	2.60	3.57

三是关于影响教师本科投入的因素分析。本研究分别从主观(时间)与客观(热情)两个维度,通过多元线性回归分析,来考察教师本科教学投入中的相关因素影响,从而建立了两个回归模型,方差膨胀因子 VIF 值均小于 5,模型不存在明显共线性(表 8 - 15)。从中发现,影响教师本科教学投入相关因素存在显著性别差异,男性教师无论在客观时间还是主观投入热情上明显

低于女性教师。在职称类别上,副教授教学时间投入相对少于讲师;学科类别上,理工科教师在本科教学的时间投入上低于人文社会科学教师;教师承担的纵向课题项目越多,本科教学时间投入越低;收入与职称之间存在高度相关性,收入越高反而本科教学时间越少。研究还发现,无论是在客观还是主观维度,科研时间投入、行政琐碎事务处理与本科教学时间投入之间存在排斥效应,也是影响教师本科投入内在激情的重要变量。从教师关于不同事项的压力感受上也证明了该结论,其他事务压力越大,投入本科教学的时间越少。除此之外,在教师主观投入热情上,学生评教压力与家庭—工作冲突是主要的负面影响变量。然而,本科教学偏好是增加教师投入热情的重要积极因素。

表8-15 影响教师本科教学投入的多元线性回归分析

	标准回归系数	
	模型1	模型2
	教师本科教学时间投入	教师本科教学投入热情
性别(参照组:女性)	−.042**	−.040**
婚姻状况(参照组:未婚)		
已婚有子女	−.013	.034
已婚无子女	−.039	−.003
其他	−.020	.006
职称(参照组:讲师)		
教授	−.037	.008
副教授	−.060**	−.028
师资博士后与其他	−.071***	.019
人才项目(以无为参照组)		
院士	.022	.008
"千人""长江"和"杰青"等	.013	−.022
其他省级人才计划	−.010	−.027
学科类型(参照组:人文社会科学)		
理科	−.100***	.004
工科	−.122***	.008

续　表

	标准回归系数	
	模型1	模型2
	教师本科教学时间投入	教师本科教学投入热情
农学	−.014	.008
医学	−.058***	.028
艺术、军事	.007	−.008
行政职务(以无为参照组)		
校级领导职务	−.008	.020
院系领导职务	.047**	.017
纵向课题(三年内项目个数)	−.054**	−.019
税前收入(分段连续变量)	−.070***	−.019
其他事务所用时间(小时/每天)		
研究生教学与指导时间	.181***	.007
科研与写作时间	−.056***	−.076***
行政琐事时间	−.098***	−.046**
有关压力因素		
教学负担压力	.191***	.032
学生评教压力	−.028	−.068***
年度聘期考核压力	−.008	.045*
教学科研时间冲突	.152***	.016
课题/项目申请压力	−.086***	−.035
学术发表压力	−.025	−.015
职称晋升压力	.045	.027
师生关系压力	−.016	.038*
行政琐事(开会填表等)压力	−.057**	−.042*
家庭—工作冲突	−.017	−.054**
本科教学偏好	.021	.471***
调整 R^2	0.136	0.222

注：$^*\ p<0.05$，$^{**}\ p<0.01$，$^{***}\ p<0.001$。

　　由此可以表明研究假设1成立，即制度性的因素对教师本科教学行为有显著影响；假设1-1得到了部分证实，教师教学负担越重，时间投入越多，但对教学的自愿性投入没有显著影响；假设 1-2 完全成立,制度上对科研的要求与压力导致教师无论在客观还是主观上教学投入下降,因而两者之间存在一种时间与精力的挤占或排斥效应；假设 2 以及假设 2-1 也得到部分证实,个人对本科教学的偏好会强化投入的热情,但对时间投入没有显著影响；学生评教压力对教师投入热情有负面影响,但对时间投入没有显著影响。

(四) 结论与讨论

近些年来,关于加强本科教学质量管理的呼声一直不绝于耳,但是,本科教学的问题究竟出在哪里? 其中哪些是来自教师的问题? 而教师的问题又来自哪里? 笔者无意于也不可能对这些极为庞杂的问题做全面梳理,而是仅仅从一个最为笼统和表象化的教师本科教学投入角度,尝试发现其中某些问题存在的缘由。在此,大致将结论概括如下。

第一,研究表明,在我国高水平大学中,无论教师工作的总时间还是投入教学的时间,总体上并不低于美国研究型大学的水平。因此,至少从该角度考察,以往众多关于教师对本科教学关注不足的说法未必有确凿依据。当然,时间投入多少也不能代表教学效益与效果,这是另外一个更为复杂的问题,前文已经述及,不再复述。

第二,相对而言,职称越低和资历越浅的教师在本科教学中时间投入越高。换言之,本科教学工作负担已经成为高水平大学中年轻教师的重要压力源,它与其他制度性要求所施加的压力交汇于一起,对年轻教师早期职业社会化过程构成了重要的影响。至于年轻教师时间投入较多的原因,可能与承担课程多少有关,但最主要原因在于早期作为教学者的专业化训练与实践经验不足,以及对所授课程内容的相对生疏和准备不足,因而不得不付出更多时间。

第三,研究还发现,无论在本科教学时间投入还是投入热情上,男女之间存在显著差异,与国外屡次调查结果完全一致。至于为何出现这种结果,存在很多不同甚至带有争议的理论解释。例如,带有功能主义倾向的观点认为,女性气质或者说女性在家庭结构中的角色形塑了她们对教学的偏爱,而带有批判取向的观点则把学术职业生涯过程中的相关回报以及晋升制度的权利不平等、学术界中男性主导的科研导向以及学术文化等,视为女性偏好教学角色的外在客观原因。①

第四,高水平大学中重科研的制度与价值取向,的确是影响教师在本科教学方面的时间投入与投入热情的重要因素,即科研与本科教学之间在时间与精力投入上存在一定的排斥效应,这与国外大多实证研究结论基本吻合,它似乎也是中外研究型大学中的一个死结,因为至少到今天,如何在两者间建立一种平衡乃至形成一种有机互动关系,在制度实践层面还没有找到真正行之有效的突破路径。研究还发现,烦琐的行政事务与家庭—工作冲突也是影响教师投入热情的重要因素,如果说科研与本科教学之间的排斥效应更多是人们应对制度要求的一种理性行动策略,那么,行政琐事以及家庭—工作冲突则是一种过多过频的滋扰,它会导致教师心绪烦乱与情绪起伏,进而对教学行为和投入带来消极影响。

第五,回归分析发现,个人偏好即喜欢与学生分享和互动是影响本科教学投入热情的关键性变量,不过分析表明,个人偏好程度与本科教学时间投入之间并不存在显著相关(皮尔逊相关,$p>0.05$)。显然,与学生交往过程中的愉悦和成就感并不会引起时间投入的增加,反过来同样也成立,即时间投入增加也未必会强化个人偏好,甚至是否会伤害投入激情也未可知。此外,从数据分析可以看出,如今广泛实施的学生评课制度所带来的压力,对教师投入激情带来显著的负面效应,这尤为需要引起人们的注意。

由上述研究结论,结合人们对当前我国本科教学现状的直观感受与判断,笔者认为有必要澄清某些所谓的共识中可能存在的偏颇,并尝试在制度

① Sarah Winslow. Gender Inequality and Time Allocations among Academic Faculty[J]. Gender and Society,2010,24(6):769-793.

与政策层面提供相关建议。首先,目前我国高水平大学教师本科教学时间投入并不低于美国研究型大学,教学与科研之间虽然存在挤占效应,但事实上挤占的更多是教师本属于休闲的时间。换言之,教师可能更愿意把闲余时间分配给科研,但未必以减少正常的教学时间为代价。其次,因为无法获取关于教学产出的数据,所以教学时间投入多少显然不能代表教学效益高低。同理,我们也无法获知在时间上存在排斥效应的科研与教学活动,是否在产出上也存在同样的效应。不过,费尔韦瑟通过对1993年美国四年制院校教师大样本调查数据分析发现,教师研究产出与教学产出两者之间多少带有互斥性,极少有教师能够在教学与科研产出两方面都超过平均水平,而要在两方面都达到高水平则更是寥寥。[①] 有意思的是,本次调查中也发现,教师的科研与写作时间投入和教学时间投入、投入热情之间均存在显著负相关(皮尔逊相关性,$r = -0.06$,$p < 0.01$,$r = -0.05$,$p < 0.01$),科研时间与科研产出显著正相关($r = 0.08$,$p < 0.01$),但科研产出与教学时间投入之间不存在相关性。该结果部分与费尔韦瑟的结论符合,因为它的确证实了时间与精力上的互斥,且增加科研时间投入有助于科研产出增加,但没有也无法证明科研产出增加是否不利于教学产出。

针对教学与科研之间这种互斥现象,如今不乏众多道义和理论层面的探讨。但是,也正是因为本科教学所具有的道义上先天的合法性,少有人敢于直面现实困境从一个理性、务实的角度提出行之有效的策略。我们的现实困境究竟在哪里? 其实稍许留心观察便会发现,无论哪个层面的制度设计与政策文件,不同取向之间始终存在一种张力,要么强调以研究提升学科水平,要么强化教学责任,提高人才培养质量。实际上,这种张力存在从来不是一种反常,而是研究型大学属性使然,中外概莫例外。正因为此,费尔韦瑟认为,"政策鼓励了教学产出和效益,势必就会影响到教师的研究产出,反之亦然",

① James S. Fairweather. The Mythologies of Faculty Productivity: Implications for Institutional Policy and Decision Making[J]. The Journal of Higher Education,2002,73(1):26-48.

这是一种客观事实。我们似乎跳不出这种悖论，为此，既然每一个体要做到本科教学（不包括研究生）与科研都有良好表现注定只是一个美好的期望，那么不如正视和承认事实。在他看来，一个虽然有些复杂但有望成功的政策路径或许为：在尊重个体学术生涯不同阶段能力发展特征、扬其所长的同时，不妨考虑把政策聚焦于群体、团队或部门（院系）而不是个体，让本科教学与研究各有所长者在一个集体环境中各有侧重和各有所获，如此才能二者兼顾并提高整体效益。①

再次，有必要特别关注的是本科教学管理与教师的投入热情之间的关系问题。长期以来我们对教师的本科教学更多赋予道义与责任内涵，尤为强调外部强制与规范，譬如目前全面推行的学生评教制度。也许是因为它符合所谓的国际惯例，但更重要的原因在于：从管理角度而言，它对管控教师课堂教学行为与过程具有简易性与便利性，所以学生评教不仅备受行政部门青睐，甚至在不少高校中学生评教结果已经成为教师是否具有续聘和晋升资格的核心依据。然而，本次调查结果表明，学生评教是影响教师教学热情的主要负面因素。其实，关于学生评教正面与负面效应的实证研究很多，它从来就是一个不乏争议的议题，譬如该不该评、评什么、怎么评，尤其是评教结果应该怎么样，有各种不同的观点与认识，在此不复赘述，仅提出一个观点：如果不是把评教结果作为一种善意的去改进和完善教师教学的手段，而是把它功利化乃至作为一种危及教师职业安全的工具，它的负效应就会不断放大，不仅伤及教师的教学热情，塑造教师过分迎合学生的心态与行动策略，而且会危及教师的职业信心、信念与伦理。

最后简单回应一下本研究开篇所提到的问题，我国高水平大学中本科教学环境与制度究竟如何？数据所呈现的行政琐事与家庭—工作冲突压力对教学投入的负面影响以及居高不下的周工作时间都足以表明：如今高校整体

---

① James S. Fairweather. The Mythologies of Faculty Productivity: Implications for Institutional Policy and Decision Making[J]. The Journal of Higher Education，2002，73(1)：26-48.

环境并不缺乏管理手段与种种规范，反而可能是管理得过多过细，并由此引发教师持续性的精神紧张。强化教学的管理与规范固然有其必要性，但本科教学水平提升的根本在于教师的内在激情与成就感，因此，相对于刚性的管控，关注柔性的文化与氛围的营造就显得尤为重要。

大学教师对本科教学的投入，不仅表现为时间，更重要的是态度与热情。投入时间多少，可以教学工作量要求及制度规范来达到目的。然而，教学态度、责任和热情与强制性要求和规范之间没有多大的关联，甚至它有可能走向反面，挫伤教师的本科教学热情。在特定的制度框架下，大学教师作为一个理性的行动主体，对于本科教学与科研之间的孰轻孰重，难免有利害关系的顾虑和盘算，并采取理性的行动策略。因此，对本科教学的投入并不是一个简单的道义问题，必须纳入制度的价值合理性与工具理性双重视角下来予以审视和设计。

对于研究型大学而言，不容否认，学者型教师的定位具有一定的合理性。本科教学义务与科研责任两者之间并不是一个简单的孰轻孰重、孰为本末的关系，也不是人们在理论上想当然的互动逻辑，它在实践中存在一定的局限性条件。教学与科研能力发展，各自有其不同的形成规律与轨迹。如果纳入整个职业生涯或学术生命历程角度观察，相对而言，科研潜质的挖掘与活力彰显，更多体现在职业生涯的早期与中期，也与个人的先赋性条件之间存在更为密切的关联；而大学教师的教学能力不仅与其个性特质、智慧和学科素养有关，而且更取决于实践探索与经验积累。故而，相对于科研，教学能力的成熟更多发生在职业生涯的中后期。如此，就要求相关制度设计如学术聘任制度、分类管理制度等，能够尊重教师在其学术生命历程不同阶段的特征，并有针对性地为其专业能力与职业生涯的可持续发展提供制度保障。

·特辑·

学习自由：本科课程体系
与结构变革

在本科教育教学日益受到重视的今天，人们围绕"高质量"这一核心议题各抒己见，并形成了诸多未必有经验证据支撑的直观性认识。譬如，不少人从毕业率过高角度认为，我国大学教育管理过程总体上存在"严进宽出"取向，学业要求不严，存在"松闸甚至开闸放水"现象；也有人认为，教师的课程教学质量存在问题，存在"水课"现象；还有不少人提出，本科生学习动机、动力与态度存在问题，在专业选择以及课程修读过程中，带有避难趋易的倾向，如此等等，不一而足。故而，围绕上述各种问题，在相关政策支持和推动下，近年来众多高校围绕如何让"水课"成为"金课"、让制度"严起来"、让学生"忙起来"做足功夫，出台了众多政策与措施。然而，各种措施效果究竟如何，目前尚难全面评估，也不是本文关注的重点。在此，仅尝试提出系列更为上位的问题：如果姑且认为，现实中的确存在"放水"和"水课"现象，那么"水"的根由究竟在哪里？制度要"严"，"严"的前提是什么？让学生忙起来，究竟要学生为何而"忙"？除此之外，时下人们越来越青睐于"以学生为中心"的说法，且将其视为"以教师为中心"的对立面，不难理解其言外之意，即上述众多问题主要表现于教与学的过程。笔者的质疑在于：站在学生立场，仅仅聚焦于教与学过程，如果学非所宜，无关个人特长、兴趣乃至职业的长远发展，即使

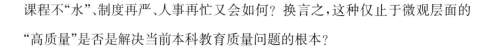

课程不"水"、制度再严、人事再忙又会如何？换言之，这种仅止于微观层面的"高质量"是否是解决当前本科教育质量问题的根本？

一、当下本科教育的定位困惑

在学术界，长期以来人们已经习惯于根据马丁·特罗（M. Trow）的高等教育发展三阶段说来理解甚至建构不同发展阶段的人才培养模式。然而，无论是特罗在 20 世纪 70 年代首次提出的精英与大众阶段划分，还是他在 21 世纪初关于精英、大众与普及的三阶段区分，都主要源于对美国以及部分欧洲地区情况的观察，更何况如他本人所言，所谓三阶段的概念更近似于马克斯·韦伯（M. Weber）的理想意义的类型，是对总体现象的经验抽象，因此任何所谓的阶段性概念都不能代表特定国家的现实发展特征。[①] 当然，我们更不能将其简单的入学规模比例作为不同阶段转折的标识。事实上，特罗本人也认为，三阶段发展模式并不是想当然的时序替代，正如斯考特（P. Scott）的评论：特罗是一个具有保守精英主义倾向的学者，他所谓的三阶段充其量指向高等教育系统而并非具体到机构层次。[②] 即使在大众化乃至普及化阶段，特罗也认为精英教育机构乃至其传统的教育价值和理念依旧有存续的合理性和必要性，而且它承担着为更广泛社会领域培养精英的角色，只不过相对而言，"这种精英的角色由过去强调人格养成转向了更为专门的技术和技艺训练而已"[③]。因此，如果具体结合中国的国情，即使在今天我们普遍认为中

---

① M. Trow. Reflections on the Transition from Elite to Mass to Universal Access: Forms and Phases of Higher Education in Modern Societies since WW Ⅱ [M]//James J. F. Forest, Philip G. Altbach. International Handbook of Higher Education. Dordrecht: Springer, 2007: 244 - 263.

② P. Scott. Martin Trow's Elite-Mass-Universal Triptych: Conceptualising Higher Education Development[J]. Higher Education Quarterly, 2019, 73(4): 496 - 506.

③ M. Trow. Reflections on the Transition from Elite to Mass to Universal Access: Forms and Phases of Higher Education in Modern Societies since WW Ⅱ [M]//James J. F. Forest, Philip G. Altbach. International Handbook of Higher Education. Dordrecht: Springer, 2007: 244 - 263.

国已经迈过普及高等教育门槛的阶段,至少对大部分本科人才培养机构而言,它们的发展定位充其量为摆脱精英化时代"特权"(privilege)而进入大众化的"权利"(right)阶段,尚不能承担起普及化意义上满足每一个体需求的"义务"(obligation)。为保障拥有特定资质和能力的人们的"权利",特罗认为,高等教育或者在此我们所指的中国大多本科教育的功能就是"为社会更为广泛领域培养技术与经济精英"①,而绝不再限于传统社会中体制化的权力、文化与学术精英。相对于精英教育时期,大众化乃至普及化阶段的精英人才培养机构之间不仅具有非均质性,而且同一机构内部的人才培养形式也更趋于多元与灵活。尤其在课程结构和培养方案方面,更为淡化单一性与结构刚性,呈现出"模块化、灵活性和半结构性"特征。②

至于为何要体现机构之间的差异化、多样性以及课程培养方案的弹性化,规模扩张本身充其量是其中的部分原因,如由于拥有同等学历与专业资质的毕业生规模扩大,精英身份淡化,导致社会传统高地位的特定职业内部就业同质性竞争加剧,因而,唯有通过差异化和多样化策略,拓展更多的就业管道,才能以分散和稀释的方式,缓解由此引发的就业不足乃至就业质量低下如学非所用问题。但是,更为根本的动因还在于大学内外环境的变迁。

第一,规模扩张必然要求入学门槛放低,学生群体内部的个性潜质、认知能力、抱负、兴趣和偏好等的非均质性也就更为突出,越是相对统一的培养方案和规整要求,越难以满足学生多样化与个性发展诉求,甚至会出现学得越多,学业水准要求越高,内卷越严重,学生越忙乱乃至抵触和抗拒现象。

第二,无论是从外部劳动力市场的职业分工更为细化、新职业与新工种

① M. Trow. Reflections on the Transition from Elite to Mass to Universal Access: Forms and Phases of Higher Education in Modern Societies since WWⅡ [M]//James J. F. Forest, Philip G. Altbach. International Handbook of Higher Education. Dordrecht: Springer, 2007: 244 - 263.

② M. Trow. Reflections on the Transition from Elite to Mass to Universal Access: Forms and Phases of Higher Education in Modern Societies since WWⅡ [M]//James J. F. Forest, Philip G. Altbach. International Handbook of Higher Education. Dordrecht: Springer, 2007: 244 - 263.

不断涌现，还是从内部学科分化、裂变与交融加剧，课程类型和品种快速增长的角度考虑，高度统合性和结构化的本科教育越来越难以满足社会以及个体更为复杂多样的需求。其实早在1914年，哈佛大学校长洛厄尔就针对当时美国大学课程结构所面临的困境提出，体现民主的教育既不是为少数人而牺牲多数人，也不是为多数人而牺牲少数人，而应该以多元形态、提供多元选择，为每个人在不同领域的职业发展、兴趣与天赋发挥，提供恰如其分的教育。[①]尽管当时洛厄尔更强调整体性（核心课程）与学科性（主修）的统一，但经过二战之后，美国大学的整体性课程也不得不裂变为大量的分布选修课程，否则既难以顺应社会职业变迁、学科分化和知识增长的大趋势，更无法为学生在多样化选择过程中探索自我爱好与能力优势提供机会。

第三，无论是大众化还是普及化阶段的本科教育，即使精英机构的目标定位也不得不做调整，逐渐淡化传统的学科化和专门化特征，而不断凸显其多学科性和准专业化的色彩，以增强学生对职业转换以及长远职业生涯发展的适应性。早在洛厄尔的时代，他就提到，本科学习其实不过是为学生一生持续不断的教育（education）提供知识"装备"（equipment）。[②]对于洛厄尔的"装备"究竟是知识、素养还是能力尚可商榷，但他的确很早就戳破了至今也依旧颇有市场的一种虚妄，即相信在本科阶段通过提供更多的课程知识和更为专门化的训练，可以为学生提供一生无虞的保障。这个在20世纪初就被质疑的话题，即使在今天世界各国也并没有达成共识。各国本科教育与人才培养模式的差异性特征，便多少反映了这一分歧。譬如，在美国高等教育体系中，就总体而言，完成了本科教育未必就可以成为工程师、经济师以及教师等，它需要一定的职业经验以及相关专业机构与组织的资质认可，接受过一定的本科训练仅仅是其中的一个要件。而传统的法国、苏联与中国，本科教

---

① 艾伯特·劳伦斯·洛厄尔.向美国高等教育传统开战：洛厄尔高等教育文集[M].邓磊,译.杭州：浙江教育出版社,2019:111.
② 艾伯特·劳伦斯·洛厄尔.向美国高等教育传统开战：洛厄尔高等教育文集[M].邓磊,译.杭州：浙江教育出版社,2019:111.

育往往定位于特定领域或职业的专业人才,本科学历和学位通常就代表了特定的专业或职业身份与资质。

把本科教育定位于"装备"还是定位于系统的专业教育,在根本上反映了不同的培养与课程结构设计理念。前者更倾向于视本科教育为过渡性的教育乃至终身教育的一部分,尤其是对精英机构而言,要么为更具专门化的研究生教育做准备,要么在大学与工作场所之间架构多个可能性的桥梁;后者则期待毕其功于一役,以完整的专业训练,能够为学生提供终身的职业保障。显然,在劳动力市场中本科毕业生就业专业对口率不断走低、学历与岗位越来越难以匹配的背景下,后者将不得不面对更大的学非所用压力。这种极为青睐结构化、相对完整的专业化训练体系,虽然在当今世界有关国家如欧洲等国还依然盛行,如德国传统综合性大学的新设学士学位,本身就是从传统硕士学位体系中切分开来的一部分,它依旧延续了一定的传统精英培养理念,然而,近年来,鉴于它与应用技术大学本科学位在劳动力市场中所表现的相对弱势,综合性大学也不得不做自我调整,或是强调凸显理论的跨学科特色,或是强化一定职业性,因而具有了"职业漂移"取向。无论是跨学科还是职业偏重倾向,其本质都在于增强学生学习的可选择性和对职业变动的适应性。整个欧盟地区高等教育近年来尤为关注可雇佣能力培养和大学办学行为的创业属性,其实都是对传统大学教育尤其是本科层次教育定位不清所面临困境的回应。

与国际上本科教育改革趋势相似,自恢复高考尤其是 20 世纪 90 年代扩招以来,我国本科教育改革从未停歇。从 80 年代对苏联模式的学年制反思,到后来全面推广的学分制探索,从 90 年代对美国高等教育的借鉴学习,到后来综合素质教育以及如今通识教育的倡导和全面推动,传统刚性统一和高度结构化的本科培养体制逐渐被打破。实行部分课程选修制、课程模块化、专业辅修制、双学位,通过大类招生延缓专业选择、给予学生一定的专业转换机会,如此等等,都在一定程度上增加了本科培养方案的弹性,为学生的灵活与多样选择提供了一定的空间。但是,从专业对口角度来审视,人们不得不承认一个现实:在变动频仍的劳动力市场中,与大多西方国家情形相似,我国本科毕业生就业专业不对口比例的大幅提升已经成为不以办学机构意志为转移的新常态。如何适应这种新常态,以增强本科培养方案与课程结构的灵活性来提升学生多渠道升学或就业的适应性,恐怕是最为基本的应对之策。在此不妨以南开大学的数据为例,2015 年其对当年毕业的本科生调查显示,就职岗位与专业相关的比例为 51.2%,在"低专业相关度"群体的回应中,反映专业不对口的最主要原因为"对口工作机会少"和"对口工作不符合兴趣",分别为 34.8% 和 28.9%。① 同样,江苏省对 2017 届全省本科高校毕业生调查显示,对工作满意度最低的除了收入以外,就是"个人发展空间有限"和"不符合个人兴趣爱好",工作与专业不对口的主要原因则分别为"专业相关工作难找"与"希望更符合自己的兴趣爱好"。② 专业相关工作难找,意味着专业与社会需求间存在脱节,而专业不能符合自己的兴趣和爱好,则表明大学培养方案与制度一定程度上约束了学生基于自我偏好、人格倾向与潜能特质的学习自由。

的确,正如人们越来越认识到,专业与工作对口或者相关程度固然不能反映培养质量,甚至不能作为本科教育锁定的目标,但专业口径与外部职业和岗位能力要求之间越来越难以匹配,要求我们不得不对本科专业教育的概念内涵予以重新思考,给予不同于传统乃至颠覆性的重新界定和理解。与其连带和衍生性的相关传统认识与观念,譬如人们曾经倡导的从一而终的专业抱负、不忘初心的职业信念,在今天已经多少有些落伍。如果本科教育还刻意持守这种观念与培养理念,强化培养方案的单一刚性,就难免会出现因为同质化而引发的就业通道拥挤现象,如"考研热"和"考公热"持续升温,大多

---

① 南开大学学生就业指导中心.南开大学 2015 届毕业生就业质量年度报告[EB/OL]. http://career.nankai.edu.cn/Upload/file/20160907/1473235605785962.pdf.

② 王成斌.2017—2018 学年江苏普通高校本科教学质量报告[M].南京:南京大学出版社,2019:14 - 15.

精英机构毕业生青睐于事业单位以及国企。上述现象产生的原因，固然有宏观经济发展与就业环境方面的因素影响，但不可否认，大学本科专业训练体系与体制内相对稳定的岗位设置体系之间的结构高度耦合，是引发与诱致该现象产生并日益严重的内部成因。上文的调查结果，便揭示了这种专业教育培养体系的痼疾——对口工作机会少，不仅意味着学用脱节，而且意味着应对职业环境变迁的灵活性与适应性明显不足。而对口工作不符合兴趣，则意味着大学专业与课程选择制度相对僵化和选择机会付之阙如，它带有一定的强制和胁迫取向，难免埋没学生的潜质和专长，甚至抑制了其长远职业生涯过程中创造活力的发挥。

在此，结合当下高等教育普及化的现实语境，我们不妨做如下判断：即使经过了四十多年的改革与发展，我国本科教育如今依旧存在的结构性问题主要表现为，传统学年制刻板的培养体制惯性依旧在一定程度上得以存续，学分制改革并没有真正到位，无论是学生的专业还是课程选择空间有限；学位要求课程总量尤其专业课程学分要求过高的问题始终存在，过重的课程学习负担抑制了学生的可选择空间；无论是通识教育改革还是针对外部产业与技术需求开展的各种培养方案和课程结构调整，更多作为增量而不是对存量的替代；传统专业口径过窄与过细的问题并没有得到很好的解决，更多琐碎的专业课程的纳入未必有利于学生在专业相关领域的职业发展。概而言之，即便是我国精英机构的本科教育，在今天也未必符合早在20世纪初洛厄尔就提出的关于学生以多元选择满足兴趣和天赋发挥的期待，在应对外部职业领域发展需求方面也并不理想，在如今普及化语境中它可能将面临更多的挑战。

应对上述困境的基本策略在于：第一，为学生自主选择开放空间和创造条件，以学生学习选择的多样性与职业规划设计的个性化，分散和纾解由培养规格同质性带来的出口端压力；第二，以相对宽泛的通识教育和宽口径的专业教育，增强学生在专业相关乃至不相关领域寻求职业发展的灵活变通的适应能力，拓展学生职业选择与生涯发展的空间与范围。

二、本科课程总量的减重

大学学习课程数量的多少,从来就不是质量的判别标准,课程数量更不是衡量学生学习投入多少的指标,因为质量更多取决于每门课程的价值以及所要求的内容的广度、深度与难度。这种逻辑与高考改革情形相似,只要有评价标准和选拔带有竞争性,无论考试科目数量减掉多少,都并不会减轻学生的学业压力与负担。在学生精力有限的前提下,大学毕业究竟要求多少课程合适,这还并不是一个容易说清楚的问题。近代之前的欧洲大学,大学学习的科目极少,且不说中世纪时期的"七艺",即使到了19世纪初的英国牛津和剑桥大学,学生在三到四年中所学的科目也不过十几门,主要内容来自十几本经典书目,单调、枯燥与不断重复的内容难免为学生腻味。到19世纪中叶,随着自然科学以及人文社会科学内容的不断充实,大学的课程类型、品种和阅读书目不断增加,如当时的美国布朗大学校长威兰德(F. Wayland)对全美学院课程整体概括如下:申请文科学士的必修课程主要包括拉丁文、希腊文、数学、自然科学、哲学与道德科学等领域,以经典书目的学习为主。① 课程学习要求对所有学生是统一的,每学期大概4门课程。但即使如此,威兰德依旧认为当时大学课程过多,并对由此引起学生浅尝辄止的学习结果深恶痛绝。他主张大学课程应该少而精,故尤为欣赏当时西点军校以更少的课程提供更深入和专门化教育的培养模式。②

19世纪下半叶,美国大学课程进入全面改革与探索期,随着现代学科特别是自然科学领域的全面拓展,在古典学科地位并未受到撼动的前提下,学生被要求学习的课程越来越多,各种科目纷然杂陈。针对当时这种课程杂乱

① 弗朗西斯·威兰德.美国大学制度[M].石佳丽,译.杭州:浙江教育出版社,2019:24 - 25,68 - 69.

② 弗朗西斯·威兰德.美国大学制度[M].石佳丽,译.杭州:浙江教育出版社,2019:24 - 25,68 - 69.

的情形，时任密歇根大学校长的塔潘（H.P. Tappan）援引《布朗大学报告》中的内容提出了尖锐的批判："在全部四年当中，有 160 个星期的时间用于学习……学习如此之多的科学知识，学生经常被迫在同一段时间学习 5 门或 6 门学科……教师越多，书本越多，在一段特定的时间里所学习的知识越多，则教学的过程就越快。"他认为，这种狂热"并不是证明'工作成果优秀和稳定'的可靠前兆"，它导致了学生的疲于应付，为此建议只需要完成 15 门课程。①与塔潘同时代的其他美国高校校长，尽管对于古典与现代、博雅与专业课程孰为主导各自立场与主张不同，但对课程的庞杂也颇有微词。如时任斯坦福大学校长的乔丹（D.S. Jordan）指出："大学四年中要学习每样东西，甚至是学习许多东西都是不可能的。"他更为赞同哈佛大学校长艾略特的选修制度，认为只有学生"最了解自己的需要"，应该给予学生更多选择机会，即使选择错误也有助于其更好承担责任。② 事实上，该时期美国大学选修制的大面积流行，固然有尊重学生选择自由的动机，但削冗举要和减轻负担以期待学生学深学透更是其现实目标。

正是经历 19 世纪末 20 世纪初众多大学不乏争议的探索，随后美国基本形成了相对稳定的大学本科四年学制、每学期 4 门左右的全学期课程的惯例。目前，虽然美国高校的学期设计方式各异，如主流的秋、春两学期制（与我国相似）、少数学季制（春、夏、秋、冬四个学期）和三学期制（秋、冬、春三个学期），但在毕业学分要求上经过折算，大致相当于两学期制的 120 学分，按两学期折算的全学期课程（3 学分）数量，大致相当于 30—40 门课程，远低于我国高校的 140—170 个学分（个别甚至近 200 学分）。然而，即使如此，斯普尔（S. H. Spurr）也认为，两学期制的 120 学分或者三学期制的 180 学分，应该是最大限度而不是常规性的要求，总体说来，相对宽松的本科学习具有更为明显

① 亨利·菲利普·塔潘.大学教育[M].赵卫平，译.杭州：浙江教育出版社，2019：34-39.
② 戴维·斯塔尔·乔丹.人的养育与教育：乔丹高等教育演讲集[M].於荣，译.杭州：浙江教育出版社，2019：36-37.

的优点和优势。①

　　与美国不同，直到 20 世纪 90 年代，欧洲各国学制与学历文凭差异较大，有些国家如德国的综合大学甚至在传统上不设本科学位。实现欧盟一体化特别是博洛尼亚进程之后，为便于成员国之间的学历互认和学分转换，欧盟各国逐渐形成了相对统一的学制和学历框架。通常完成本科学位需要三到四年，以三年为主，每年总学分 60 学分（ECTS）。欧盟的 ECTS 不同于我国与美国的学习计时方式，大致上 1 个 ECTS 相当于 25—30 小时的学习时间，包括上课以及课后学习、实践与指导等时间。对于 ECTS 与美国学分的折算方式，很难说有令人信服的合理标准和依据，更多是遵从一种惯例而已。以美国伊利诺伊理工学院为例，其学分互认的规定为每个欧洲 ECTS 相当于美国的二分之一学分。② 如果依此折算下来，欧盟的每学年 60 个 ECTS，就相当于美国两学期制的 30 学分，如果一门全学期课程为 3 学分，则每学年大概相当于美国的 10 门课程，也就是每学期为 4—5 门课程。以德国柏林的洪堡大学为例，其数学的单一学士学位要求总学分为 180 个 ECTS，其中必修课程为 110 个 ECTS（包括毕业论文的 10 个 ECTS），相当于美国的 55 个学分；限定选修和任意选修分别为 35 个 ECTS，分别相当于美国的 17.5 个学分。③ 折算下来，三年要求毕业学分相当于美国的 90 学分。不过，通过观察和统计发现，洪堡大学毕业学位要求的课程总门数大致在 17 门，每年 6 门左右，明显少于中美大学的 8—12 门。这主要是因为德国大学的课程学程普遍较长，一门课程通常约 10 个 ECTS，相当于美国的 5 个学分（中美通常一门课为 2—3 学分），故门数相对更少。

　　① Stephen H. Spurr. Academic Degree Structures：Innovative Approaches［M］. New York：McGraw-Hill Book Company，1970：60.

　　② Illinois Institute of Technology. IIT Europe Transfer Credit Guidelines：ECTS Credits vs. U. S. Credits［EB/OL］. https：//web. iit. edu/sites/web/files/departments/academic-affairs/graduate-academic-affairs/IIT％20Europe％20Transfer％20Credit％20Guidelines. pdf.

　　③ Humboldt-Universität zu Berlin. Mathematics：Mono-bachelor，Bachelor of Science［EB/OL］. https：//www. hu-berlin. de/en/studies/counselling/course-catalogue/programme-descriptions/mathemono.

在此，为便于更直观比较，我们姑且忽略各国更为细微要求存在的差异，也不考虑每门课程的容量差异，仅以中美3学分作为一门课程来粗略计算，美国每学期为5门左右，欧盟地区也约为5门，关于中国高校，不妨在总学分140—170学分之间取中间值即155学分，如此每学期课程门数（155学分/8学期/3学分）为6.46门，每学期要比欧美多出1门半课程，即每年多出3门课程。关于各国本科课程体系内部设置方式以及结构化程度即质的差异，这是另外一个更为复杂的议题，不妨留待下文再做分析，在此仅以粗略数据至少能够表明，从课程数量与规模角度审视，我国相对于欧美高校的确存在课程数量过多、学分要求过高的问题。

姑且不考虑课程体系内部结构关系，课程数量多，课堂学习任务重，其合乎逻辑的结果便是：第一，难免带来上文所提到的学生学习浅尝辄止的问题，课程学习过程忙乱如急雨洗地，而不是润物无声。第二，从理性的角度审视，在个人精力有限的前提下，大多学生势必会对专业以及课程要求的难度加以权衡，选择容易过关的课程也就顺理成章。换言之，一些课程即使存在所谓的"水"，"水"的源头并不完全在教师与课程本身，而是学生有需求。第三，过多的课程学习要求，不仅会压缩学生课外学习空间，特别是课外高影响力的活动参与，而且抑制了禀赋、潜质、兴趣、专长与精力各异学生的自我选择，让转专业、双学位和辅修等更多流于形式，学生选择空间被挤压，进而有可能导致未来职业长期性的人—职匹配困扰。因此，在当前普及化语境中，应对本科生质量与就业困境的前提，就是要解决多年来始终存在的课程总量过多的问题。原则上，笔者认为每学期3—4学分的课程不宜超过5门。

三、本科课程结构与专业口径的调整

压缩课程总量并不是目的，而是增加学生选择多样性的手段。由此而来的一个问题是：在有限的课程总量中，究竟如何建构和完善我国当下本科课程体系与结构，才能够达到既满足学生个人的长远发展同时又满足社会或劳动力市场的多样化需求？关于高等教育究竟是以个体发展为目的的个人本位观，还是以社会需求为目标的社会本位观，这种非此即彼的论争其实没有多少意义和价值。因为在一个市场化社会中，个体的专业与职业选择自主的目的本身，就是通过社会活动实现自身价值并得到社会认可以及获得相应的回报。而这种个人发展与价值的实现，又是社会观念、知识和财富生产以及技术进步和社会文明开化的前提。至于知识本位，则更是一个无意义的辩驳议题，如果学科与课程所构成的知识体系不能转化为个体素养与能力，它就不具有任何教育价值。故而，本科培养方案与课程体系建构的核心理念便是：以不同学科知识合乎逻辑的组织，构成存在有机联系的课程体系，通过教与学的过程培养学生完整人格、综合素质以及职业长远发展和有尊严的生活能力。正如美国最大的本科高校联盟——美国学院与大学协会会长帕斯克莱拉(L. Pasquerella)指出：博雅教育（美国学院与大学协会所指的博雅教育即覆盖通识与专业课程的全程性本科教育）的信念与目的就是"为学生的工作、成为公民和生活做最好的准备"①。

至于如何实现人格完善与综合素质养成，各国大学在培养方案与课程设计上存在一定差异。欧洲大多国家最早开始实施义务教育和建立了较完整的基础教育体系，基础教育机构特别是中学往往被赋予"通识"之重任，到 19 世纪末，传统大学也便逐渐趋向于更为学术化的专业教育。反而是在美国，19 世纪末 20 世纪初，针对中等教育的相对薄弱与学生入学初的能力不足，众多大学或主动或迫于无奈地承续了近代欧洲的博雅教育传统，期望以通识教育与专业教育的结合摆脱学生学业准备不尽如人意的困境。然而，恐怕当初的改革者也没有意识到，经由一个世纪的多样化自主探索，它会成为美国本

---

① AAC&U. What Liberal Education Look like：What It is，What It's For & What It Happens[R]. Washington：Association of American Colleges and Universities，2020：2.

科教育的重要特色。尽管现实中因为办学理念、规模与学科布局存在差异，不同高校的培养方案与模式也不尽相同，如私立文理学院、传统私立综合性大学、州立综合性大学、理工见长的高校各有其特色，但是，在课程体系与结构上，都大致体现了通识教育注重综合素质、专业教育重视宽口径的基本特征。

任何对美国高校本科课程结构特征予以总体概括的尝试，难免都存在简单化和以偏概全的风险。为谨慎起见，在此我们不妨以学生规模最为庞大的州立综合性大学为例，对其总体课程结构尝试概括为：通识教育覆盖人文学科、社会科学、自然科学与技术科学四大领域，课程总量按学分要求大概占20％—40％，专业必修与限定选修课程约占25％—30％，自由选修的专业相关或其他课程大致为20％—30％。关于美国通识教育课程结构的分析，前文已经述及很多，在此仅略提一二。

考察美国州立大学的本科课程结构，即使在同一所大学中，也必须考虑到文、理、工不同专业之间，以及同一专业科学学士学位和文学学士学位之间的差异。大致上，文科类本科专业的通识课程往往更为宽广，无论是分布选修模式还是核心课程模式，虽然选择的自由度有差异，但覆盖面宽，几乎容纳了所有人类知识领域的导论或专题性内容，对自然科学领域课程虽有要求但比例偏低，专业必修与限定选修课程大多不超过总学分的30％。理科次之，主要是在通识课程或专业课程中有数理化先修课要求，因此如果我们权且把低年级基础理科先修课程纳入通识课程统计，其比例自然会超过30％；如果把基础理科中的高级课程划到专业课程领域，专业类课程的比例也将超过30％，如此为人文社会科学类课程留下的空间大致为20％—30％。相对而言，如果把基础理科先修课排除在外，工科类本科专业要求的人文社会科学类通识课程比例最低。以加州大学伯克利分校的能源工程为例，其人文社会科学类课程加上阅读写作课，共约20学分，不到总学分要求的20％，但如果把一、二年级的基础理科课程30多学分并入，则超过40％，余下的专业必修与选修课程比例大概为 30％（不包括自由选修与顶级课程等）。[①]

以上三种不同类型课程构成的各自基本特征为：就课程之间的逻辑关系而言，人文社会科学类专业通识课程结构性趋弱，相对松散并具有开放性，强调培养学生的综合素养与宽广视野；理科类专业通识课程的要求数量和深度取决于专业要求，对人文社会科学课程要求相对较低，着重培养学生的科学思维与基本数理分析能力；工科类专业的理科课程数量较大且有深度要求，特别重视与工程相关的数理能力培养，专业课程的结构性较强，更重视不同课程之间的学科理论逻辑或知识应用逻辑，但总体上更倾向于专业基本理论素养与专业基础能力的培养。换言之，专业教育口径相对较宽，强调专业与外部众多相关岗位之间的广泛适应性，至于更为具体和专门化能力往往延伸到研究生教育。

如上所述，欧洲各国大学本科学位因为更偏重专业教育，且学制大多为三年，与美国本科课程培养方案和课程结构存在较大差异。迄今，欧洲各国大学总体上对通识教育的观念较为淡漠，尽管不同专业因为学科属性差异，课程结构的宽泛与严紧程度略有差异，但其偏好更倾向于专业训练而不是综合素质养成。以德国的洪堡大学为例，其单一学士学位课程体系包括三部分：专业必修模块，大概在 50—100 个 ECTS；专业限定选修课模块，70—100 个 ECTS；自由选修课程模块，20—25 个 ECTS，大致比例分别为 45％、45％ 和 10％。对于理工科类专业而言，人文社会科学课程选修空间极为有限，即使数理基础课程，也大多与专业间存在密切关联，以其生物学专业为例，数学课程为"生物学的数学原理"[②]。尽管相对于美国，欧洲本科课程结构更为刚性，但在专业内部却多少体现出一种多重选择的灵活性，必修模块重专业基

① UC-Berkeley. 2021 – 2022 Freshman Undergraduate Program in Energy Engineering［EB/OL］. https://engineering. berkeley. edu/students/undergraduate-guide/degree-requirements/major-programs/ engineering-science/energy-engineering/#7f.

② Humboldt-Universität zu Berlin. Biology, Mono-bachelor, Bachelor of Science［EB/OL］. https://www.hu—berlin.de/en/studies/counselling/course-catalogue/programme-descriptions/biomono.

础理论,有统一规范的要求,而限定选修模块则允许学生在专业大类或不同方向上自主选择,且有些专业往往要求完成有深度的研究项目。这种模块化的设计既在一定程度上拓展了专业口径,又为学生专业方向的自主选择提供了机会。

如果结合学制做进一步分析,我们不难发现,减掉美国一年的课程数量(大约为总要求的 25%—30%),虽然欧洲本科专业课程结构相对于美国总体上依旧弹性不足,收敛程度更高以及课程设计逻辑更为清晰,但它至少在理工领域的专业课程总量大体相近,也同样把更为专门化的教育延伸到研究生阶段。简言之,宽口径是欧美本科专业教育的共同路向,或者我们不妨称之为准专业教育取向。

相对于欧美,因为早期承袭苏联带有突出行业特征的专业教育路线,我国本科课程体系建构刚性有余而弹性不足。即使在今天,总体而言,我国依旧没有完全走出这种传统惯性;在不同时期的改革探索过程中,反而为顺应环境变迁而产生出一系列新的问题。例如,自 20 世纪 90 年代以来,借鉴美国模式而广泛开展通识教育改革,新设通识课程基本上为原有公共必修课的增量,近年来为满足新技术发展要求,各种"新"内容更近似传统专业课程的附丽,而未必是去旧换新。如此导致本科课程要求总量不断增加,专业课程数量虽多,但更细化与琐碎,专业口径拓展有限,而课程体系内部的结构性也相对弥散。在此,仅以石油地质类本科专业为例,通过与欧美有关高校同类本科专业的课程结构予以比较,可以一窥其中的异同。之所以选择该专业,是因为其虽然相对小众,但最能反映我国大多本科专业教育的既有传统与当下状况,因而具有典型意义。

从三个国家同类专业课程比较(表 1)中会发现,美国西科罗拉多大学与英国阿伯丁大学的本科学位要求总学分都大致在 120 学分(折算为标准的美国两学期制学分),中国某大学则至少 170 学分。中美通识课程的内容和选择自由度尽管差异极大,但在学分总要求上基本相同。虽然各自分类不同,但在此我们不妨将中国的学科基础、专业基础以及专业课程,统一归为理科课程和专业课程两类,不难看出,三者之间最大的差异是专业课程的内容与数量。相对而言,英美的专业课程数量虽少,但更注重每门课程专业理论与实验以及野外实践的结合,而我国更倾向于专业科目的细分与实践综合,课程实践环节相对薄弱。两者之间或许无所谓优劣或各有特点,如我国的课程设计可能会体现学生毕业后在具体岗位上手较快的优点,但对学科与专业基础理论的深入理解和领会能力趋弱。最突出的问题在于,过于密集的课程、紧张的节奏和较重的学业负担抑制了学生的能力拓展,学生几乎没有太多的选择空间。我国高校的三个方向或模块的设置,更近似于主体课程的附加,难以达到必要的系统和深入水平。这种培养口径与特定岗位需求高度耦合的设计,可能难免影响到毕业生对外部职业与劳动力市场环境变迁的适应性。

表1 中美英三所大学石油地质类本科专业课程结构比较

美国西科罗拉多大学 (四年制)	英国阿伯丁大学 (四年制)	中国某大学 (四年制)
专业必修课程 地文地质学(含实验)或地球与能源系统、地史学(含实验)、地球科学写作、地层与沉积学(含实验)、地球物质(含实验)、地球物理导论(含实验)、结构地质学(含实验)、地貌地质学(含实验)、野外地质学、石油地质学(含实验)、非常规石油地质学(含实验),至少41学分	**专业必修课** 地质年代的环境性质(15学分)、地球物质(15学分)、岩石与矿物学(15学分)、野外地质学导论(15学分)、地球物理(15学分)、石油地质学原理(15学分)、构造地质学(15学分)、火成岩与变质岩学(15学分)、沉积学(15学分)、野外测绘技术(15学分),共150学分	**学科基础必修课程** 地球科学概论、矿物学、高等数学(2-1)、岩浆岩与变质岩、高等数学(2-2)、大学物理(2-1)、地质认识实习、沉积岩石学、古生物地史学、大学物理(2-2)、大学物理实验、线性代数、沉积相、沉积相课程设计、构造地质学、大学化学、概率论与数理统计、地质专题实习,约50学分

续　表

美国西科罗拉多大学 （四年制）	英国阿伯丁大学 （四年制）	中国某大学 （四年制）
专业限定选修课（四选一） 火成岩学(含实验)、地貌学(含实验)、构造地质学(含实验)、盆地分析(含实验实习),3学分	**其他专业或非专业选修课** 大概300学分(项目无法查阅,从略) 特别说明： 英国大学的学分制设计方式比较多样化,比较主流的有两种：一是采纳了欧盟的ECTS系统,二是按每年120学分的计分系统。英国学分转换为美国学分,为1英国学分相当于0.25美国学分	**专业必修课程** 地球物理勘探与地震地质综合解释、地球物理测井与测井资料地质综合解释、综合地质实习、油气地质与勘探以及设计、专业英语、油田地质实习、油气田地下地质学与设计、油气田开发工程,约43学分
理科基础必修课程 普通化学Ⅰ与实验、普通化学Ⅱ与实验、微积分Ⅰ、微积分Ⅱ,16学分		**学科基础选修课程** 包括数理和专业基础两类课程(具体项目过多,从略),至少12学分
理科限定选修课程（二选一） 物理原理Ⅰ与物理原理Ⅱ、普通物理Ⅰ与普通物理Ⅱ,8学分		**专业选修课程** A、B、C三个方向,至少在一个方向选修8学分,共12学分
通识与任选课程 覆盖人文、社会与自然科学,部分专业任选课程,52学分		**通识必修与选修课程** 思政、外语、计算机等必修课程,41学分;其他通识选修课,10学分;共51学分
120学分	480学分,相当于美国120学分	170学分

注:上述信息来自各大学网站。

　　课程数量杂多,专业口径过窄,一直以来是我国本科教育课程体系的顽症:相对于美国,灵活性与适应性略显不足;与欧洲相比,结构性与收敛度偏弱。由过多课程数量带来的学业负担过重,由专业基础课程口径狭窄、专业课程碎片化和实践环节薄弱导致的专业化欠水准,两者构成一种双重挤压,不仅压制了学生根据个性、兴趣和潜质试错与自我调整的空间,而且使得毕业生面对就业市场形势的变化往往难以应付裕如。

四、以学生为中心的本科教育理念与课程体系改革

以学生为中心或以学习者为中心的理念，近年来在我国高校教学领域颇为盛行，人们更多将其理解为教学过程中甚至课堂上的师生互动关系。这种聚焦于微观层面的认识固然有其合理性，但它的最大误区在于：只关注教师如何教和学生如何学，而没有真正考虑到学生为什么学与学什么。"为什么学"涉及学生的自我能力判断、自我预期与目标设定，"学什么"关联到如何选择才能够达成自我价值实现与未来职业生涯发展的目标。长期以来，我们已经习惯于为学生做主，更多扮演了父母替代和受社会委托的角色，为学生提供定制性的课程方案和学习计划，漠视了他们作为成人的自主权利。然而，即使在19世纪末的精英教育阶段，如哈佛大学校长艾略特也特别强调，大学应该是一个总体上容许学生自我管理的场所，教育是"一种明确要求每个人有责任形成自己的习惯并指导自己行为的训练"，要给予学生自由才会强化其个人责任感。① 在一个高等教育普及化、劳动力雇佣市场化与学生择业自主的环境中，尊重个体选择并给予个体更多的选择机会，强化学生自我责任担当，理应成为当下我国本科教育改革的基本方向。因此，是否体现了以学生为中心的理念，它其实并非仅止于教学过程，而是关联整个高校的办学理念、人才培养规格与制度以及管理体制等观念变革，在本科培养方案上的基本体现就是能否实现专业调整、课程体系与结构的灵活性，给予学生以必要的专业选择自主和课程学习自由，体现自由与责任对等原则。严格而言，不给予学生一定的学习选择自由，本科教育就无法调和它与劳动力雇佣市场之间的张力甚至矛盾。

减少课程要求总量，是向学生赋权和为学生开放自主空间的基本前提。

---

① 查尔斯·威廉·埃利奥特.教育改革：埃利奥特论文与演讲集[M].刘春华，译.杭州：浙江教育出版社，2019：96.

唯其如此,学生才有试水和试错、挖掘个人潜质和发现兴趣与专长的机会,并结合专长进行专业调整或辅修其他专业。考虑到当前我国课程体系与结构的特点,有必要对整个课程体系进行重构和删繁就简,原则上总学分不宜超过 130 学分。大体上,在不考虑少数专业特殊性的前提下,就本科课程的总体结构而言,通识课程、学科基础课程(基础文理科)、专业课程(必修与选修)三者之间的比例大致应为 20%—30%、20%—30% 和 40%—60%。当然,考虑到部分工科类专业的特殊性,也可适当提高专业课程的比例。

通识课程重视综合素养,包括公民素养、写作能力、批判性思考能力、跨学科视野和跨文化理解能力等。目前有些比重较高的通识课程,譬如尤为重视工具能力的外语,在有条件的高校,完全可以将其改造为与人文社会科学结合的文化素养课程,以及与特定专业结合的专业素养课程,以限定选修的方式,供学生根据自身偏好与能力修读。如此可以在强化跨文化理解与交往能力培养的同时,提升学生的听说读写能力。应结合高校学科资源条件,不断丰富和拓展覆盖各大领域的通识课程资源,以核心课程或分布选修的方式,满足学生综合素质养成需要,为学生探索与发现自我兴趣和专长创造条件。学科基础课程一般为某些特定专业的先修课程,但它同时兼具通识教育属性,因此,为便于学生的探索尝试以及可能需要的专业转换,它应该具有可替代性,即根据学生需要可将其纳入或转换为通识课程或任选课程学分。

在此,对于本科专业课程的结构有必要做特别分析。专业课程通常包括两部分:专业基础课程与专业主修课程。专业口径的宽窄主要在于专业基础课程,其覆盖面要相对宽泛,即所谓的宽基础。“宽”的目的不仅在于增强学生的适应性,而且更为其主修方向的多重选择奠定基础。目前,我国本科专业课程方案中存在的主要问题在于专业基础课程覆盖面偏窄且课程数量多,与专业主修课程间混淆不清,专业所属部门如学院与其他学院甚至同一学院下设的不同系所(专业)之间相对隔膜。即使在实行大类招生改革之后,尚没有打破各专业课程组合自成体系的僵局,难以体现专业课程宽度与深度结合的特征,相对于欧美高校,存在比较突出的口径狭窄与灵活性不足的问题。

在此,以本科专业化特征相对突出的美国麻省理工学院某些专业为例。麻省理工学院的理学院下设"地球、大气与行星科学"专业,其本科生专业课程主要包括四部分:第一,专业核心课程(4门导论性课程,麻省理工学院为三学期制,为便于理解,在此都折算为两学期制,为16学分,以下同),面向所有主修方向,包括地球科学,大气、海洋与气候,行星科学与天文学,环境系统;第二,上述各主修方向专业选修课程,为深度专业课程,每个方向大概十几门限定选修课程,要求选择5门,40学分左右;第三,支撑性课程,大量的基础理科课程,为限定选修,要求从中选修2—3门,共24学分左右;第四,实验实习课程(8学分)以及面向所有方向的限定选修课程(3门24学分以上)。① 可见,麻省理工学院虽然更为强调专业教育,其专业课程占总学分(两学期制的120—130学分)比重甚至超过了80%,但它的专业口径较为宽泛,体现了专业教育宽深结合的特征。不妨再以斯坦福大学的"地球科学"本科专业为例,其专业核心课程为6门必修,为该专业不同领域的基础课程,其他8门专业课程为限定选修,要求在20多门课程中选修6门100-level课程和其他2门课程。② 由上,不难发现,无论是麻省理工学院还是斯坦福大学,必修专业基础课程总量虽少,但覆盖面宽,而专业课程无论是否模块化,都给学生以自主选择的机会,兼顾了基础性要求、专业最新发展方向以及学生个人志趣,体现了专业课程结构的相对弹性。这与我国本科专业必修课程量大且选择余地小形成了鲜明的对比。

减少本科课程的总量,也是为不同兴趣、能力的学生个性化和差别化发展留置空间。在跨学科项目存有众多现实障碍的条件下,学位要求课程总量减少,有助于学生根据个人需要以辅修、双学位或任意选修方式,实现跨专业

---

① Department of Earth in MIT, Atmospheric and Planetary Science. Degree Chart[EB/OL]. http://twelve.mit.edu/mitcourse12/degree-chart/#support.

② Department of Geological Sciences in Stanford University. Geological Sciences (BS)[EB/OL]. https://bulletin.stanford.edu/programs/GS-BS.

或跨学科学习。相对而言,美国大多高校课程设计最为灵活,辅修(通常相当于两学期制的 5 门学期课程)、双学位(大致为 10 门学期课程)、荣誉学位项目、本—硕连读等等,选择路径极为多样化,学生也可以在同专业中选修不同方向课程或模块,以拓展专业面向。欧洲大学课程设计相对刻板,专业性强,但也留有余地,如德国在单一学位之外,设有联合学位、辅修课程等,前者通常 10 门左右,后者 4—5 门。我国大学虽然也有双学位和辅修等项目,但因为主修专业负担重,必修课程过多,效果并不显著,且辅修专业的选择种类和范围有限。总之,课程总量过高与课程总体结构的相对刚性,抑制了个体专业转换、跨域学习和深度模块化课程选择的空间,不利于拓展学生的专业适应面。与此同时,正式课程过多,也挤占了学生参与课外高影响力活动的时间与精力投入,诸如社会与专业实践、本科生科研以及创新创业活动等。

一段时间以来,我国高校本科生中颇为流行诸如"天坑专业"与"内卷"等说法,不容否认,类似说法可能多少带有非理性与情绪化倾向。但是,目前专业与课程结构的刚性导致学生发展与就业适应性相对较弱,应该说也是其中的重要成因。避免学生对过热专业与浅显课程的追逐,以不同程度的强制和规训方式去"纠偏"并不能在根本上解决问题。相反,唯有强化专业以及课程结构弹性,结合行业、专业最新发展构建不同的模块化课程,满足学生在专业方向上的多样化选择,才是正视和解决问题的正途。对此,为应对培养方案与课程结构弹性化可能带来的新问题,笔者提出如下理性和务实的策略。

第一,弱化本科专业目录的刚性与规范功能,给予高校本科专业设置适当的自主权。高校本科专业的设置应该由三方力量介入——社会行业等用人部门、学科或专业共同体和政府部门,以体现劳动力市场需求与技术发展前沿要求、学科资源与条件支撑和政府宏观调控的统一,即体现为需求、能力(条件)与规范相统一原则。唯此,专业设置及其课程结构才能在保持相对稳定性的同时,持续焕发其充盈的革旧从新活力。

第二,全面打通高校内部机构之间的隔阂,实现本科专业与课程资源的全面共享和跨学科交流。专业资源的共享可通过跨学科项目、双学位以及辅修项目等组织化的方式得以实现。以美国麻省理工学院为例，为适应新科技与新业态以及个人发展需求，在传统专业之外，设置了众多跨学科学位，如"化学与生物"、"运算与认知"、"计算机科学与分子生物学"、"计算机科学、经济学与数据分析"、"人文学科与工程学"和"人文学科与科学"等，上述学位项目都是校内跨部门间的共同创建。[①] 双学位与辅修项目应尽可能覆盖大多数本科专业，为学有余力和兴趣广泛的学生提供机会。

第三，拓宽就业信息渠道，为本科生专业选择提供参考依据；与此同时，以高层次专门化队伍建设，提高学业与职业生涯指导的咨询和服务水平。就业市场信息的采集与筛选、学生学业与职业指导和咨询，都需要有专门化训练与专业经验积累的人员承担。例如，如何根据学生的禀赋（人格与智力）为其专业选择与课程方案设计提供方向性的指导，以尽可能提高人—职匹配度，如何让学生理解专业学习难度与专业回报、近期需要与未来发展机遇和空间、薪资意义的物质回报与其他精神层面回报、创业的高风险收益与就业的稳定性收益等彼此之间的关系，从而为学生审慎、理性选择提供系统和全面的参考，这些都需要由专业和资深人员为困惑的学生指点迷津，现实中的一般行政人员和辅导员尚不具备上述相关能力，这是当前我国本科教育中最为薄弱的环节。

第四，鼓励高校乃至相关专业，结合自身特点适当增加学制弹性，为学生试错和多重选择拓展空间。四年按期毕业率的高低未必代表学习质量，美国联邦教育部国家教育统计中心对 2015—2016 年应届本科生的统计显示，全美本科生完成学业最终毕业的中位数为 52 个月，四年之内毕业率仅为 44%。即使学术实力相对雄厚的非营利私立机构，四年完成学业比例也仅为 60%，

---

① MIT. Interdisciplinary Programs [EB/OL]. http://catalog.mit.edu/interdisciplinary/.

余下都超过四年甚至多达十年。① 进入普及化阶段,高校既要尊重学生的多样性选择,又要保证教育质量,就有必要探索尝试相对弹性的学制安排,在给予学生学习自由的同时,以相关配套制度如学费追加等其他方式,强化学生自我责任担当意识。

第五,探索多通道的培养模式,为不同志向和抱负的学生提供相适切的学习路径。本科生毕业去向大概有三种选择:升学接受更为专门化的专业教育、毕业即就业和毕业后创业。三种去向所必备的素养与能力之间的主要差异在专业教育阶段。升学侧重专业理论与学术素养,就业偏重专业的可售性技能或可雇佣能力,创业则倚重技术产品研发能力与创业经验积累。上述三种核心能力或是通过灵活的专业课程模块来培养,或是通过实践活动得以历练,其得以落地的前提就是以减重留有余地,以多样化选择和赋权各得其所。

最后,我们以江苏省对全省本科高校毕业生的部分调查结论为例,来强调本科课程体系与结构改革的紧迫性。在 2017 届本科毕业生关于本专业教学质量满意度反馈中,对专业选修课程自由度、学生学业负担的合理性、参与课堂积极性等方面,非常满意的仅有 20％左右,认为专业知识非常重要的仅为 13％,即使加上比较重要也仅为 50％。② 我们相信,如果增加关于专业以及专业选择满意度的问项,反馈结果可能更难符合预期。因此,减少课程总量,为学生开放自主选择的空间,是应对当前以及面向未来的必然选择。

以生为本,尊重学生学习选择的基本权利,这本是 19 世纪末 20 世纪初美国关于通识教育、选课制和学分制改革中争议颇多的老旧话题。然而,在高等教育已经进入普及化阶段的我国,它却是一个当前尤为需要人们予以关注

---

① NCES. How Long Does It Take Students at Colleges and Universities to Complete Their Bachelor'S Degrees? [EB/OL]. https://nces.ed.gov/fastfacts/display.asp? id=569.

② 王成斌,袁靖宇.2016—2017 学年江苏普通高校本科教学质量报告[M].南京:南京大学出版社,2018:63－77.

的紧迫性问题。自20世纪80年代以来,我国本科教育改革虽然也取得了长足发展,譬如学分制、辅修制、分布选修式的通识课程、大类招生等制度的探索,多少为学生的学习选择开放了一定的空间,然而,就总体而言,课程总量要求过多,专业教育口径过窄以及因为内容新旧驳杂而存在课程过多过细现象还较为普遍,考虑到管理的简单有序化的需要,高校各个层面的制度变革动力也存在不足。以上种种,都多少抑制了学生的自主选择机会,不利于学生潜质挖掘、学生兴趣养成和专长发挥,甚至影响到其长期职业生涯的发展。本科教育的高质量发展,根本在于强化学生的自主精神与责任意识,任何制度改革如果没有唤起学生的自觉,而仅仅依靠强制性的规范或功利性的诱惑,在缺乏开放、多元乃至个性化的相对单一通道比拼中,只会增加在校学习与离校就业的竞争烈度,即消耗性的"内卷"。因此,无论是基础拔尖人才还是各种带有"新"标识的专业人才培养,如果不从培养理念、管理制度、课程体系与结构层面切入,为学生减重赋权,满足学生的多样性选择与个性差异化发展,则很可能会因为层层加码的课业负担与为各种功利性追求的忙乱而导致事与愿违的结果,也无助于升学与就业压力的分散与缓解。

事实上,即使一向相对刻板的欧洲高等教育,近些年来也逐渐强化本科学制的弹性,如可以为3—4年甚至更长时间,学位类型设置与选课方式也更为多样,如德国很多大学的单一学位和联合学位的课程富有特色,课程结构可以是全部专业课程,可以是两个不同专业的课程(比例为各自50%),也可以是一个专业为主(比例为75%或50%),外加一个(25%)或两个辅修专业(25%+25%)。在如今理论知识与方法技术日新月异的环境中,重视综合素养、拓宽视野和强化学科交叉能力的立足点,并不在于课程的数量与规模,而是在于质量与结构;创造与创新能力、抗风险能力以及专业技能与实践能力的形成,也未必是大量课程教学的结果,更多在于学生的自我探究与自主实践,它需要给学生留置空间。

最后有必要特别提及的是,本文聚焦的对象主要是大多普通本科而并非应用取向的本科高校。即使普通本科高校的课程体系与结构调整,也需要考虑到不同类型机构、不同高校乃至具体的不同学科与专业之间的差异,譬如文、理、工与医学之间,在课程体系乃至学制调整方面就应该在遵循上述总体原则的前提下体现一定的异质性。这也意味着,赋权的对象并非仅仅是学生,还关联到行政部门对高校、高校对学科专业所在院系的合理分权与放权。因此,寄希望于以"微创"方式优化当前本科课程体系与结构,恐难以彻底走出僵局,本科教育的高质量和以学生为中心理念的真正落实,还需要贯通各个层面的体制变革。在高等教育普及化以及学生就业问题日益突出的形势下,围绕减重赋权的系统性改革已经刻不容缓。

以学习者为中心：理念与证据

　　关于学生或者学习者在大学教学过程中的地位,在中文语境中从来就不乏各种概念化的表述,如以学生为本、以学生为主体等,无论哪种表述其实都从不否认一个自明的常识:教学过程中教的主体自然是教师,而学的主体当然是学生。只是涉及两者之间究竟是谁处于主导地位存有争议,但大体上人们基本认同"教师主导、学生主体"的说法。风行于欧美的教学学术运动虽然强调要关注学习者,但极少否认教师的主导地位。简而言之,它要求研究学习者还是为了教师更好地"教",以教促学,而不是把"学"完全凌驾于"教"之上。那么,现如今颇为流行的以学生为中心的说法,又具有什么新的或特殊内涵?

一、以学习者为中心教学范式观的激进倾向

　　2016 年,赵炬明教授在其长文《论新三中心:概念与历史》中,针对北美地区高校以学生(或学习者)为中心[Student(Learner)-Centered,简称 SC]即"以学生发展为中心"、"以学生学习为中心"和"以学习效果为中心"的概念内涵及其演变过程,以极为开阔的视野做了全面、系统与扎实的梳理。他把"SC"视为与传统占统治地位的传授主义(以教师、教材与教室为中心)本科教

学不同的新范式，不仅有其迥然不同的哲学基础与立场取向，而且还意味着它对大学本科教学过程乃至高校内部制度与环境都将是一场范式革命。[①] 范式革命的特殊含义在于存在旧与新，且旧与新之间不存在连续性，具有不可公约性，是一种断裂甚至彻底的决裂。

在该文中作者详细征引了巴尔(R.B. Barr)等学者关于两种范式之间区别的论述，即一种称之为传统的传授范式(instruction paradigm)，一种为体现学习者中心的学习模式(learning paradigm)。[②] 然而，仔细解读巴尔富有想象力和超越性的学习范式会发现，严格而言，它并非仅仅是一种教学范式，而是一种涉及课堂教学、专业结构、人才培养模式、管理制度甚至整个现有办学体制与模式全方位改革的教育甚至办学范式。[③] 正如哈里斯(M. Harris)和科伦(R. Cullen)等人认为，以学习者为中心的范式变革绝不仅仅限于课堂、课程与专业范围，而是扩及整个校园，牵涉到整个高校管理制度框架与结构的重建。在他们看来，传授范式已经是一种与信息时代格格不入的工业时代模式：大学如工厂，强调质量控制；教师如劳工，按教学与研究绩效获得可怜的薪酬；学生如由专业与各类课程所构成的流水线产品，为特定的学术标准规制，为学分与绩点而竞争。作为后工业时代的学习范式则是要打破各种程式和积习，通过全面授权把教室乃至整个校园打造为以学生为中心、强调合作而不是竞争的学习共同体。[④]

那么，具体到大学教与学实践过程，以学习者为中心的学习范式究竟如何理解教师和学生角色、知识的价值、教学方法手段以及效果评价？对此，在

---

① 赵炬明.论新三中心：概念与历史——美国 SC 本科教学改革研究之一[J].高等工程教育研究,2016(3):35-56.

② 赵炬明.论新三中心：概念与历史——美国 SC 本科教学改革研究之一[J].高等工程教育研究,2016(3):35-56.

③ Robert B. Barr, John Tagg. From Teaching to Learning:A New Paradigm for Undergraduate Education[J]. Change, 1995, 27(6): 12-26.

④ Michael Harris, Roxanne Cullen. Leading the Learner-Centered Campus[M]. San Francisco: Jossey-Bass, 2010: 19-32.

该领域颇为资深的学者韦默(M. Weimer)提出了五个方面根本性的变革：第一，基于北美分别由费莱雷(P. Freire)、胡克斯(Bell Hooks)肇始的批判教育研究和女性主义理论，强调向学生授权，实现课堂中的政治、文化与生活的民主；第二，立足于认知与教育心理学领域的经验研究成果以及建构主义理论，尊重学生基于特定情境、问题解决以及个体经验的创造性理解与对知识的自我建构，而不是从教材中的内容寻求唯一"正确"答案；第三，教师不是知识权威、学生学习进度的掌控者与课堂中的管理者，而是学生学习过程中的参与者与促进者；第四，强化学生作为自我管理、自我驱动、责任自负的学习者角色，以自主与责任力促其心智的成熟；第五，淡化成绩与分数的意义，更重视学生的自我评价。①

韦默的上述主张显然是受基础教育领域众多激进主义思潮影响至深，相对于教学学术运动倡导者，她更关注教与学过程中的学生与学习，而不是教师及其教的行为，更关注的是实践与效果，而不是理论或共享的教学知识。如果说教学学术运动推动者的初衷在于激发大学教师对教与学学术探究的兴趣与激情，譬如如何根据学科知识逻辑组织内容，如何以教育学心理学的理论来指导教师的实践，那么以学习者为中心所牵挂的就是学生的主动学习兴趣与热情，学生才是教与学过程中真正的行动者。正如赖格鲁特(C. M. Reigeluth)将这种所谓后工业时代教学范式与工业时代教学范式比较时指出：以学习者为中心的教学方式是针对每一位学习者量身定做，它的实施者是学生而不是教师，是学生在"做中学"而不是由教师来传授与呈现，是基于学生个人目标达成而不是按时间来安排进度，是个人定制化而不是标准化的过程，测验是形成性评价而不是终结性评价，强调团队合作学习而不是个人单打独斗，学习是享受的而不是令人不悦的过程。②

---

① Maryellen Weimer. Learner-Centered Teaching：Five Key Changes to Practice[M]. San Francisco：John Wiley & Sons, Inc., 2002：8-17.

② Charles M. Reigeluth. Instructional Theory and Technology for the New Paradigm of Education[J]. RED. Revista de Educación a Distancia, 2012, 32：1-18.

　　显然，以上关于以学习者为中心的"范式"论，带有典型的非此即彼、二元对立的激进特征，不仅对大学传统教学中关于教师与学生、教与学、书本知识与个体经验、外部规制与内部自发、集体与个体等之间的关系理解有过于简单化的嫌疑，而且对新范式在现实中的可行性及其效果也未必有严肃审慎的考虑。它漠视了大学传统教学的多样性，简单将其归结为听讲读写、缺乏师生交流互动的单一模式，恐怕并不完全符合事实；它关于"教"是为了"学"，"教"的效果要以"学"的成果来体现的观念没有问题，但把权力全部赋予学习者是否会有理想化的结果却不得不让人心存疑虑。如极力倡导以学习者为中心的道尔（Terry Doyle）等学者也承认，实现以学习者为中心的教学所面临的巨大挑战首先来自学生的适应，如学生高中学习习惯、学生要承担更大的责任、在给予自由的同时学生可能有拈轻怕重心态与风险规避行为等；①它重视学生基于个体经验的自我建构，那么这种建构与教师所把握的学科与知识逻辑乃至教师的个体经验之间又是否存在有机关联？要针对每一个个体能力需求量身定做，同时又要主张合作学习，两者之间是否存在悖论，是否会出现集体之中的"搭便车"行为？教师是否具有足够的精力及其他成本投入来提供支撑？

　　因此，我们权且认为，激进的范式说毋宁代表一种立场或姿态，一种迫于现实困境而求变的理念或价值取向，也不妨把它理解为一种与最为极端的单向讲授即以教师中心模式决裂和对立的理想化建构。而现实的真实状态往往处于两个极端之间，它或者偏于教师中心或者倾向于学生中心，是一个连续的光谱。务实的行动与有效的变革或许并非否定一切的重建，而是鼓励教师基于特定情境（学科、教师、学生、技术和环境等）的自我探索与实践。这种以学习者为中心的务实探索，未必意味着教师一定要放弃其主导角色，但其实践表现特征所具有的共性就在于更为强化学生的学习主体地位。如科佩

① Terry Doyle. Helping Students Learn in A Learner-Centered Environment：A Guide to Facilitating Learning in Higher Education[M]. Sterling：Stylus Publishing, LLC., 2008：17-18.

尔曼(M. Kopelman)等人通过对众多文献分析后概括指出,以学生为中心的大学教学基本特征为:教师要尊重学生的观念与意见,根据学生的需要以创新性的方法策略和前瞻性的思维来准备、组织和呈现学科内容,立足于学生的学习效果不断批判、反思与改善自我实践,提高自身对教学实践的元认知能力,努力创造一个互动型的学习环境,促进学生的深度学习。①

近些年来,在传统的教学法(pedagogy)之外,人们又提出了成人教学法(andragogy)、自主学习教学法(heutagogy)等概念。三者之间的基本区分在于,传统的教学法的对象主要是儿童与青少年即中小学生,而成人教学法的对象为中学后阶段的学生群体,自主学习教学法则适用于终身学习的对象,三者之间并非范式之别,而是表现为一个学习者个人自主与自决程度的谱系,大学中的学习者大致处于该谱系的中间地带。不同于两端的教师主导与完全学习者自决,它强调单一闭环学习、重能力发展、根据学习者需要对课程进行线性设计,倾向于教师与学生的共同合作,但最终的目标与传统教育学无别,即让学生领会课程内容。故布拉施克(L. M. Blaschke)认为,三者之间其实表现为层次与水平差异,它与学习者心智成熟水平相关。② 换言之,三种教学法顺合了人们在不同生命历程与生涯发展时期心智的阶段性特征,彼此之间具有递进关系,前者为后者的基础,而决不能因为空怀理想与理念的美好而随意跨越。它也意味着,大学固然不同于中小学教学,更重视教学过程中的师生平等与合作,关注教师的赋能者和促进者角色发挥,但他不能边缘化,依旧是特定学科教学过程设计的主导者。

概而言之,学生在教与学过程中地位的凸显,并不意味着聚光灯下仅有学生(即教师缺席和离场),大学课堂永远都是教师与学生共同出演的互动舞

---

① Max Kopelman, Markus Vayndorf. Self-Reflection on Undergraduate Teaching[J]. Academic Exchange Quarterly, 2012, 16(4): 17 - 28.

② Lisa Marie Blaschke. Heutagogy and Lifelong Learning: A Review of Heutagogical Practice and Self-Determined Learning [J]. The International Review of Research in Open and Distance Learning, 2012, 13(1): 56 - 71.

台，即使学生之间的互动，也不能完全离开教师的设计与导演，不能简单地把教师视为友情出演甚至可有可无的存在。当然，至于各自的角色究竟该如何演绎和所占戏份几何，无论是在过去、现在还是将来，恐怕都不是一个简单和容易回答的问题，因为这触及大学教学不同于基础教育阶段的特殊性，也是至今大学的课程与教学始终面临重"术"轻"理"困境的缘由所在。学理取向的教学学术在理论上无法回应这个问题，以学习者为中心的激进范式观，引发的困惑可能更多。

二、以学习者为中心是应势而变的理念倡导不是模式固化

以学习者为中心的教学的确具有强烈的学生关注内涵，但未必代表一种范式，它挑战的是大学教学过程中确实存在的一种由教师唱独角戏的极端现象。有"教"而无"学"或者"学"的表现消极、效率低下，是不成功甚至无意义的教学；同样，如果只有学而无须教，教师也就成了多余，遑论课堂就是大学也失去了其存续的价值。因此，在教与学之间究竟如何把握分寸，这在实践中始终是一个难题。就泛常意义而言，对学习者的关注其实不只是当下，也应是自学校教育滥觞以来就不容置疑的命题，因为但凡是教学，无论是知识传授、能力训练还是品格塑造，如果它没有引起学习者品质、思维与能力结构的改变，无"学"呼应的"教"本身就是一种自导自演的荒谬行为与反常逻辑。因此，大学中的学与教总是相伴相随，是源于两个不同主体却又相互依存的有机统一活动。

应该说，如今人们之所以强化对学的关注甚至把它置于教学过程中的中心地位，并非缘于传统教学对学生的忽视甚至漠视，而是由大学置身的时代环境与条件变迁带来的一系列影响。首先，是关于大学教学形式方法受制于技术的路径依赖性。造纸术与印刷术发明之前，中世纪大学中记录知识的羊皮纸稀缺昂贵，它只能掌控在教师手中，并主要以口述即"教"的方式传授，

"学"仅限于被动的听、记、思与辨。纸张与印刷技术推广之后,教材等书籍也为学生所拥有,书本一定程度上替代了教师的权威,因而学生在听讲的同时也具有自主阅读与研习的条件。这一技术革命的影响还不止于此,如芒福德(L. Mumford)所言:"由于印刷术无需交际者面对面,也无需借助任何手势,所以它促成了隔离和分析的思考方式。"①基于文字性的阅读与理解,不仅大大拓展了"学"的范围与场所,也淬炼了人的符号意义的抽象思维能力。进入当代,由信息技术革命所带来的无边界知识共享与交流,则更是彻底打破了书本知识承载的阈限,甚至出现了时空意义上"教"的有限性与"学"的无限性之间的矛盾,教师与书本的权威面临无限自由获取的流量数据威胁。与此同时,教与学之间互动交流的媒介与形式都发生了巨变,影像、虚拟现实与仿真强化了学生的视觉理解与具象思维偏好,而传统讲授、书本文字因为其自身所具有的抽象性而越来越失去吸引力。数据技术在改变"教"的方式的同时,更赋予了学生"学"的自主选择权,它又倒逼教师不得不去改变"教"的行为及其习惯。数据技术的影响可能远远不止于课堂教学形式与方法,有人甚至把它视为古登堡革命、科学革命之后的第三次信息革命,将会促成整个大学教育质的飞跃和根本性的变革,而它的影响才仅仅开始。② 简言之,整个技术文明演绎的轨迹就是在不断促成大学教与学双方地位的此消彼长,教学过程中的中心逐渐由"教"向"学"的一方移动的确是情势所迫且不可逆转。

其次,是关于大学中学生群体结构与需求特征的变化。高等教育精英化阶段,因为仅仅面对少数高度选拔性的人群,且学生需求相对单一,班级规模小,即使采用最为传统的讲授方式,大学教学也很少成为一个为人所关注的议题。然而,进入高等教育大众化乃至普及化阶段,班级规模扩大导致传统教学过程中的师生互动频率大幅降低。大学门槛降低带来了学生群体内部

---

① 刘易斯·芒福德.技术与文明[M].陈允明,王克仁,李华山,译.北京:中国建筑工业出版社,2009:124.

② Gavin Moodie. Universities, Disruptive Technologies, and Continuity in Higher Education: The Impact of Information Revolutions[M]. New York: Palgrave Macmillan, 2016: 8 - 13.

结构特征的复杂化,学习目标更趋于多元,学生职业生计考虑多、入学准备明显不足、课程参与度低、学习动机弱,如此等等,意味着传统意义上的课堂教学环境很难达到理想的效果,教师必须转换观念开发新的教学策略、方法与技能,才能真正达到提升学生高阶认知与深度学习的目的。① 因此,以学习者为中心的倡导,又不仅仅源于外部技术环境改变或教师的自觉,还源于教学对象的量变与质变,应对这种量变与质变要求教师不得不重新反思既有的习惯与经验。一个再也简单不过的常识是,当一位习惯了面对十几人甚至只有几人的教授,不得不面对的是几十人且潜力与求知欲存在差异的群体,无论采取何种教学方式方法,其效果都会大打折扣。如果要达到同样效果,就需要花费更大心力。

事实上,针对上述环境变迁所带来的影响,大学内部从来就不乏围绕学生参与的各种教学探索与改革。如今人们很少提起传统的灌输与启发式教学概念,而是有了更多新概念,如以问题为本(problem-based)、以结果为本(outcome-based)、以研讨为本(workshop-based)、以项目为本(project-based)、以探究为本(inquiry-based)、以工作为本(work-based)等等;小组教学、合作学习更是备受青睐,其形式让人眼花缭乱,格里菲斯(S. Griffiths)列出了如下形式:头脑风暴、临时讨论小组、交叉性小组、自由讨论、开放式探索、同辈指导、问题为本的辅导小组、角色扮演、自助小组、习明纳、模仿游戏、由简单配对到大规模研讨的滚雪球式分组、分步讨论、结构性探究、辛迪加式、个别指导式、无教师参与小组,如此等等。② 借助于现代信息技术的教学形式与设计也层出不穷,典型的如在线学习、翻转课堂和智慧教室等,至于技术作为一种辅助手段则几乎渗透到整个日常教学的各个环节,如考勤管理、课程资源提供与获取、内容的呈现、过程中的互动反馈和学习结果的评估等,

---

① David J. Hornsby, Ruksana Osman. Massification in Higher Education: Large Classes and Student Learning[J]. Higher Education, 2014, 67(6):711 – 719.

② Heather Fry, Steve Ketteridge, Stephanie Marshall. Understanding Student Learning[M]// A Handbook for Teaching & Learning in Higher Education. London: Kogan Page Limited, 2003:98.

并与各种传统和现代教学方法不同程度地结合。

总之，为应对新的环境变化、调动学生学习的投入，大学教学过程更为复杂与多样化。早在 20 世纪 80 年代，阿特金斯就大学有效性教学议题分析指出：教学中的学生参与是一个极为复杂的问题，现实当中，在完全的讲授与学生独立学习之间存在一个谱系(图 1)，而其中的每一类又存在无数的可能性，譬如讲授也可有不同程度的讨论与互动，小组教学可能是由教师指导也可能完全来自学生的自我设计，其他亦如是。① 如果再考虑到不同技术手段的介入，可以想见，现实中的实践可能更是有无穷无尽的形式与样态。显然，把以学习者为中心作为一种覆盖面宽泛的理念而不是模式更具有包容性，也更具有现实合理性。

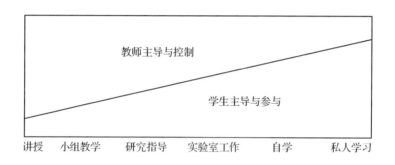

图 1　阿特金斯的教学方法连续体

但是，这些形式多样化的实践究竟是否有效？作为一种理念，以学习者为中心是否意味着学生成为主角而教师沦为配角？传统讲授是否就失去了其存续价值，或者说，讲授是否就是以教师为中心，不存在一种体现以学习者为中心观念的为学而授(lecture for learning)？要回答这些问题，显然关联到一个与效果相关的更为复杂的概念——如何理解有效性的教学。在教与学之间，究竟应该由教师还是学生主导，使用何种方法或者不同方法的组合，其

---

① George Brown. Effective Teaching in Higher Education[M]. London：Methuen & Co. Ltd.，1988：3.

关键还是在于学习的效果，学生参与度再高但如果效果不彰，过程与技术再复杂也没有意义。因此，以学习者为中心，我们不妨谨慎地把它理解为一种理念而不是类型化的教学模式或教学范式，一种为学而教的导向而不是以学弃教的激进主张，这样或许更为理性与务实。各种探索实践的效果究竟如何，不在于其理论逻辑是否精致、口号与标识是否鲜亮、理念是否完美，根本在于它是否让学生受益，并有足够的效果证据支撑，当然还不得不考虑到现实条件以及经济与效率原则。

三、有效性教学依旧离不开教师的主导

关于教学效果或者说什么是有效性教学，艾伦(J. Allan)等学者通过文献梳理发现，相对于基础教育领域，在高等教育语境中它是一个极富有争议性的概念。譬如，如何衡量教学效果，是学生对课程知识掌握的程度、高阶认知能力发展水平还是个人技能，是标准化测试成绩还是其学习行为表现、态度、元认知技能、解决问题能力、自主学习能力和时间管理能力等，对此人们很难达成共识。① 不止于此，除了以知识掌握为目标的课程成绩具有相对刚性可测量特征之外，其他方面如究竟如何测评，何时测评，谁来测评，要获得真实可靠的证据都并不是容易操作的议题。

针对证据的搜集问题，伯克(R.A. Berk)则认为，教学的有效性可以有众多方面的证据，他提出了 13 个方面的证据源：学生评教、同行评价、自我评价、影像材料、学生访谈、校友评价、毕业生工作部门雇主评价、管理者评价、学生奖学金、教学奖项、教学发表、学习结果、教学档案袋等等。然而，正如他自己也认为，如此多的证据的搜集无论在操作层面还是时间投入上都不现实。因

① Jo Allan, Karen Clarke, Michael Jopling. Effective Teaching in Higher Education： Perceptions of First Year Undergraduate Students[J]. International Journal of Teaching and Learning in Higher Education, 2009, 21(3)：362 - 372.

此，从权宜的角度，不妨以学生评价为主，尽可能获取其他方面的证据，并权衡各自利弊做综合性的评价。① 显然，在他看来，来自学生一方的信息或许并不尽如人意，但相对而言更值得采信，而且也具有现实的可操作性。当然，关注学生的评价与判断，本身也是考察以学习者为中心教学有效性的题中之义。为此，这里不妨择取部分中外有关元分析文献略做梳理，从中或许能够获得些许启发。

1. 关于以学生为中心理念最为广泛的教学方式——小组学习（small-group learning）

斯普林格（L. Springer）等人对 383 份有关科学、数学、工程技术领域大学生小组学习的相关研究文献做元分析后发现，相对于课堂讲授，总体上小组学习形式对学生的学习具有积极影响。但是，值得注意的是，具体到对学业成绩影响方面，两年制的学生明显低于四年制的学生，效应值仅有 0.21。相对而言，小组学习在教师自定题目的考试中表现尚可，但在标准化考试中表现一般；在学习态度影响上，存在明显学科差异，自然科学课程表现较好，但工程学科领域的课程则不尽如人意，效应值为 0.25。另外，在学习动机上也表现不佳，效应值仅为 0.18。② 小组学习是提高学生学习自主与合作学习能力的最重要途径，但它存在众多复杂的形式，究竟如何组织，多大规模，是课堂内还是课堂外，是长时间还是短时间，是围绕具体专题还是整个课程学习，是随机分组还是有特殊安排，是否要根据学生能力水平与内容的深度做有针对性的安排，如此等等，显然需要教师根据教学内容来加以精心考虑与安排，脱离教师指导的小组学习是盲目甚至可能是低效的。

---

① Ronald A. Berk. Survey of 12 Strategies to Measure Teaching Effectiveness[J]. International Journal of Teaching and Learning in Higher Education, 2005, 17(1)：48 – 62.

② Leonard Springer, Mary Elizabeth Stanne, Samuel S. Donovan. Effects of Small-Group Learning on Undergraduates in Science, Mathematics, Engineering and Technology：A Meta-Analysis[J]. Review of Educational Research, 1999, 69(1)：21 – 51.

2. 关于探究性教学(inquiry-based teaching)

弗泰克(E.M. Furtak)对 37 份来自不同国家与地区关于探究式教学的试验与准实验研究文献做元分析后发现,总体上,探究式教学的效果好于传统教学,但相对于教师主导的方式,学生主导的探究式教学效应值要低得多,仅为 0.01。颇为意味深长的是,不同学科以及国家(地区)之间的探究式教学效果存在巨大差异。相对而言,物理学科效应值低,甚至为负值,在国家与地区差异上,美国与土耳其等国家相对效果显著,而我国台湾地区效果不彰,4 项研究的效应值都低于 0.1,大多低于 0.05。[①] 尽管这些研究对象并不都来自高等教育领域,但它也一定程度上表明:首先,以学生为中心的教学依旧需要由教师来主导,且要考虑科目内容的差异;其次,不同国家与地区因为存在文化背景差异和学生适应性问题,同样的方法可能会产生不同的效果。其深层次的归因是教育乃至社会制度和文化所形塑的集体心理与性格,它当然不是抗拒新的教学形式改革的理由与借口,但势必存在适应与磨合中的困难。

3. 关于计算机辅助教学(computer-based teaching)

库里克(J.A. Kulik)等人对 59 份针对大学生的计算机辅助教学效果的研究文献做了系统分析,他们发现,相对于传统教学,该教学形式明显有助于压缩教学时间,但对学生学业成绩、学生的学习态度仅有微弱的积极效应,对课程完成率没有显著影响。分析还发现,在运用计算机辅助教学与传统教学手段的不同教师之间,前者对成绩有积极影响。但在同一个教师分别使用计算机辅助教学与传统课程教学手段的试验研究中,效果差异并不显著。[②] 这其实也表明,相对于技术条件,与教师相关的因素带来的影响更为突出,人的因

---

① Erin Marie Furtak, Tina Seidel, Heidi Iverson, et al. Experimental and Quasi-Experimental Studies of Inquiry-Based Science Teaching: A Meta-Analysis[J]. Review of Educational Research, 2012, 82(3): 300 - 329.

② James A. Kulik, Chen-Lin C. Kulik, Peter A. Cohen. Effectiveness of Computer-Based College Teaching: A Meta-Analysis of Findings[J]. Review of Educational Research, 1980, 50(4): 525 - 544.

素是第一位的，技术不能替代人。技术可以成为教师提升教学效果的辅助工具，为学生自主学习创造超越时空限制的条件，但无论它的具身性如何强大，它终究是工具，无法替代作为真身的教师。

4. 关于面对面的课堂教学（classroom instruction）与远距离教学（distance instruction）

伯纳德（R.M. Bernard）等人对该方面232份研究文献梳理发现，总体上，无论是在成绩还是学生态度方面，面对面的课堂教学要稍优于远距离教学。不过，两种教学方式之间对本科生教学效果没有显著性差异，而对研究生而言，远距离教学效果相对积极。但不同学科之间存在明显差异，数学、科学与工程等学科课堂教学效果更好，计算机科学与商科等偏重应用的课程则是远距离教学效果稍好。此外，他们还发现，远距离教学效果的离散度很大，与教师的设计如同步还是非同步、利用视频还是网络、基于系统教学还是问题解决的学习方法存在关联。[①] 也就是说，即使是远距离教学，依旧离不开人际情境性交流与互动。

5. 关于翻转课堂（flipped classroom）

翻转课堂是近年来人们探索以学习者为中心教学方式改革的重要举措，并由此形成了大量实验或准实验研究成果。宁可为等人通过对中外70份（关于大学教学的约60%）相关文献进行元分析后认为，大学翻转课堂总体上效果明显，效应值达到了0.953，且无论在学习成绩、认知技能还是情感态度等维度，都有积极表现。[②] 李彤彤等人对37份（针对大学教学的占62%）文献分析后则发现，大学中的翻转课堂具有中等程度的积极影响，效应值为0.351，相

---

① Robert M. Bernard，Philip C. Abrami，Yiping Lou，et al. How Does Distance Education Compare with Classroom Instruction? A Meta-Analysis of the Empirical Literature[J]. Review of Educational Research，2004，74(3)：379-439.

② 宁可为，顾小清，王炜.翻转课堂教学应用效果的元分析——基于70篇采用随机实验或准实验的相关研究文献[J].现代教育技术，2018,28(3):39-45.

对而言,实践课程效果较好(0.618),理论课程一般(0.274)。① 两项研究总体结论存在明显差异,不过都认为翻转课堂的应用需要考虑到课程内容的差异,尤其强调教师的精心设计。

以上提及的几种教学方式,虽然不够全面,但大致能够展现当前高校以学习者为中心的教学实践与变革全貌,因而具有一定的代表性。就现实的效果而言,上述研究证据尽管未必充分,但从中还是能够获得有效教学的相关特征,并对以学习者为中心的理念在大学课程教学中的实践提供些许启发:第一,无论哪一种教与学方式,其效果依旧取决于教师的精心设计、教师的能力与水平。在教与学之间,重视学生参与并不意味着以教师为主导的功能地位退却。第二,教与学过程中,固然需要强化学生的参与程度,但不能仅仅为参与而参与,不仅要考虑到不同课程内容之间的特殊性与差异性,还要兼顾效率化与经济性。第三,技术与媒介可以发挥辅助作用,但无法也不可能替代真实情境中师生与生生面对面的交流与互动。第四,任何务实的教学方式改革,都需要考虑到不同学生发展能力与需求水平的差异性,甚至要顾及不同国家与地区教育传统与文化内卷化的影响。在一个推崇全球理念与技术方法借鉴的时代,后者往往为人们所忽视,而它恰恰最需要引起人们的谨慎与警惕,以避免"橘生淮北而为枳"的困境。阿普菲尔斯泰特(G. Apfelthaler)等学者立足霍夫斯塔特(G. Hofstede)与豪斯(R.J. House)的全球文化分析框架,对奥地利、德国、新加坡与泰国本科层次商学专业的学生做了跨国性的研究,结果发现:不同国家学生课堂学习表现存在明显差异,譬如奥地利本科生不信任教师的权威,德国的学生课堂上可以自由地批判教师,但泰国的学生

---

① 李彤彤,庞丽,王志军.翻转课堂教学对学生学习效果的影响研究——基于 37 个实验和准实验的元分析[J].电化教育研究,2018,39(5):99－107.

则对教师更有依赖性,希望得到教师的关注并获得学业成功。[①] 特定的社会文化背景与教育传统往往塑造了学生的心理倾向乃至行为习惯,这不是一个简单的价值判断问题,而是一种客观的现实。以学习者为中心的教学探索如果漠视这种客观现实,就难以产生良好的效果,这尤其需要我们将其置于中国本土情境中予以审慎对待。

此外,还有必要细究一个上述大多证据研究所忽视的问题,即与有效教学相关的时间、成本和现实条件等因素。首先,无论哪种形式的教学,课程学习时间都是学习结果的重要影响变量。例如,在关于翻转课堂的各种实验或准实验研究中,很少有人对实验组与控制组的课堂内外投入时间予以测算,不考虑时间投入差异,效果即使是积极的,证据也是存在瑕疵的。因为学生学习的课程并不是唯一的,在时间与精力总量固定的前提下,翻转课堂投入时间的翻倍有可能给其他课程带来挤占效应。其次是教学投入成本的问题,越是强调学生的自主学习,越需要强化教与学过程中的及时反馈。因此,无论是缩减还是保持较大授课规模,都必须大幅增加投入成本,才能够提高学习效果。如今高校课程教学规模普遍较大,学生能力水平参差不齐,如果不能大幅增加教学投入,会让主授教师穷于应付,甚至因为压力过大而引发教学倦怠。最后,关于证据研究的内在缺陷。在大多实验与准实验研究中,为了便于检测新方法所带来的效应,研究设计过程中人们往往把控制组设定为完全或倾向于由教师主导的讲授模式,其实这种带有人为控制的模式并非日常之中的自然模式。根据课程内容或自我理解,教师在讲授的同时也往往会结合其他例如小组教学、计算机辅助、探究学习以及即时或在线反馈等方式。因此,人为设计的试验研究所获得的存在显著性差异的结论,未必反映日常

---

① Gerhard Apfelthaler, Katrin Hansen, Stephan Keuchel, et al. Cross-cultural Differences in Learning and Education: Stereotypes, Myths and Realities[M]//David Palfreyman, Dawn Lorraine McBride. Learning and Teaching Across Cultures in Higher Education. New York: Palgrave Macmillan, 2007: 15 - 35.

教学的真实状态,对其效果证据的可信度需要理性审视。

四、结论与反思

由上述分析,针对当前大学教与学相关议题的是是非非以及目前的热点,在此不妨略做简单梳理。

第一,关于经验与理论。大学的教与学永远是一个基于学科内容与教师个人自我理解的多样化与开放性的探索与实践领域,它遵循的是实践性原则而未必是理论通则,更不是模式化的程序。相关理论包括如今为人们所青睐的学习科学与认知科学等,可以为教师的教学实践提供启发,但不能成为约束教师个人智慧与创造性自由(但不是随意性)发挥的教条和藩篱。实践性的原则可能得益于理论的启发,但更多源于经验领悟,譬如教师需要经常对教学过程进行自我反思,关注学生的反应并及时予以反馈,根据教学内容以及情境需要灵活应变,采取不同的教学形式方法和评价手段。大学教师需要开展教与学的研究,但其研究目的并非获得与"发现的学术"具有同样品质的理论,而是改善自身教学效果并从中获得更丰富的经验积累。这种源自众多个人的经验积累可以分享与交流,甚至可以通过抽象与结晶化的过程上升为特定领域共享的知识,但其表现形态依旧是一种共享性的经验概括与总结,共享经验与理论无法也不能取代个人智慧性的探索实践,正如个别为人推崇的教师个人风格无法成为所有人仿效的标杆一样,否则大学的教与学实践就走向了封闭与僵化,理论通则就成为无限开放性实践的束缚。

第二,关于技术与技艺。信息技术革命的确为大学的教学改革带来了巨大而深远的影响,为教与学的组织形式和方法的多样性拓展了无限的空间,也为教师开展高效的教学实践提供了各种装备、技巧与技能。但是,技术与技艺并不是万能的,充其量是一种辅助的手段。譬如,在某些情境中,PPT的呈现方式未必就一定比传统板书更有效,线上课程资源的丰富多样性与交互便利性未必就有助于学生学习的系统性，虚拟仿真的可视化与具象思维对符号化抽象思维的替代，可能会有助于学生对知识的直观体验与领会，但未必能导向深度学习与高阶思维能力训练。因此，教学过程中的关键还在于人，在于教师的态度与学生的配合以及各自的责任担当，正如帕尔默（P.J. Palmer）所言："好的教学并不能化约为技艺，它依旧来自教师对师者的身份认同与操守。"①更何况，技术在教育中的应用并不必然带来效率，有时候它反而增加了更多的人力与财力的无效投入。

第三，关于伦理与责任。以学习者为中心固然关注课程知识的获取与认知能力的训练，与此同时，它还具有强烈的价值意蕴。它强调师生之间伦理关系的平等与教学过程中的民主，更倾向于把学生视为独立思考、敢于质疑、心智成熟和有责任担当的社会成员。在教与学的过程之中，教师是师生共同体中的民主、自由与平等价值的践行者，他不仅要淡化其知识传授过程中的权威角色，还要让渡部分学业评定与评价的权力，如实行学生自我评价、学生相互之间的评价、小组与团队评价等等。因此，在赋权和赋能的过程中，如何把握自主、自由与责任之间可能存在的张力，实现诊断性、形成性、发展性评价与终结性评价的有机结合，体现评价的人文性、科学性与公平性的高度统一，面临众多现实困境。在教师与学生之间，任何一方自由度越大，越需要承担与之匹配的责任。如果责任担当与行为自律付之阙如，教与学的自主与自由就有可能沦为或者是"教"或者是"学"的随意性，甚至出现以赋权之名的放纵与懈怠，合作学习过程中的"搭便车"行为等。这也是上述各种循证研究中，不同研究效应值存在极大差异的原因之一。

第四，关于理念与现实局限。以学习者为中心的理念是既要面向全体，更要尊重个体之间的差异与有针对性的教学与指导，强调教与学的全程设计同每个环节的人性化与精细化，互动反馈的即时性与常态化，因此，它需要教

---

① Maryellen Weimer. Inspired College Teaching：A Career-Long Resource for Professional Growth[M]. San Francisco：John Wiley & Sons，2010：7.

师更多的时间与精力投入。然而,现实之中教师角色多样化,教学负担过重,班级规模过大,教学内容性质、层次与深度差异,都有可能对这种理念的践行带来众多难以逾越的障碍。迈尔斯(C.B. Myers)等基于对美国全美中学后机构的教师调查数据分析发现,班级规模越大,教师的教学工作负担越重,对以学习者为中心的教学形式与评价形式越具有抑制作用;学科文化与属性不同,人们的偏好也存在差异,如商业、计算机科学等强调实践应用的教学,政治学、护理等关注人际互动的科目,不关注系统性学习的文学艺术类课程,更倾向于探索以学习者为中心的教学实践;有关考核与晋升标准和取向,也对教师的教学行为具有显著性的影响。① 因此,理念再美好,如果不考虑到学习内容的性质差异、情境的特殊性与现实条件的局限,就难以达到理想效果甚至可能走向反面。

总之,强调开展教与学理论研究、倡导以学习者为中心的教学,已经成为当今大学最为盛行也最为醒目的标识。如前所述,以学习者为中心作为一种教学理念并不新颖,不过是在信息技术与人类认知科学发展背景下以学生为本传统的一种升级版。但是,大学教学毕竟是一种行动与实践,理念在多大程度上能够转化为一种有效的实践,一是不能偏离有关最为平淡不过的常识,二是不能超越客观的现实条件。所谓常识就是:第一,教与学的天然本质是为学而教,可以有无教之学,但大学日常正规教学必然是有教之学,否则大学就无存续意义。第二,大学教与学的过程理应由教师主导,教是为了学,但并不意味着学可以脱离教,没有教师主导的学,其效果令人存疑。第三,教师主导并不等同于以教师为中心(teacher-centered)或"满堂灌"形式的讲授,而是教师基于教学目标实现、学生学习能力和需求做出合宜性选择,他是教学的组织者与促进者,正如足球队的教练与乐队的指挥。即使流传近千年的传

---

① Carrie B. Myers, Scott M. Myers. The Use of Learner-Centered Assessment Practices in the United States: The Influence of Individual and Institutional Contexts[J]. Studies in Higher Education, 2015, 40(10): 1904 - 1918.

统讲授,在信息革命时代也未必就可以弃之如敝屣,它所具有的高效、经济与面对面反馈的即时性等优势,依旧难以为其他方式全面替代。只是这种讲解不再是一种独角戏与高高在上的宣讲和布道,而是带有互动性的知识分享、思想启迪、思维和能力训练。第四,特别要强调的是,大学的课堂不是学生学习的唯一场所,常规的教与学也并不能支撑起学生在校的全部教育。因此,有效的教与学只是如今人们所关注的本科教育质量议题的一个必要条件而并非全部。

易言之,教师的投入以及教学方式方法和手段的改进甚至变革,只是全面提升本科教育质量的关键性微观细节,但它不能成为大学整体教育质量不尽如人意的替罪羊。资源投入不足、生师比超标、工作负担重、班级规模过大、考核评价制度存在缺陷、学生既有的学习习惯以及能力准备不足乃至当前高校专业化培养体系(如学分总量要求过高、学生课程学习超负荷)、专业与课程学习选择自主程度、学校管理制度与环境、校园环境与文化、教育传统和社会环境与文化等等,都可能是践行以学习者为中心理念的现实障碍,也是影响本科教育质量的客观环境变量。

就此意义而言,以学习者为中心与其说是一种课堂教与学的新范式,不如说它代表了一种大学本科教育以及高校人才培养体系与制度的范式革命。这一范式革命的真谛在于,一所高校的整体运行是否体现了以师生而不是以管理者为中心的理念,是否把它视为一个不同主体之间彼此信任与合作而不是相互防范与竞争的共同体。大学中教与学的有效性,依靠"大棒加胡萝卜"的制度强制与诱惑很难奏效,各种以问责为名频繁的评价与考核,过多的刻板要求与繁文缛节,反而会导致规范过度,从而为师生带来负担过重与精神压力过大的问题,使得各方都如履薄冰而难以体验教与学过程中的愉悦感与收获感,进而丧失了教与学的热情与激情。这种自上而下、偏好于利益博弈与制度强制机制的顶层设计,不仅会引发人们心态的失衡以及师生关系的扭曲,而且会有损师生共同体的建构。因此,以学习者为中心理念践行的关键还在于是否能够为师生的教与学提供一个相对宽松、自由、友好与和善的校园制度与环境。

好的教与学还是源自师生的价值承诺与行动自觉，而行动自觉源于管理者与师生各方恪守自己权责界限与本分，秉承各自的信念所营造的相互信任的环境与文化。缺乏信任与相对自由宽松的氛围就不会有教的尊严、学的自觉、探究的自主与实践创新的激情，一所让人有归属感的大学，它的气象更在于其有品位的文化而不是自下而上层层加码的制度约束与规制，高等学府缺乏这种品位，就不可能产生好的教与学。如果说当前我国本科教学质量不尽如人意是一种客观现实，其部分原因固然与教师有关，但不尽合理的高校办学与人才培养观念、体制与管理制度以及不尽如人意的校园环境，恐怕也难卸其责、难辞其咎。

主要参考文献

一、专著

1. Alenoush Saroyan，L. Chery. Rethinking Teaching in Higher Education：From A Course Design Workshop to A Faculty Development Framework［M］. Sterling：Stylus Publishing, LLC.，2004.

2. Alice Diver. Employability via Higher Education：Sustainability as Scholarship［M］. Cham：Springer，2019.

3. Allan A. Glatthorn，Floyd Boschee，Bruce M. Whitehead，et al. Curriculum Leadership：Strategies for Development and Implementation［M］. Oaks：Sage Publications，2018.

4. Burton R. Clark. The Academic Life：Small Worlds，Different Worlds［M］. Princeton：Carnegie Foundation for the Advancement of Teaching and Princeton University Press，1987.

5. Clifton F. Conrad. The Undergraduate Curriculum：A Guide to Innovation and Reform［M］. Colorado：Westview Press, Inc.，1978.

6. David Colander, KimMarie McGoldrick. Educating Economists: The Teagle Discussion on Re-Evaluating the Undergraduate Economics Major[M]. Northampton: Edward Elgar Publishing, Inc., 2009.

7. David Palfreyman, Dawn Lorraine Mcbride. Learning and Teaching Across Cultures in Higher Education[M]. New York: Palgrave Macmillan, 2007.

8. Diana Laurillard. Rethinking University Teaching: A Conversational Framework for the Effective Use of Learning Technologies[M]. London: Routledge Falmer, 2002.

9. Elizabeth F. Barkley. Student Engagement Techniques: A Handbook for College Faculty[M]. San Francisco: John Wiley & Sons, Inc., 2010.

10. Ernest L. Boyer. Scholarship Reconsidered: Priorities of the Professoriate[M]. New York: The Carnegie Foundation for the Advancement of Teaching, 1990.

11. Frances Trought. Brilliant Employability Skills: How to Stand Out from the Crowd in the Graduate Job Market[M]. London: Pearson Education Limited, 2017.

12. Friedrich Paulsen. The German Universities: The Character and Historical Development[M]. New York: Macmillan and Co., 1895.

13. Gavin Moodie. Universities, Disruptive Technologies, and Continuity in Higher Education: The Impact of Information Revolutions[M]. New York: Palgrave Macmillan, 2016.

14. George Brown. Effective Teaching in Higher Education [M]. London: Methuen & Co. Ltd., 1988.

15. George Dennis O'Brien. All the Essential Half-Truths about Higher Education[M]. Chicago：University of Chicago Press，1998.

16. Gill Nicholls. Developing Teaching and Learning in Higher Education[M]. London：Routledge Falmer，2002.

17. Harald Schomburg，Ulrich Teichler. Employability and Mobility of Bachelor Graduates in Europe：Key Results of the Bologna Process[M]. Rotterdam：Sense Publishers，2011.

18. Heather Fry，Steve Ketteridge，Stephanie Marshall. A Handbook for Teaching & Learning in Higher Education[M]. London：Kogan Page Limited，2003.

19. Henry Etzkowitz. The Triple Helix：University – Industry – Government Innovation in Action［M］. New York：Routledge，2008.

20. Henry Malden. On the Origin of University and Academic Degree[M]. London：John Taylor，1835.

21. Iain Hay. Inspiring Academics：Learning with the World's Great University Teachers[M]. London：Open University Press，2011.

22. James J. F. Forest，Philip G. Altbach. International Handbook of Higher Education[M]. Dordrecht：Springer，2007.

23. James P. Honan，Cheryl Sternman Rule. Using Cases in Higher Education：A Guide for Faculty and Administrators［M］. San Francisco：John Wiley & Sons，Inc.，2002.

24. Johannes Conrad. The German Universities for the Last Fifty Years[M]. Glasgow：David Bryce & Son.，1885.

25. John S. Brubacher，Willis Rudy. Higher Education in Transition：A History of American Colleges and Universities ［M］. New

Brunswick：Transaction Publishers，1996.

26. Malcolm S. Knowles. The Modern Practice of Adult Education：From Pedagogy to Andragogy[M]. New York：Cambridge，1970.

27. Maryellen Weimer. Inspired College Teaching：A Career-Long Resource for Professional Growth[M]. San Francisco：John Wiley & Sons，2010.

28. Maryellen Weimer. Learner-Centered Teaching：Five Key Changes to Practice[M]. San Francisco：John Wiley & Sons，Inc.，2002.

29. Michael Gibbons，Camille Limoges，Helga Nowotny，et al. The New Production of Knowledge：The Dynamics of Science and Research in Contemporary Societies[M]. London：Sage，1994.

30. Michael Harris，Roxanne Cullen. Leading the Learner-Centered Campus[M]. San Francisco：Jossey-Bass，2010.

31. Michael Tomlinson，Leonard Holmes. Graduate Employability in Context：Theory，Research and Debate[M]. London：Macmillan Publishers Ltd.，2017.

32. Mordechai Feingold，Victor Navarro-Brotons. Universities and Science in the Early Modern Period[M]. Dordrecht：Springer，2006.

33. Paul F. Grendler. The Universities of the Italian Renaissance[M]. Baltimore：Johns Hopkins University Press，2002.

34. Peter Denley. History of Universities (Volume XIV，1995 – 1996)[M]. Oxford：Oxford University Press，1998.

35. Peter R. H. Slee. Learning and A Liberal Education：The Study of Modern History in the Universities of Oxford，Cambridge，and Manchester，1800 – 1914[M]. Manchester：Manchester University Press，1986.

36. R.D. Anderson. European Universities from the Enlightenment to 1914[M]. Oxford：Oxford University Press，2004.

37. Raymond P. Perry, John C. Smart. The Scholarship of Teaching and Learning in Higher Education：An Evidence-Based Perspective[M]. Netherland：Springer，2007.

38. Robert B. Innes. Reconstructing Undergraduate Education：Using Learning Science to Design Effective Courses[M]. New Jersey：Lawrence Erlbaum Associates，2004.

39. Robert S. Rait. Life in the Medieval University[M]. New York：G. P. Putnam's Sons，1912.

40. Roger L. Geiger. The History of American Higher Education：Learning and Culture from the Founding to World War II [M]. Princeton：Princeton University Press，2015.

41. Sabrina Alcorn Baron, Eric N. Lindquist, Eleanor F. Shevlin. Agent of Change：Print Culture Studies after Elizabeth L. Eisenstein[M]. Amherst：University of Massachusetts Press，2007.

42. Stephen H. Spurr. Academic Degree Structures：Innovative Approaches[M]. New York：McGraw-Hill Book Company，1970.

43. Terry Doyle. Helping Students Learn in A Learner-Centered Environment：A Guide to Facilitating Learning in Higher Education[M]. Sterling：Stylus Publishing, LLC, 2018.

44. Thomas F. Carter. The Invention of Printing in China and Its Spread Westward[M]. New York：Ronald Press，1955.

45. Will Tyson. Teaching and Learning Employability Skills in Career and Technical Education：Industry, Educator, and Student Perspectives[M]. Cham：Palgrave Macmillan，2020.

46. 艾伯特·劳伦斯·洛厄尔.向美国高等教育传统开战:洛厄尔高等教育文集[M].邓磊,译.杭州:浙江教育出版社,2019.

47. 安德鲁·阿伯特.职业系统:论专业技能的劳动分工[M].李荣山,译.北京:商务印书馆,2016.

48. 查尔斯·威廉·埃利奥特.教育改革:埃利奥特论文与演讲集[M].刘春华,译.杭州:浙江教育出版社,2019.

49. 戴维·斯塔尔·乔丹.人的养育与教育:乔丹高等教育演讲集[M].於荣,译.杭州:浙江教育出版社,2019.

50. 弗朗西斯·威兰德.美国大学制度[M].石佳丽,译.杭州:浙江教育出版社,2019.

51. 哈瑞·刘易斯.失去灵魂的卓越:哈佛是如何忘记教育宗旨的[M].侯定凯,译.上海:华东师范大学出版社,2007.

52. 亨利·菲利普·塔潘.大学教育[M].赵卫平,译.杭州:浙江教育出版社,2019.

53. 兰德尔·柯林斯.文凭社会:教育与分层的历史社会学[M].刘冉,译.北京:北京大学出版社,2020.

54. 刘易斯·芒福德.技术与文明[M].陈允明,王克仁,李华山,译.北京:中国建筑工业出版社,2009.

55. 托尼·比彻,保罗·特罗勒尔.学术部落及其领地:知识探索与学科文化[M].唐跃勤,蒲茂华,陈洪捷,译.北京:北京大学出版社,2008.

56. 瓦尔特·吕埃格.欧洲大学史(第三卷):19世纪和20世纪早期的大学[M].张斌贤,杨克瑞,译.石家庄:河北大学出版社,2014.

57. 王成斌,袁靖宇.2016—2017学年江苏普通高校本科教学质量报告[M].南京:南京大学出版社,2018.

58. 王成斌.2017—2018学年江苏普通高校本科教学质量报告[M].南京:南京大学出版社,2019.

59. 希尔德·德·里德-西蒙斯.欧洲大学史(第一卷):中世纪大学[M]. 张斌贤,程玉红,和震,等译.石家庄:河北大学出版社,2008.

60. 雅克·勒戈夫.中世纪的知识分子[M].张弘,译.北京:商务印书馆,1996.

61. 约翰·C.伯纳姆.科学是怎样败给迷信的:美国的科学与卫生普及[M].钮卫星,译.上海:上海科技教育出版社,2006.

二、期刊论文

1. A. Aviram. Beyond Constructivism: Autonomy-Oriented Education[J]. Studies in Philosophy and Education, 2000, 19(5 - 6).

2. Alan Tucker. The History of the Undergraduate Program in Mathematics in the United States[J]. American Mathematical Monthly, 2013, 120(8).

3. Allan M. Winkler. The Faculty Workload Question[J]. Change, 1992, 24(4).

4. Benjamin F. Jones, Bruce A. Weinsberg. Age Dynamics in Scientific Creativity[J]. Proceedings of the National Academy of Sciences, 2011, 108(47).

5. Betsey Stevenson, Justin Wolfers. Subjective Well-Being and Income: Is There Any Evidence of Satiation? [J]. American Economic Review, 2013, 103(3).

6. Bruce Seely. Research, Engineering, and Science in American Engineering Colleges: 1900 - 1960[J]. Technology and Culture, 1993, 34(2).

7. Carole J. Bland, Bruce A. Center, Deborah A. Finstad, et al. The

Impact of Appointment Type on the Productivity and Commitment of Full-Time Faculty in Research and Doctoral Institutions[J]. The Journal of Higher Education, 2006, 77(1).

8. Carrie B. Myers, Scott M. Myers. The Use of Learner-Centered Assessment Practices in the United States: The Influence of Individual and Institutional Contexts [J]. Studies in Higher Education, 2015, 40(10).

9. Claudia Goldin, Lawrence F. Katz. The Shaping of Higher Education: The Formative Years in the United States, 1890 to 1940[J]. Journal of Economic Perspectives, 1999, 13(1).

10. Cristina Sin, Alberto Amaral. Academics' and Employers' Perceptions about Responsibilities for Employability and Their Initiatives towards Its Development[J]. Higher Education, 2017, 73(1).

11. David J. Hornsby, Ruksana Osman. Massification in Higher Education: Large Classes and Student Learning [J]. Higher Education, 2014, 67(6).

12. Diana Laurillard. Modelling Benefits-Oriented Costs for Technology Enhanced Learning[J]. Higher Education, 2007, 54(1).

13. Doris A. Santoro. Good Teaching in Difficult Times: Demoralization in the Pursuit of Good Work[J]. American Journal of Education, 2001, 118(1).

14. Dorothy E. Finnegan. Segmentation in the Academic Labor Market: Hiring Cohorts in Comprehensive Universities[J]. The Journal of Higher Education, 1993, 64(6).

15. Edvard Hviding. Between Knowledges: Pacific Studies and

Academic Disciplines[J]. Contemporary Pacific-A Journal of Island Affairs，2003，15(1).

16. Eileen T. Bender. CASTLs in the Air：The SOTL "Movement" in Mid-Flight[J]. Change，2005，37(5).

17. Elizabeth Becker, Cotton M. Lindsay, Gary Grizzle. The Derived Demand for Faculty Research［J］. Managerial and Decision Economics，2003，24(8).

18. Eric A. Hanushek, Guido Schwerdt, Ludger Woessmann, et al. General Education, Vocational Education, and Labor-Market Outcomes over the Lifecycle[J]. Journal of Human Resource，2017，52(1).

19. Erin Leahey. Not by Productivity Alone：How Visibility and Specialization Contribute to Academic Earnings［J］. American Sociological Review，2007，72(4).

20. Erin Marie Furtak, Tina Seidel, Heidi Iverson, et al. Experimental and Quasi-Experimental Studies of Inquiry-Based Science Teaching：A Meta-Analysis[J]. Review of Educational Research，2012，82(3).

21. Esther E. Gottlieb, Bruce Keith. The Academic Research-Teaching Nexus in Eight Advanced-Industrialized Countries［J］. Higher Education，1997，34(3).

22. Frederick C. Wendel. The Faculty Member's Work Load［J］. Improving College and University Teaching，1977，25(2).

23. Gary S. Krahenbuhl. Faculty Work：Integrating Responsibilities and Institutional Needs[J]. Change，1998，30(6).

24. George H. Danniels. The Process of Professionalization in American Science：The Emergent Period，1820－1860[J]. Isis，1967，58(2).

25. Hubert L. Dreyfus. Anonymity versus Commitment: The Dangers of Education on the Internet [J]. Educational Philosophy and Theory, 2002, 34(4).

26. Ivo J. M. Arnold. Course Level and the Relationship between Research Productivity and Teaching Effectiveness[J]. The Journal of Economic Education, 2008, 39(4).

27. J.D. Walker, Paul Baepler, Brad Cohen. The Scholarship of Teaching and Learning Paradox: Result without Reward [J]. College Teaching, 2008, 56(3).

28. Jaison R. Abel, Richard Deitz. Agglomeration and Job Matching among College Graduates [J]. Regional Science and Urban Economics, 2015, 51(3).

29. James A. Kulik, Chen-Lin C. Kulik, Peter A. Cohen. Effectiveness of Computer-Based College Teaching: A Meta-Analysis of Findings[J]. Review of Educational Research, 1980, 50(4).

30. James Chandler. Introduction: Doctrines, Disciplines, Discourses, Departments[J]. Critical Inquiry, 2009, 35(4).

31. James S. Fairweather, Robert A. Rhoads. Teaching and the Faculty Role: Enhancing the Commitment to Instruction in American Colleges and Universities [J]. Educational Evaluation and Policy Analysis, 1995, 17(2).

32. James S. Fairweather. The Mythologies of Faculty Productivity: Implications for Institutional Policy and Decision Making[J]. The Journal of Higher Education, 2002, 73(1).

33. James S. Mosher. The Protestant Reading Ethic and Variation in Its Effects[J]. Sociological Forum, 2016, 31(2).

34. Jeffrey F. Milem, Joseph B. Berger, Eric L. Dey. Faculty Time Allocation：A Study of Change over Twenty Years[J]. The Journal of Higher Education, 2000, 71(4).

35. Jennifer A. Lindholm. Pathways to the Professoriate：The Role of Self, Others, and Environment in Shaping Academic Career Aspirations[J]. The Journal of Higher Education, 2004, 75(6).

36. Jeremiah E. Dittmar. Information Technology and Economic Change：The Impact of the Printing Press [J]. The Quarterly Journal of Economics, 2011, 126(3).

37. Jeremy J. Shapiro, Shelley K. Hughes. The World Wide Web, the Reorganization of Knowledge, and Liberal Arts Education [J]. Educational Technology, 2001, 41(5).

38. Jerry A. Jacobs. The Faculty Time Divide[J]. Sociological Forum, 2004, 19(1).

39. Jo Allan, Karen Clarke, Michael Jopling. Effective Teaching in Higher Education：Perceptions of First Year Undergraduate Students[J]. International Journal of Teaching and Learning in Higher Education, 2009, 21(3).

40. John Hattie, H.W. Marsh. The Relationship between Research and Teaching：A Meta-Analysis[J]. Review of Educational Research, 1996, 66(4).

41. John Robst. Education and Job Match：The Relatedness of College Major and Work[J]. Economics of Education Review, 2007, 26(4).

42. Joshua A. Drew, Adam P. Henne. Conservation Biology and Traditional Ecological Knowledge：Integrating Academic Disciplines for Better Conservation Practice[J]. Ecology and Society, 2006,

11(2).

43. Julia C. Duncheon, William G. Tierney. Changing Conceptions of Time: Implications for Educational Research and Practice [J]. Review of Educational Research, 2013, 83(2).

44. Kieran Egan. What Is Curriculum? [J]. Journal of the Canadian Association for Curriculum Studies, 2003, 1(1).

45. Laurence Veysey. Is There A Crisis in the Undergraduate Curriculum? [J]. Change, 1981, 13(8).

46. Lee S. Shulman. Knowledge and Teaching: Foundations of the New Reform[J]. Harvard Educational Review, 1987, 57(1).

47. Lee S. Shulman. Taking Learning Seriously[J]. Change, 1999, 31(4).

48. Lee S. Shulman. The Scholarship of Teaching and Learning: A Personal Account and Reflection[J]. International Journal for the Scholarship of Teaching and Learning, 2011, 5(1).

49. Lee S. Shulman. Those Who Understand: Knowledge Growth in Teaching[J]. Educational Researcher, 1986, 15(2).

50. Leonard Springer, Mary Elizabeth Stanne, Samuel S. Donovan. Effects of Small-Group Learning on Undergraduates in Science, Mathematics, Engineering and Technology: A Meta-Analysis[J]. Review of Educational Research, 1999, 69(1).

51. Lisa Marie Blaschke. Heutagogy and Lifelong Learning: A Review of Heutagogical Practice and Self-Determined Learning[J]. The International Review of Research in Open and Distance Learning, 2012, 13(1).

52. Mantz Yorke. Employability in the Undergraduate Curriculum:

Some Student Perspectives［J］. European Journal of Education，2004，39(4).

53. Marie Bjerede，Kristin Atkins，Chris Dede. A Special Report：Ubiquitous Mobile Technologies and the Transformation of Schooling［J］. Educational Technology，2010，50(2).

54. Marijk van der Wende. The Emergence of Liberal Arts and Sciences Education in Europe：A Comparative Perspective［J］. Higher Education Policy，2011，24(2).

55. Mary Taylor. Huber，Pat Hutchings. Building the Teaching Commons［J］. Change，2006，38(3).

56. Matthew T. Hora. Limitations in Experimental Design Mean That the Jury Is Still Out on Lecturing［J］. Proceedings of the National Academy of Sciences，2014，111(30).

57. Maurice Kogan. Modes of Knowledge and Patterns of Power［J］. Higher Education，2005，49(1 - 2).

58. Max Kopelman，Markus Vayndorf. Self-Reflection on Undergraduate Teaching［J］. Academic Exchange Quarterly，2012，16(4).

59. Maxine P. Atkinson. The Scholarship of Teaching and Learning：Reconceptualizing Scholarship and Transforming the Academy［J］. Social Forces，2001，79(4).

60. Michael Bisesi. Historical Developments in American Undergraduate Education：General Education and the Core Curriculum［J］. British Journal of Educational Studies，1982，30(2).

61. Moti Nissani. Ten Cheers for Interdisciplinarity：The Case for Interdisciplinary Knowledge and Research［J］. The Social Science

Journal, 1997, 34(2).

62. NCPI(The National Center for Postsecondary Improvement). The Landscape: Why Is Research the Rule? The Impact of Incentive Systems on Faculty Behavior[J]. Change, 2000, 32(2).

63. Nick Zepke. Threshold Concepts and Student Engagement: Revisiting Pedagogical Content Knowledge[J]. Active Learning in Higher Education, 2013, 14(2).

64. Norm Friesen. The Lecture as A Transmedial Pedagogical Form: A Historical Analysis[J]. Educational Researcher, 2011, 40(3).

65. P. Anstey. Francis Bacon and the Classification of Natural History[J]. Early Science and Medicine, 2012, 17(1 – 2).

66. P. Scott. Martin Trow's Elite-Mass-Universal Triptych: Conceptualising Higher Education Development [J]. Higher Education Quarterly, 2019, 73(4).

67. Pat Hutchings, Chris Bjork, Marcia Babb. The Scholarship of Teaching and Learning in Higher Education: An Annotated Bibliography[J]. Political Science and Politics, 2002, 35(2).

68. Pat Hutchings, Lee S. Shulman. The Scholarship of Teaching: New Elaborations, New Developments[J]. Change, 1999, 31(5).

69. Patricia J. Gumport, Stuart K. Snydman. The Formal Organization of Knowledge: An Analysis of Academic Structure[J]. Journal of Higher Education, 2002, 73(3).

70. Paul Chynoweth. The Built Environment Interdisciplinary: A Theoretical Model for Decision Makers in Research and Teaching [J]. Structural Survey, 2009, 27(4).

71. Paul D. Witman, Laurie Richlin, A. Arboleda, et al. The Status of

the Scholarship of Teaching and Learning in the Disciplines[J]. International Journal for the Scholarship of Teaching and Learning, 2007, 1(1).

72. Phillip W. Payton. Origins of the Terms "Major" and "Minor" in American Higher Education[J]. History of Education Quarterly, 1961, 1(2).

73. Richard Fox. Constructivism Examined[J]. Oxford Review of Education, 2001, 27(1).

74. Robert B. Barr, John Tagg. From Teaching to Learning: A New Paradigm for Undergraduate Education[J]. Change, 1995, 27(6).

75. Robert M. Bernard, Philip C. Abrami, Yiping Lou, et al. How Does Distance Education Compare with Classroom Instruction? A Meta-Analysis of the Empirical Literature[J]. Review of Educational Research, 2004, 74(3).

76. Robert T. Blackburn, Janet H. Lawrence. Aging and the Quality of Faculty Job Performance[J]. Review of Educational Research, 1986, 56(3).

77. Ronald A. Berk. Survey of 12 Strategies to Measure Teaching Effectiveness[J]. International Journal of Teaching and Learning in Higher Education, 2005, 17(1).

78. Sara E. Brownell, Kimberly D. Tanner. Barriers to Faculty Pedagogical Change: Lack of Training, Time, Incentives, and... Tensions with Professional Identity? [J]. CBE—Life Sciences Education, 2012, 11(4).

79. Sarah Winslow. Gender Inequality and Time Allocations among Academic Faculty[J]. Gender and Society, 2010, 24(6).

80. Scott Freeman, Sarah L. Eddya, Miles Mcdonough, et al. Active Learning Increases Student Performance in Science, Engineering, and Mathematics [J]. Proceedings of the National Academy of Sciences, 2014, 111(23).

81. Scott P. Kerlin, Diane M. Dunlap. For Richer, for Poorer: Faculty Morale in Periods of Austerity and Retrenchment [J]. The Journal of Higher Education, 1993, 64(3).

82. Shelton A. Gunaratne. Paper, Printing and the Printing Press: A Horizontally Integrative Macro-History Analysis [J]. Gazette, 2001, 63(6).

83. Sir John Daniel. Education and the COVID-19 Pandemic [J]. Prospects, 2020, 49(1).

84. Sonia Livingstone. Critical Reflections on the Benefits of ICT in Education [J]. Oxford Review of Education, 2012, 38(1).

85. Steven Brint, Kristopher Proctor, Scott Patrick Murphy, et al. General Education Models: Continuity and Change in the U. S. Undergraduate Curriculum, 1975 – 2000 [J]. The Journal of Higher Education, 2009, 80(6).

86. Suellen Shay. Curricula at the Boundaries [J]. Higher Education, 2016, 71(6).

87. Suzanne M. Hobson, Donna M. Talbot. Understanding Student Evaluations: What All Faculty Should Know [J]. College Teaching, 2001, 49(1).

88. Therese I. Poirier. Is Lecturing Obsolete? Advocating for High Value Transformative Lecturing [J]. American Journal of Pharmaceutical Education, 2017, 81(5).

89. Thomas Li-Ping Tang，Mitchell Chamberlain. Attitudes toward Research and Teaching：Differences between Administrators and Faculty Members［J］. The Journal of Higher Education，1997，68(2).

90. Timothy Stewart. Teacher-Researcher Collaboration or Teachers' Research? ［J］. TESOL Quarterly，2006，40(2).

91. Tony Markham，Susan J. Jone，Ian Hughes，et al. Survey of Methods of Teaching and Learning in Undergraduate Pharmacology within UK Higher Education［J］. Trends in Pharmacological Sciences，1998，19(7).

92. Willis A. Jones. Variation among Academic Disciplines：An Update on Analytical Frameworks and Research［J］. Journal of the Professoriate，2011，6(1).

93. 顾凡及.近代解剖学之父——维萨里[J].自然杂志,2016(6).

94. 郭雷振.我国高校本科专业目录修订的演变——兼论目录对高校专业设置数量的调节[J].现代教育科学,2013(2).

95. 李彤彤,庞丽,王志军.翻转课堂教学对学生学习效果的影响研究——基于37个实验和准实验的元分析[J].电化教育研究,2018,301(5).

96. 马尔科姆·泰特.英国科研评估及其对高等教育的影响[J].李梦洋,译.北京大学教育评论,2012,10(3).

97. 宁可为,顾小清,王炜.翻转课堂教学应用效果的元分析——基于70篇采用随机实验或准实验的相关研究文献[J].现代教育技术,2018,28(3).

98. 沈红,谷志远,刘茜,等.大学教师工作时间影响因素的实证研究[J].高等教育研究,2011,32(9).

99. 孙周兴.海德格尔与技术命运论[J].世界哲学,2020(5).

100. 易兰.兰克史学在中国的早期传播与影响[J].史学理论与史学史学刊,2008,6.

101. 张卜天.中世纪自然哲学的思维风格[J].科学文化评论,2011,8(3).

102. 张良,朱琼,傅添.双专业对于提高收入有用吗——基于 2009—2014 年美国社区调查的研究[J].北京大学教育评论,2019,17(3).

103. 赵炬明.打开黑箱:学习与发展的科学基础(上、下)——美国"以学生为中心"的本科教学改革研究之二[J].高等工程教育研究,2017(3-4).

104. 赵炬明.论新三中心:概念与历史——美国 SC 本科教学改革研究之一[J].高等工程教育研究,2016(3).

105. 周午鹏.技术与身体:对"技术具身"的现象学反思[J].浙江社会科学,2019(8).